KB236300

음악인을 위한
권리 해설서

음악, 이건 알아야 성공할 수 있다

음악인을 위한 권리 해설서

전유림 저

태림스코어

목차

제3장

저작권
관리

김원용

전 (사)한국음악실연자연합회 회장
현 (사)한국색소폰협회 회장

한국음악실연자연합회 회장으로 8년간 지내면서 저작권 관련 질문을 많이 받았지만 명쾌한 답을 할 수 없는 경우가 많았다. 그러던 차에 국내 최초로 음악인의 권리를 다룬 책이 출간된다고 하여 읽어 보았다. 반갑게도 책에는 「저작권법」, 「계약법」, 「예술인복지법」, 상담 사례, 판례 등 음악인의 권리를 모두 펼쳐놓았고, 내가 대답하지 못했던 질문의 답이 전부 담겨 있었다.

지금처럼 저작권에 대한 의식이 높아지고 문화강국이라는 원대한 이상이 현실이 되어가는 이 시기에 음악인의 권리를 일목요연하게 정리한 책이 출판된 것을 보며, 음악인의 한 사람으로서 큰 감동을 느낀다. 음악인이라면 누구라도 자신의 권리를 경영하여 사회적, 경제적 성공을 거두기 위해 이 책을 꼭 읽어보길 권한다.

아울러 방송, 영상 그리고 어문저작권까지 후속작도 준비 중에 있다고 하니 앞으로 전유림의 활동에 거는 기대가 크다.

추천사

임진모
음악평론가

　애초 방송작가에서 저작권 전문가로의 변신을 전제했을 때 어려운 저작권 관련 법적 용어로 가득한 책일 것으로 여겼지만 의외로 저작권 분야를 넘어 음악인의 권리와 삶을 다룬, 사실상의 유일한 '자기경영' 도서라는 점에서 경이롭고 반가웠다.

　일례로 계약으로 인한 폐해가 범람하는 현실에서 그것을 예방할 수 있는 표준계약서의 설명과 예시 부분은 알기 쉽게 저술되었을 뿐 아니라 실질적 도움을 줄 내용들이다. 방송, 음악비즈니스, 저작권 등 음악계에 대한 몰입과 관여의 오랜 이력이 이러한 따스한 시선을 잉태했을 것이다. 축약하면 저작권, 계약 등 음악인 권리의 앎을 통해 사회적 경제적 윤택을 거두는 음악인이 되자는 것이다.

　"알아야 지킬 수 있다!"

　과거와 현재를 훌쩍 뛰어넘어 미래가 성공적인 음악인을 만들 수 있기를, 음악인 삶의 플롯이 바뀌기를 희망하는 진정한 '휴먼 북'이다.

　우리 모두가 기다리던 책이 나왔다!

김목경

가수

좋은 책이 있을 것이고 필요한 책이 있을 것이다. 이 책은 좋은 책이기도 하지만, 군이 말하라면 필요한 책이다. 음악으로 삶의 씨줄과 날줄을 엮고 사는 사람이 궁금했던 전문 지식들을 이 책은 많이 풀어주고 있다.

따지기 싫어하는 성미인지라 나도 여러 가지 문제로 속앓이를 했더랬다. 그런데 이 책을 보니 "아! 그래서 그랬구나. 이렇게 하면 되는구나."라며 속이 뻥 뚫린다. 매스미디어 시대를 사는 현대인들이라면 누구에게나 유익할 내용들이다. 특별히 음악을 가까이 하는 분들에게 이 책은 더더욱 이로운 내용이다.

대중음악으로 평생 밥 먹고 사는 사람들이 알고 지킬 수 있는 알곡들로 가득 찬 내용들이라 두말하면 잔소리. "강추"한다

예전부터 음악을 하는 사람들의 일이라면 앞장서던 이 사람이 이런 좋은 책을 쓰시느라 그동안 소식이 뜸했나 보다.

들어가며

　우리나라의 음악산업은 SP[1]에서 LP & 카세트 테이프가 주를 이루던 음반의 시대를 지나 현재의 음원[2] 시대에 닿아 있다. 따라서 현재 음악을 업으로 하는 음악인들은 그리 먼 시간을 돌아볼 필요 없이, 정보 기술의 비약적인 발전으로 문화의 신세기新世紀를 열고, 정보 공유라는 최대의 가치를 목표로 하는 디지털 기술이 우리의 생활 속으로 깊이 들어 온 2000년대 이후의 변화에 따른 최대 수혜자이다.

　음악은 디지털 시대의 정보 전달 체계를 완성하기 위한 킬러 콘텐츠로, 정보 산업의 발전에도 지대한 공헌을 했다. 그럼에도 음악을 둘러싼 정보 환경의 변화에 대한 이해가 필요한 것은 그것이 곧 음악인의 권리와 긴밀히 연관되기 때문이다. 또한 정보 환경의 변화는 곧 음악인의 권리에 대한 변화를 의미하며, 변화에 대한 이해는 곧 음악인의

---

1) 'Standard Playing Record'의 약자로, 연주시간은 25cm 판의 한쪽 면이 약 3분, 30cm 판의 한쪽 면이 약 5분이다. 이 음반은 1961년 이후 만들어지지 않고 있다.
2) 「음악산업진흥에 관한 법률」(약칭: 음악산업법) 제2조(정의) 3. '음원'이라 함은 음 또는 음의 표현으로서 유형물에 고정시킬 수 있거나 전자적 형태로 수록할 수 있는 것을 말한다.

미래 권리에 대한 목표를 설정해 나갈 수 있는 가늠자의 역할을 한다.

음악과 음악인의 주변에서의 변화는 주로 기술 진화에 따른 유통의 혼란이었으며, 이 같은 혼란을 법 제도가 수습하면서 현재의 음악산업이 자리매김한 것으로 볼 수 있다.

"법이란 국가의 강제력을 수반하는 사회 규범. 국가 및 공공 기관이 제정한 법률, 명령, 규칙, 조례 따위이다."[3] 그러나 법은 국민이 갖는 보편적 사상이나 시대적 배경, 기술의 변화를 따라갈 수밖에 없는 한계를 가지고 있다. 특히 시장에서의 거래에 있어 법은 '예'와 '아니요'의 이분법적 사고를 벗어나 쌍방의 이해를 조정하고 바람직한 미래의 거래 관행을 제시하는 등의 역할론에 충실할 것을 요구받기도 한다. 이에 따라 우리나라 「저작권법」은 국제사회에서 대한민국의 지식재산권에 대한 이익을 지켜내야 하는 임무와 시시각각 변하는 국내 저작권 유통 환경의 변화에 능동적으로 대처하며 "문화 및 관련 산업의 향상 발전에 이바지함을 목적"으로 하는 입법 취지에 부합할 수 있도록 운용되고 있다.

하지만 일반인들에게 법은 나와는 왠지 관련이 없을 것 같고 친근해지기도 어려운 것으로 느껴진다. 더구나 감성으로 충만한 예술인들은 법을 자신과는 전혀 관련이 없는 먼 나라의 이야기쯤으로 치부하는 경향이 있다. 하지만 현대 사회는 이런 예술가들의 감성에 동조하지 않는다. 예술도 법이라는 테두리 안에서 이루어지는 사회 현상의 하나이므로 예술가들도 법에 대해 알고 법을 준수할 것을 요구받고

---

3) 국립국어원, 표준국어대사전, "법", https://stdict.korean.go.kr

있다. 따라서 이 책에서는 문화예술인에게 적용되는 법률을 살펴보고, 음악산업의 미래 환경에 대비하고자 과거부터 축적된 분쟁 사례와 판례를 다수 인용했다. 애초의 계획은 누구나 쉽게 읽을 수 있는 편안한 내용으로 꾸미는 것이었으나, 결과적으로 그리되지 못한 점 양해를 구한다. 덧붙여 상담 사례의 답변은 법률적 검토보다 실제 저작권 시장에서의 거래 현실을 우선시 한 작가의 사적 견해이므로 이 점 오해 없기 바란다.

예술, 특히 음악은 그 어떤 분야보다 시대의 흐름에 민감하여 전체 저작권 시장에서 거래의 표준과 기준을 제시하는데 충실한 역할을 해왔으며, 현재도 저작권 거래의 통상적 기준점 역할을 하는 것으로 보인다. 이는 음악 저작권의 확장성에 기인하며, 타 분야의 저작물 시장에서도 미래의 지향점으로 설정할 수 있을 것이다.

음악인을 위한
권리 해설서

제1장

음악, 음악인

음악
(音樂, Music)

　음악은 인간의 감정을 컨트롤하는 묘한 마력을 지니고 있다. 이러한 음악은 음악인[4]의 영혼과 육체를 망라한 모든 것이 응축되어 있는 고뇌의 산물이며, 독립적인 문화를 구성하는 실체적 존재임을 부인할 수 없다. 또한, 음악은 마치 공기와 같아서 오감에 의지할 뿐 접촉을 인지하거나 존재의 지점을 확인하는 것은 불가능하다. 하지만 음악인의 고유하고 배타적인 권리가 존재하는 상품이라는 점에 대해서는 의심하거나 필요성을 부정할 수 없다.

　시대를 거슬러 음악의 원류를 따라가 보면 음악은 '만들어지는' 것이 아니라 자연발생적으로 '생겨나는' 것이었음을 알 수 있다. 그러다 차츰 특정한 목적과 필요에 의해 인위적으로 '만들어지기' 시작했고, 형식적 체계를 갖추면서 현재에 이르렀다. 또한 이렇게 '만들어진' 음악은 세대를 이어 지역 간, 인종 간 교류가 성해짐에 따라 사상적, 형

---

4) 현대의 음악이란 작사, 작곡, 편곡뿐 아니라 연주, 가창, 지휘 등의 실연으로 완성되는 것으로, 이 분야에 종사하는 사람들을 '음악인'으로 통칭한다.

식적 이종교배와 간섭, 심지어는 식민 지배를 통한 세뇌 등의 과정을 거쳐 전혀 다른 형태의 음악으로 변화되기도 했다. 그 결과 크로스오버^{Crossover 5)} 혹은 퓨전^{Fusion 6)} 형태의 음악으로 재탄생되었으며, 지금도 현재 진행형이다.

지구 곳곳에는 다양한 인종들이 자신들만의 사상과 감정을 담아 민족적 색채가 뚜렷한 음악을 즐기고 계승하며 살아간다. 음악 이전, 대중에 의해 자연발생적으로 생겨나던 '소리'^{Field-Holler 7)}는 지배계층에 의해 '일정한 형식'을 갖추면서 다양한 기능을 부여받게 된다. 이렇게 '일정한 형식을 갖춘 소리'[8]는 지역과 인종에 관계없이 언어적, 주술적 기능 외에도 시각과 청각을 동시에 만족시키는 극[9]의 일부로서의 기능뿐 아니라, 전투의 독려, 노동요[10]로서의 효능, '너희'와 '우리', 즉 피아를 구분 짓는 정체성과 일체감 조성의 수단으로 기능했다. 게다가

---

5) 다른 장르가 교차한다는 음악 용어로서 플라시고 도밍고와 존 덴버가 함께 부른 〈Perhaps Love〉, 국내에서는 국악과 랩을 조화시킨 서태지의 〈하여가〉, 조수미의 〈나 가거든〉 등을 들 수 있다.

6) 음악에서는 크로스오버와 동의어로 사용되기도 한다. 퓨전이란 융합을 뜻하는 단어로, 대중음악에서는 '퓨전 재즈' 식으로 특정 음악 장르 앞에 이 단어를 붙여 사용한다. 지역과 역사를 달리하는 리듬 간의 만남으로 대중음악의 새로운 지평을 열었다고 할 수 있다. / 네이버 지식백과, 퓨전음악

7) 흑인의 노동가(歌)로 후에 블루스와 결합해 재즈의 바탕을 이룬다. 그럼에도 필드 홀러(Field-Holler)를 '소리'로 표현한 이유는 음악적 체계를 갖추지 않은 즉흥 소리, 즉 사운드(Sound)적인 성격이 강하기 때문이다.

8) 우리는 이를 '노래'라 부르기로 한다.

9) 소리꾼과 고수가 하나의 쌍을 이루는 판소리를 예로 들 수 있다.

10) "노동요는 노동의 진행을 돕거나 공동체의식을 강화하기 위해 부르는 민요다. 민요는 노동요에서 시작돼 다른 기능요로 쓰이고 생활상의 기능을 갖지 않은 비기능요로 바뀌기도 했다. 놀이

'일정한 형식을 갖춘 소리'가 가진 영향력을 간파한 지배 세력에 의해 집단 선동의 수단으로까지 발전하기에 이른다.

음악은 시대를 비추는 거울이라고 한다. "음악에는 한 사회의 가치관, 심성, 습성, 언어, 사고방식 등 상당히 많은 양의 문화 정보가 담겨 있다. 역사를 탐구하고 알려고 하는 것은 인간의 본능이기도 하고 과거에 축적된 지혜를 습득하여 미래의 생존을 위한 예측과 지식으로 활용하기 위함이기도 하다. 그러므로 수많은 지혜와 영양분이 들어 있는 문화 용광로인 음악에 대한 기록과 관찰은 인간에게 있어서 아주 중요한 일이라고 할 수 있다."[11]는 의견에 적극 동의한다. 음악은 먼 과거로부터 축적된 문화적 토양 위에 당대의 정서와 시대상을 고스란히 담고 있다. 미처 경험해 보지 않았던 먼 과거의 음악이라 할지라도 듣는 것만으로 당시 사람들의 삶과 사상, 정치, 경제, 사건 사고, 심지어 기후, 유행어나 패션, 삶의 수준까지도 유추해 볼 수 있다. 따라서 후세에 전해질 음악을 만드는 오늘의 음악인들이 어떠한 마음가짐으로 음악에 임해야 하는지는 명확하다.

때 부르는 유희요(遊戲謠), 행사노래, 의식요(儀式謠)와는 다르다. 노동요는 지루함을 잊게 하면서 덜 힘들게 해준다. 흥이 나서 노래를 부르는 게 아니라 노래를 하니 흥이 나는 것이다. 음악이 가진 리듬과 박자의 힘이다." / 왕성상, 기록으로 보는 노동요(勞動謠)의 발자취와 현주소
11) 권오성, 기록과 유물로 본 우리 음악의 역사, 2009년, 한국문화사

대중음악
(大衆音樂, Popular Music)

현대적 개념의 대중음악은 산업혁명의 시기인 19세기 말, 유럽의 나라들을 중심으로 본격적 태동을 시작한다. 이 시기에 농업 사회에서 산업 사회로 전환되며 물자의 대량 생산으로 사람들의 생활이 풍부해졌으며, 자본주의가 확립되고 산업 자본가의 성장과 함께 노동자 계급의 인구층도 두터워지게 된다. 이 같은 현상은 위에서 언급했듯 대중에 의한 음악의 자연발생을 부추겼고 매체의 급격한 발달과 이를 수용할 레코드 회사의 설립 등에 힘입어 본격적인 문화산업[Cultural Industry]으로 음악산업이 영국 등 유럽 중심으로 발전을 거듭하였다.

미국의 경우 "1970년대와 80년대 대중음악의 역사는 근본적으로 수백 개의 음악양식을 포괄하며 성장한 록 음악의 역사라 할 수 있다. 포크, 살사, 뉴웨이브, 펑크, 레게, 헤비메탈, 애시드 록, 펑크 록, 랩, 힙합, 애시드 재즈, 월드뮤직 등의 새로운 양식이 생겨났다. 컨트리 음악, 웨스턴 음악, 로큰롤을 혼합한 컨트리 록은 1970년대 큰 인기를 얻었고, 리듬앤블루스와 가스펠이 만나면서 소울[Soul] 음악이 태어났다. 그리고 소울 음악에서 디스코, 반복적인 댄스음악, 랩 음악이 생겨났다. 1970년

대, 뉴욕 흑인 및 라틴계 연주자 사이에서 태어난 랩은 흔히 즉흥적으로 지은 일상 시구와 디스코 또는 펑크 음악으로 구성된다."[12]

한편 우리나라의 대중음악은 과거의 민요, 타령, 판소리 등의 전통을 계승한 것이 아니라, 서양에서 유입된 음악이 '널리 대중이 즐겨 부르는' 과정을 통해 자연스럽게 이 땅에 뿌리 내린 가요로 보는 것이 타당하다. 우리의 대중음악은 역사적으로 지식인과 상류층이 지적 허영을 충족하려는 목적으로 선호했던 '가곡'이나 오랜 세월 구전되어 온 '민요'와 대비되는 개념으로 쓰이기도 하며, 가요나 유행가 등으로 불리면서 서양보다 다소 늦은 20세기 초에 탄생하여 오늘에 이르고 있다.

우리나라에서의 본격적인 대중음악산업은 1960년대를 그 시작으로 보는 견해가 우세하다. 물론 이보다 훨씬 이전에도 국내에서 대중적 사랑을 받는 음악이 만들어지고 판매되는 시장이 있기는 했으나, 이를 음악산업이라고 부르기에는 다소 민망한 수준이었다. 라디오 보급의 확대로 인해 본격적인 매스미디어 시대를 맞이한 1960년대 이후 미8군 클럽을 중심으로 대중음악이 비로소 확장성을 갖기 시작했다. 특히 1965년 '음반에 관한 법률'[13]의 공표와 라디오에서의 전문적인 음악방송이 우리나라의 대중음악을 독립적 산업으로 자리 잡게 하는 데 크게 기여했다. 그 후 1970년대 들어 TV의 빠른 보급은 대중음악을 대중에게 더욱 가깝게 다가서게 하는 계기가 되었음은 더 말할

---

12) 미국 국무부, 미국의 예술 및 연예, 2004, 주한 미국대사관 공보과
13) 당시 법 제정으로 음악산업에 큰 도움이 될 것이라는 음악인들의 기대가 있었지만, 실제로는 음반 검열 등의 부작용도 있었다.

나위가 없다.

1980년대에 접어들어 국내의 대중음악산업은 큰 전기를 맞이하게 되는데 그것은 바로 88올림픽과 함께 외국의 음악 시스템이 본격적으로 국내로 유입되었고, 이로 인해 국내 대중음악도 국제적 수준에 근접하게 된 것이다. 저작권 집중관리제도가 본격 도입되어 저작권 신탁관리단체가 정식으로 출범하여 저작권 사용료 징수액 역시 큰 폭으로 증가하는 출발점이 되었다. 또한, 당시는 경제적 부흥기로서 소형 카세트 등 새로운 미디어 플레이어의 대량 보급과 행정부와 사법부가 이전과는 다른 문화 인식을 갖게 되는 등 여러 요인들이 복합적으로 작용하여 그야말로 국내 대중음악은 최전성기를 맞이하게 된다. 국내 방송사가 저작권을 인식하게 된 것도 비로소 이때로 짐작할 수 있다.

1990년대에는 다수의 민영방송과 로컬 라디오가 생겨나며 대중음악의 양적 성장을 견인하였고, 지상파 TV 3사가 가요 순위프로그램을 방영하며 대중음악의 호황기를 이끌었다. 또한 아날로그를 대표하던 LP가 디지털 매체인 CD로 교체되는 시기이기도 했으며, 대중이 언제 어디서나 음악을 즐길 수 있는 환경이 조성되던 시기이기도 했다.

밀레니엄 시대인 2000년이 되자 전 세계는 디지털 기술의 비약적인 발전으로 카세트나 CD 형태로 유통되던 기존의 음반 중심 시장에 큰 변화를 맞게 된다. 초고속 인터넷 서비스의 활성화로 P2P를 통한 무료 음원 스트리밍과 다운로드 서비스가 본격화되면서 CD 시장으로 대표되던 오프라인 음악 시장이 급격한 몰락의 길을 걷게 되었다.

그러나 2000년대 중반 이후, 대중음악산업은 디지털 환경에 적응해야 비로소 살아남을 수 있다는 현실론이 내부적으로 우세를 점하며 산업계와 대중이 서로 납득할 수 있는 수준까지 상호 적응의 단계를 거치게 된다. 더욱이 이와 같은 단계를 거쳐 도출된 결과는 글로벌 스탠다드에 부합하는 수준으로, 음악산업이 비로소 국제적 경쟁력을 가진 유망산업으로 발돋움하는 동력이 되었다. 또한 정부의 진일보한 음악산업 보호 육성을 위한 관련 법률 제정 및 개정과 국민들의 지적재산권에 대한 인식의 전환으로 디지털 음악 시장은 과거의 오프라인 음반시장을 완벽히 대체했을 뿐만 아니라 음악산업의 성장을 더욱 가속화시켰다.

음악인
(音樂人, Musician)

음악인, 즉 뮤지션Musician은 음악문화를 주도하는 핵심 키워드로 사전적 의미를 살펴보면 다음과 같다.

뮤지션(Musician)

"음악에 관련된 일을 하며 창조적으로 음악을 만드는 사람. 넓은 의미로는 취미로 악기를 다루는 비전문가부터 전문적으로 음악업종에 종사하는 전업 전문가까지 포함한다."[14)

음악가

"음악을 전문으로 하는 사람. 이에는 작곡가, 지휘자, 연주가, 성악가 등이 있다."[15)] "'좋다'나 '기쁘다'와 같은 단어로는 표현하기 힘든 여러 감정들이 있다. 이러한 생각과 감정을 음으로 나타내는 것이 바로 음악이며,

---

14) 국립국어원, 표준국어대사전, "뮤지션", https://stdict.korean.go.kr
15) 국립국어원, 표준국어대사전, "음악가", https://stdict.korean.go.kr

이를 많은 사람들이 이해하고 공감할 수 있도록 여러 가지 방법으로 전하는 사람들을 '음악가'라고 한다."[16] "음악을 창작하는 작곡가를 일컫거나 혹은 음악을 연주하여 재현하는 연주자들을 직업으로 가진 사람이며, 뮤지션(Musician)이라고 가리킨다."[17]

가수(Singer)

자신의 목소리로 음악을 연주하는 사람을 말한다. 음악인 중에서 널리 알려진 이들이 가장 많은 분야이다. 일반 가수뿐만 아니라 성악가, 국악인 중 판소리를 하는 소리꾼, 래퍼 모두 장르가 다를 뿐 넓게 보면 모두 가수로 분류된다. 성악가의 경우 오페라, 팝페라, 뮤지컬 분야에 활동하는 이들이 많다. 또한 '보컬(Vocal)' 혹은 '보컬리스트(Vocalist)'라는 용어도 '가수'와 같은 의미로 종종 쓰이지만, 통상적으로 '보컬'이나 '보컬리스트'라는 용어는 악기 연주와 대비되는 개념으로 사용되며, 좁은 의미에서는 밴드에서 싱어(Singer)의 역할을 말한다.

작사가&작곡가(Lyricist&Songwriter or Composer&Songwriter)

음악의 원시적 창작자로 악곡이나 노랫말을 만드는 사람이다. 가수를 병행하기도 하며, 이를 흔히 싱어송라이터(Singer-Songwriter)라고 한다.

---

16) 커리어넷, 추가 직업정보, "음악가", https://www.career.go.kr
17) wordow, "음악가", https://ko.wordow.com

편곡가(Arranger)

"악곡을 실제 연주하기 위한 연주 형태(악기 편성이나 연주 시간 등)로 개편하는 것이다. 이와 같은 개편에 의해 같은 곡이 전혀 다른 곡처럼 바뀌는 경우도 있으므로 어레인저(편곡자)의 역할이 크다 할 수 있다. 작곡과 편곡을 병행해서 동시에 이루어지는 경우도 있다."[18]

연주자(일명: 세션맨. Session Man)

악기를 다루어서 곡을 표현하는 사람이다. 이들을 플레이어(Player) 또는 악사(樂士)라고도 부른다. 영어로는 전문적으로 다루는 악기 명 뒤에 -ist 혹은 -er 접미사를 붙인 단어를 사용한다. 어떤 악기의 프로가 되려면 그에 필요한 전문 교육 및 사사를 거쳐야 하는 경우가 대부분이며, 인접한 다른 악기와의 화음에 대해서도 일정 수준 이상의 이해를 필요로 한다.

지휘자(Conductor)

"오케스트라, 합창단, 또는 다른 음악 단체를 이끌고 지휘하는 사람이다. 지휘자는 음악의 해석과 표현을 담당하며, 음악가들이 함께 연주할 수 있도록 템포와 다이나믹을 조절한다. 또한, 음악의 전반적인 스타일과 감정을 전달하는 중요한 역할을 하며 보통 지휘봉을 사용하여 음악가들에게 신호를 주고 음의 조화와 리듬을 유지하는 데 핵심적인

---

18) MUSIC FIELD, 음악용어사전, "어레인지먼트(Arrangement)", https://www.musicfield.co.kr

역할을 수행한다."[19]

이상에서 살펴본 바와 같이, 사전적 의미에서 음악인의 실체는 바로 '음악을 창작하거나 창작된 음악을 예술적으로 표현하는 사람'이다. 작사, 작곡, 편곡은 물론이고, 연주와 가창 역시 창작적 행위이다. 따라서 넓은 의미에서 음악인은 음악 창작인의 동음이의어라 할 수 있다.

작사, 작곡, 편곡을 하는 저작자의 손을 떠난 악보는 실연이라는 옷을 입고 비로소 한 곡의 음악으로 탄생된다. 여기까지가 순수한 음악 창작인의 역할이며, 이후 매체에 담기는 제작 과정을 거쳐 소비자에게 전달된다. 따라서 이 세 가지 요소 중 어느 하나도 중요하지 않은 것은 없다. 그러나 엄밀히 따져보면 실연은 작사, 작곡, 편곡이라는 기본적 요소를 떠나서는 이루어질 수 없으며, 음반 제작 역시 이 두 가지 요소가 결합한 결과물을 소비자에게 전달하기 위한 필수 단계이다.

우리 「저작권법」은 작사, 작곡, 편곡을 원저작물로 하여 종사하는 음악 창작인을 저작자로 정의하고, 원저작물을 예술적 방식으로 표현한 연주자나 가창 실연자를 저작인접권자로 정의한다. 그리고 악곡과 결합한 소리가 기술적 과정을 거쳐 완성된 음악을 매체에 고정하여 소비자에게 전달될 수 있도록 비용과 노력을 들인 음반제작자 역시 저작인접권자로 정의하며, 각 동일 선상에서 배타적으로 각자의 권리를

---

19) 브리태니커 백과사전.

보호한다.[20]

　그렇다면 음악인으로 통칭하는 이들의 직업적, 사회적 정의는 무엇인가. 「저작권법」에 따르면 '저작자'는 "저작물을 창작한 자"[21]로서 음악 저작물의 창작에 기여한 모든 사람을 이르며, 이들은 저작재산권인 복제·공연·공중 송신·배포·대여 및 이차적 저작물 작성권 등의 권리를 갖는다. 이 같은 권리는 무방식주의를 채택한 우리의 법제상 등록이나 납본 등의 절차를 요구받지 않으며, 일정 수준 이상의 예술성을 요하지도 않고 창작과 동시에 발생하는 것을 원칙으로 한다.

　그러나 좀 더 자세히 들여다보면 작사는 결합저작물[22]인 음악의 선택적 요소로서 어문저작물에 해당하고, 작곡과 편곡은 음악의 필수 요소로서 음악저작물의 기본을 구성한다. 즉, 음악이란 반드시 작사를 동반해야만 하는 것은 아니어서 연주곡 등의 형태로도 얼마든지 음악소비자의 욕구를 충족할 수 있는 것이다. 다만, 음악저작물은 라이브러리 음악Library Music 23)이나 주·배·시[24] 등 특정 목적에 의해 창작되는 일부를 제외하면 가사를 동반한 형태가 일반화된 경우이므로 편

---

20) 실연자와 음반제작자 외에 방송사업자도 저작인접권자이나, 이 책에서는 다루지 않기로 한다.

21) 「저작권법」 제2조(정의) 2.

22) 저작물별로 분리 이용이 가능한 저작물을 말하며, 통상의 가요인 경우 가사와 악곡이 분리되어 별도의 저작물을 구성할 수 있다. 다만, 한국음악저작권협회는 이를 공동저작물로 취급하고 있어 다소 혼란스럽다.

23) 영상프로그램을 주(主)로 하여 영상물의 극적 효과를 배가하기 위한 부종적 목적으로 제작되는 음악으로 대체로 연주곡 형태를 띠며, 프로덕션 뮤직(Production Music)이라 불리우기도 한다.

24) 주제, 배경, 시그널 음악의 앞 글자를 딴 신조어이다.

의상 작사, 작곡, 편곡을 하나의 묶음으로 보는 경향이 짙다.

통계청에서 발간한 제7차 한국표준직업분류 항목표[25]는 전문가 및 관련 종사자를 대분류로 하여 문화·예술·스포츠 전문가 및 관련직의 소분류로 분류하고 있다. 시각 및 공연 예술가는 2844에서 2849까지로 나누며, 국악 및 전통 예능인, 지휘자, 작곡가 및 연주가,

제7차 한국표준직업분류 항목표

대분류	중분류	소분류	세분류		세세분류		개수
1 전문가 및 관련 종사자	28 문화·예술·스포츠 전문가 및 관련직	284 시각 및 공연 예술가	2844	국악 및 전통 예능인	28441	국악인	4
					28442	국악 연주가	
					28443	국악 작곡 및 편곡가	
					28444	전통 예능인	
			2845	지휘자, 작곡가 및 연주가	28451	지휘자	3
					28452	작곡가 및 편곡가	
					28453	연주가	
			2846	가수 및 성악가	28461	가수	2
					28462	성악가	
			2849	기타 시각 및 공연 예술가	28490	그 외 시각 및 공연 예술가	1

---

25) 통계청, 통계분류포털, http://kssc.kostat.go.kr

가수 및 성악가, 그 외 시각 및 공연 예술가를 음악인으로 분류하고
있다.

그런가 하면 2024년 시행된 통계청의 한국표준산업분류표[26]는 작사·
작곡가를 구분하되 한 묶음으로 대분류 90132로 하여 "독립적으로 비
공연 예술 활동에 종사하는 예술가를 말한다."라고 규정한다. 그러나

한국표준산업분류표

차수	09	구분	

분류 코드	90132	분류명 (한글)	비공연 예술가
		분류명 (영문)	IndependentNon- PerformingArtists

독립적으로 비공연 예술활동에 종사하는 예술가를 말한다.

설명 (한글)	〈예시〉 · 저술가 · 작가 · 만화가 · 프로듀서 · 회화 복원가 · 조각가 · 디자이너(무대 및 조명) · 화가 · 사진감독 · 영화감독 · 작사가 · 작곡가 〈제외〉 · 상업미술가(73203)

색인어	개인도예 작업실, 개인 화실, 기고가(자영예술업), 도예가, 도화 공예업(예술가), 디자이너(무대및조명), 만화가, 무대 디자이너(자영), 문예비평가 서비스, 미술가, 미술 조각가, 배우(자영), 불교 미술화가, 비공연 예술가, 사진감독, 사진작가업(자영), 서예가, 식각가, 애니메이터, 영화감독, 예술가(자영), 예술사진촬영, 인물화가, 자영 연예인활동, 자영예술가, 작가, 작곡가, 작사가, 저술가, 조각(예술작품 창작), 조각가, 창조 예술가, 최면술가(자영), 캐리커쳐화가, 평론가업, 프로듀서, 화가, 화실 자영가(강습소 제외), 회화복원가, 희곡 저술가(자영)

한국표준산업분류표와 달리 제8차 한국표준직업분류 항목표는 작사가를 비공연 예술가에 포함하지 않는다. 이는 작사가 어문저작물에 해당하여 한국표준직업분류 항목표에서는 작사가를 소분류 281 '작가 및 언론 관련 전문가' 이하 '작가'로 구분하는 것으로 이해할 수 있다. 반대로 한국표준직업분류 항목표에서는 편곡가를 작곡가와 동일한 세세분류 28452로 규정하지만, 한국표준산업분류표에서는 편곡가에게 별도의 분류코드를 부여하지 않아 편의상 표준 산업분류 901 이하 90132로 분류된 작사가·작곡가의 구분에 포함되는 것으로 이해된다.

작사·작곡·편곡을 담당하는 음악 창작인은 각 분야가 상이함에도 음악 저작자로 통칭하되 기능과 역할 등은 명확히 구분된다. 국어사전에서는 '작곡가'를 명사로서 "작곡에 정통하여 전문적인 기술을 가지고 음악창작에 종사하는 사람"으로 정의하고, 한국표준직업분류표에서는 "화음, 리듬, 멜로디, 음악이론 등을 기초로 하여 사상과 감정의 표현을 악보로 작성하는 사람"[27]으로 정의한다. '작사가'에 대해서는 별도의 정의가 없지만 '작사'에 대해서는 "노랫말을 지음"이라고 정의되어 있어 이를 유추하면 "노랫말을 짓는 사람"을 작사가로 보는 것이 타당할 것이다. 편곡(編曲) 역시 "지어 놓은 곡을 다른 형식으로 바꾸어 꾸미거나, 다른 악기를 쓰도록 하여 연주 효과를 달리하는 일. 또는 그렇게 만든 곡"[28]이라는 정의에 따라 이 분야 종사자를 '편곡가'로 유추할 수 있도록 하고 있다.

---

26) 통계청, 통계분류포털, http://kssc.kostat.go.kr
27) 한국표준직업분류 (통계청 고시 제2017-191호, 2017 .7. 3.발령, 2018. 1. 1.시행) 분류코드 28452.

차수	08	분류코드	2945

분류명	지휘자 · 작곡가 및 연주가 Conductors, Composers, and Performers
설명	악기, 현악기 및 타악기를 연주하는 관현악단을 지휘하거나 음악작품을 작곡하거나, 악기를 연주하는 예술적인 행위를 수행한다. 〈주요업무〉 · 계획된 공연에 적합한 연주곡을 선정하고 연주자들을 적절히 배치한다. · 지휘법, 음악이론, 악기의 특성, 연주자의 재능 등을 기초로 하여 음색과 화음이 조화되고 리듬, 빠르기 등의 음악적 효과를 낼 수 있도록 연주자들은 연습시키고 지휘한다. · 화음, 리듬, 멜로디, 음악이론 등을 기초로 하여 사상과 감정의 표현을 악보로 작성한다. · 작곡한 음악을 관현악단이나 피아노, 기타 등으로 연주할 수 있도록 편곡하기도 한다. · 음악을 연구하거나 연주연습을 하고 지휘자의 지시에 따라 연주한다. · 악단에 소속되어 연주하는 경우 악단원으로 호칭되기도 한다. 이 세분류의 직업은 다음의 3개 세세분류로 구성되어 있다. 29451 지휘자 29452 작곡가 및 편곡가 29453 연주가
색인어	
구차수	7차
연계코드	2845 지휘자 · 작곡가 및 연주가

---

28) 국립국어원, 표준국어대사전, "편곡", https://stdict.korean.go.kr

4 직업인으로서의 음악인

가사를 만드는 작사가, 악곡을 만드는 작곡가, 또 이들이 만든 것을 기록한 악보에 음악으로서의 체계를 구현하는 편곡가가 저작권자라면, 연주와 가창[29]을 하는 실연자[30]는 저작인접권자로서 이 둘의 결합으로 비로소 통상의 음악 한 곡이 완성된다. 따라서 '표현'을 수단으로 경제활동을 구현하는 실연자도 음악인의 한 축을 구성함은 더 말할 나위가 없다.

이처럼 노래 가사와 악곡, 그에 더해 편곡 과정을 거쳐 만들어진 악보를 연주하고,[31] 노래 부르며[32] 이후 몇 단계의 기계적 작업으로 완성된 음악이 음반에 고정(수록)되어 음반제작자의 손을 통해 소비자에게

---

29) 「저작권법」상 이를 '표현'이라 정의한다.

30) 「저작권법」 제2조(정의) 4. 저작물을 연기·무용·연주·가창·구연·낭독 그 밖의 예능적 방법으로 표현하거나 저작물이 아닌 것을 이와 유사한 방법으로 표현하는 실연을 하는 자를 말하며, 실연을 지휘, 연출 또는 감독하는 자를 포함한다.

31) 이 단계가 마지막인 음악은 연주자가 주실연에 해당하는 연주곡(Instrumental)이 된다.

32) 이 단계를 거친 음악을 성악곡 혹은 가창곡이라 하며 성악곡 혹은 가창곡의 경우는 가창이 주실연이고 '연주'는 부실연에 해당한다.

전달되던 것이 밀레니엄 시대 이전의 전형적 음반 제작의 패턴이었다. 그러나 디지털 시대에는 별도의 음반제작자를 반드시 필요로 하지 않아 상황에 따라 작사, 작곡가, 혹은 가수가 직접 음반제작자의 역할을 하기도 한다. 실제로 디지털 기술의 발달로 음반 제작이 과거에 비해 훨씬 수월해진 근래에는 작사, 작곡을 겸하는 가수[33]가 자신의 비용으로 음반제작의 전 과정을 수행하고 홍보 및 유통까지 도맡는 경우가 많다보니 굳이 역할을 구분하는 것이 큰 의미가 없다.

　사전적 해석에 따르면 가창 실연자를 이르는 '가수'歌手에 대해 "노래 부르는 것이 직업인 사람"[34]이거나, "악단이나 녹음된 반주에 맞추어 공연장이나 콘서트 무대에서 대중적인 노래나 고전음악, 국악 및 가곡을 노래한다. 악보를 보고 악기나 녹음된 반주에 맞추어 리듬을 확인하고 노래 연습을 하며, 음반 녹음 및 제작, 방송 출연, 공연이나 콘서트 개최, 각종 행사 출연 등의 활동을 한다. 또한 광고 및 영화, 드라마 등에 참여하여 곡을 부르기도 하며, 가창력과 연기력을 바탕으로 뮤지컬 배우로 활동하기도 한다."[35]라고 정의한다. "작사, 작곡된 악보를 보고 피아노, 기타 또는 녹음된 악단의 반주에 맞추어 리듬을 확인하고 노래를 합니다.", "가수는 녹음실의 연주장비에 맞추어 노래를 부릅니다.", "가수는 방송국의 공연장에서 대중을 즐겁게 하기 위해 음악에 맞추어 노래를 합니다.", "가수에 따라서는 직접 작사, 작곡을

---

33) 싱어송라이터(Singer-Songwriter)라 한다.
34) 국립국어원, 표준국어대사전, "가수", https://stdict.korean.go.kr
35) 커리어넷, 직업백과, "가수", http://www.career.go.kr

겸하기도 합니다.", "가수는 화음, 멜로디, 리듬, 발성에 대한 지식을 기초로 노래를 합니다."[36] 등 각기 다른듯하지만 용어에 담긴 해석은 대동소이하다.

가수에 대한 사전적 정의를 다시 한 번 살펴 본 이유는 언제부터인가 특히 음반의 제작 과정이 아날로그에서 디지털로 전환된 시기와 맞물려 작사, 작곡, 편곡에 더하여 연주, 노래, 그리고 직접 음반을 제작하고 홍보 및 유통까지 일인 다역을 수행하는 가수들이 늘고 있기 때문이다.

한국표준산업분류표

순번	차수	분류코드	분류명	분류설명
2	06	2846	가수 및 성악가 Singers and Vocalists	악단이나 녹음된 반주에 맞추어 방송국의 공연장이나 콘서트 무대에서 대중적인 노래나 가곡을 부른다. 〈주요업무〉 ·작사·작곡된 악보를 보고 피아노, 기타 또는 녹음된 악단의 반주에 맞추어 리듬을 확인하고 노래를 연습한다. 녹음실의 연주장비에 맞추어 노래를 부른다. ·방송국의 공연장에서 대중을 즐겁게 하기 위하여 음악에 맞추어 노래를 한다. ·가수에 따라서는 직접 작사, 작곡을 겸하기도 한다. ·화음, 멜로디, 리듬, 발성에 대한 지식을 기초로 노래를 한다. ·통상 발성범위에 따라

순번	차수	분류코드	분류명	분류설명
				여자인 경우 소프라노, 메조소프라노, 알토로 남자는 테너, 바리톤, 베이스로 구분한다.이 세분류의 직업은 다음의 2개 세세분류로 구성되어 있다. 28461 가수 28462 성악가 〈직업예시〉 · 대중가요 가수 · 가수 · 성악가 · 베이스 · 소프라노 · 테너 · 오페라 가수
3	06	28461	가수 Singers	화음, 멜로디, 리듬, 발성 등에 대한 지식 및 기술을 기초로 반주에 맞추어 방송국의 공연장이나 콘서트 무대에서 대중가요를 부르는 자를 말한다. 〈직업예시〉 · 대중가요 가수 · 가수
4	06	28462	성악가 Vocalists	성악 독창하거나 합창단의 일원으로 혹은 오페라 공연에서 가곡 등을 부르는 자를 말한다. 〈직업예시〉 · 성악가 · 오페라가수 · 소프라노 · 테너 · 베이스 · 합창단원

36) 한국표준직업분류, 분류코드 28461.

통계청의 한국표준산업분류표[37]에 따르면 '가수'는 "화음, 멜로디, 리듬, 발성 등에 대한 지식 및 기술을 기초로, 반주에 맞추어 방송국의 공연장이나 콘서트 무대에서 대중가요를 부르는 자"로, 성악가·베이스·소프라노·테너·오페라 가수 등과 구분하여 정의한다. 이는 「저작권법」상 실연자의 정의와 상당 부분 배치된다. 「저작권법」상 실연자는 "저작물을 연기·무용·연주·가창·구연·낭독 그 밖의 예능적 방법으로 표현하거나 저작물이 아닌 것을 이와 유사한 방법으로 표현하는 실연을 하는 자를 말하며, 실연을 지휘, 연출 또는 감독하는 자를 포함한다."[38]라고 하여 대중가요를 주로 부르는 성악가 혹은 국악 가창자라 할지라도 이들을 모두 실연자로 포섭하기 때문이다. 따라서 통계청의 가수에 대한 정의에 의하면 방송국이나 콘서트 무대가 아닌 음반이나 음원을 판매하여 수입을 올리는 가창 실연자는 '가수'로 인정받을 수 없는 등의 모순이 존재한다.

다음으로 연주가를 살펴본다. 연주가는 주로 공연이나 가수들의 음반에 수록되는 노래의 반주, 그 외의 연주 음악을 녹음하거나 독주 등의 무대 활동을 병행하기도 한다. 자신의 음악적 지식과 연주 실력을 바탕으로 자신의 사상과 감정을 담아 작사, 작곡, 편곡자의 의도를 표현해내야 하므로 작곡, 편곡가의 창작성에 버금가는 실력과 창의성을 필요로 한다.

---

37) 통계청, 통계분류포털, 한국표준산업분류표(가수 부분).
38) 「저작권법」 제2조(정의) 4.

[한국표준산업분류표]

순번	차수	분류코드	분류명	분류설명
1	07	28442	국악 연주가 Korean Classical Musicians	거문고, 가야금, 향비파, 대금 등과 같은 전통 악기를 연주하는 자를 말한다. 〈직업예시〉 · 국악기연주가 · 판소리연주가
2	07	28453	연주가 Players	독주자, 반주자 또는 악단의 일원으로 피아노, 바이올린, 첼로, 드럼 등 각종 악기를 연주하는 자를 말한다. 〈직업예시〉 · 목관악기연주자 · 타악기연주자 · 금관악기연주자 · 건반악기연주자 · 현악기연주자

한국표준산업분류표는 막연히 연주가라고 하여 분류코드 28442인 국악 연주가와 "악단의 일원으로 각종 악기를 연주하는 사람"을 분류코드 28453으로 구분한다. 따라서 어디에도 소속되지 않고 개인적으로 음반의 반주를 의뢰 받아 연주하는 연주자 역시 막연한 의미의 연주자로 정의된다. 한편, 국가표준직업분류표는 연주가(세션맨)를 "독립적으로 비공연 예술 활동에 종사하는 예술가"로 정의하고 있으며, 고용 직업분류 0845(지휘자·작곡가 및 연주가), 표준 직업분류 2845(지휘자·작곡가 및 연주가), 표준 산업분류 901(창작 및 예술관련 서비스업) 등은 각 기관별 고유 분류코드를 부여하고 있다.

음악인의 지위

국가가 작성한 통계에 따르면 전체적으로 작사, 작곡, 편곡, 실연(연주, 가창)의 분야별 해석에는 큰 차이가 없으나, 분야별 역할과 기능 면에서는 명확한 구분이 있다. 종합적으로 보면 음악인은 기본적으로 전문성, 일의 일시성, 프로젝트의 구조적 성격, 개별적 작업방식, 결과 중심의 보수 지급이 주를 이루는 프리랜서 형태가 대부분임을 알 수 있다. 따라서 음악인이 단체나 기구, 법인 등의 특정 조직에 고용되어 있다면 계약의 성격에 따라 근로자로 분류 될 것이나, 고용관계가 없다면 근로자로 간주되지 않을 것이므로 대부분의 음악인은 '고용원이 없는 자영업자'에 포함될 것이다.

유흥업소 가수 사건
(대법원 1994. 4. 29. 선고 93누16680 판결[부당해고구제재심판정취소])

"원고는 1990. 11. 12. 소외인과 사이에 출연계약을 체결하고 그 날부터 원고가 경영하던 캬바레(이하 원고 업소라 한다)에 소외인이 가수로서 출연하도록 하였고, 원고는 소외인에 대하여 공연시간과 보수만을 결정하고 곡목과 노래는 소외인이 악단과 상의하여 결정할 뿐 원고는 이에 관여하지 아니하였으며, 소외인은 19:30부터 20:00까지, 21:30부터 22:00까지 30분씩 하루에 두 차례에 걸쳐 노래를 부르고 하루 30,000원의 보수를 받았고, ~ (중략) ~ 그 업무수행이나 업무내용에 관하여 원고의 구체적이고 직접적인 지휘감독을 받은 것으로 인정되지 아니하고, 소외인의 노무제공장소가 원고업소라는 점만으로 소외인이 장소적 구속하에서 노무제공을 하였다고 볼 수 없고, 공연시간이 일반 근로자의 통상적인 근로시간과 비교하여 극히 짧고, 소외인이 공연시간 이외에 달리 원고로부터 시간적 구속을 받고 있었다고 보여지지 아니하여 소외인이 시간적 구속하에서 노무제공을 하였다고 볼 수 없으며, 더욱이 원고가 소외인의 소득에 대하여 근로소득세가 아닌 사업소득세를 원천징수하여 납부하여 온 점으로 보아 소외인에 대한 보수가 근로의 대가로 지급된 것으로 인정되지 아니하므로, 이러한 사정을 종합하면 소외인이 종속적인 관계하에서 노무를 제공하였다고 볼 수 없어 소외인은 근로기준법 소정의 근로자라고 할 수 없다 할 것이다.”

이 사례는 캬바레에서 노래를 부르던 가수가 캬바레 측으로부터 해고를 당하자 “관행적으로 근로계약을 체결하지는 않았지만 업주로부터 무대 곡 선정, 손님 응대, 출 퇴근 등의 관리 감독을 받았으므로 일방적 해고는 부당하다.”며 제기한 소송 사례이다. 비록 업주로부터 여러 형태의 관리 감독을 받은 것은 일부 인정되지만, “출연료에 대한 세금을 근로소득세가 아닌 사업소득세로 원천징수한 점과 가수가 종속적인 관계하에서 노무를 제공하였다고 볼 수 없다.”는 것을 근거로 가수는 「근로기준법」 상 근로자로 볼 수 없다는 것이 판결의 요지이다.

또한 2002년 주로 드라마 등 방송 프로그램의 음악을 만드는 작사, 작곡자들이 서울지방노동청에 노동조합 설립에 관한 타당성을 질의한 내용을 살펴보면 저작자의 근로에 대한 실질을 더욱 명확히 파악할 수 있다.

작사, 작곡 등에 종사하는 대중음악인의 근로자 여부
(노조 68107-717, 2002.8.30.)

〈질의〉

다음과 같은 근무형태를 가진 ○○음악저작권협회 회원(작사, 작곡, 대중음악인 등)의 근로자 여부.

1. 방송국으로부터 드라마 주제곡 등의 제작 요청을 받으면 개인 사무실이나 임대 사무실(녹음실)에서 작업을 하여 완성한 작품을 방송국에 제출하고 방송국의 등급분류에 따라 일시불로 보수를 수령하는 회원이 있는 반면
2. 일부 회원은 방송국 스튜디오(또는 녹음실)에서 담당 PD의 지시에 따라 주 30시간 정도 노래지도를 하며 일정액의 보수를 수령
3. 방송국 등에서 작품 요청을 받지 못한 회원들의 경우 개인 사무실 또는 공동사무실, 집 등에서 작사, 작곡(타인에게 의뢰할 창작 작품 활동)을 함.

〈답변〉

귀 질의의 내용만으로는 구체적인 근로형태를 정확히 알 수 없어 명확한 판단을 하기 어려우나, 귀 질의의 내용과 같이 작곡가, 작사가, 대중음악인, 국악인 등 한국음악저작권협회 회원이 방송국 등에 고용되어 근로의 대가로 임금을 지급받고 있는 경우라면 동법상 근로자에 해당된다 할 것이나, 회원 중 본인 또는 공동의 개인사무실

등에서 작사·작곡(타인에게 의뢰할 창작 작품활동) 등을 하여 완성
한 작품을 방송국 등에 납품하는 등 일의 완성된 결과 자체에 중점
이 있는 경우라면 달리 볼 사정이 없는 한 이러한 자들은 동법상 근
로자에 해당된다 하기는 어려울 것임.
　한편, 동법 제2조제4호라목의 규정에 의거 동법상 근로자성이 인
정되는 자와 인정되지 않은 자들이 하나의 노동조합을 설립하는 것
은 현행법상 허용되지 않는다고 보아야 할 것임.

　살펴본 바와 같이 대부분의 음악인은 프리랜서로서 전문직의 특성
을 가지고 있는 것으로 보인다. 따라서 근로의 형태도 어느 한 곳에 고
정되기 보다는 자율성이 보장되는 자영업이나 프리랜서와 같은 비정
규직 형태의 근로를 선호한다. 이는 음악인이 갖는 자율적이고도 창의
적인 본성이 지향하는 바이며, 예술을 향한 열망에 몰입한 결과이기
도 하다. "음악인은 예술적 활동에 방해받지 않는 정도의 소극적 노동
에 참여하는 것으로 보인다. 즉 빵을 해결해야 한다는 현실적 제약을
거부하고 예술적 활동에만 전념하며 개인적 취향의 극한을 추구하는
이 같은 행위를 경제적 보상보다 더욱 중요하게 생각한다."[39]

　하지만 음악인들 간에도 이 사회에 존재하는 불평등의 그림자가 존재
한다. 극소수를 제외한 음악인들에게 나타나는 공통점은 동업자들 간
소득 불평등으로 인한 열등감을 느끼며, 이러한 소득 불평등이 야기한

---

39) Eikhof, C. & Haunschild, A. (2007).

불만은 음악인이라면 누구나 경험해 보았을 흔한 사례이다. 이 같은 현상은 흔히 '쏠림 현상', 즉 '슈퍼스타 효과(Superstar Effect)'로 설명되며, 소수의 사람들이 경제적 보상을 독식하면서 그 분야의 지배 계층으로 군림하는 것을 의미한다. 즉, 부익부빈익빈 현상의 심화로 갈수록 극소수에게만 더 많은 보상이 주어지는 현상이 두드러진다는 것이다.

따라서 스스로 전문성과 경쟁력을 갖추어야 한다. 이는 프리랜서가 어떠한 조직의 일원이 되기보다 조직 밖에서 독립적으로 일을 할 수 있는 원천이며, 결코 계약 상대에게 종속되지 않는 유일한 방책이다. 또한, 순전히 자신의 의사로 모든 것을 판단하고 결정해야하는 전문직 프리랜서의 전문성과 경쟁력은 냉정한 사고와 폭 넓은 법 이해력을 필요로 한다. 그것만이 자신의 저작권을 지켜 경영해 나갈 수 있을 것이기 때문이다.

음악인을 위한
권리 해설서

제2장

음악인과 법

살펴보기

문화예술인과 직접적으로 관련이 있는 법률은 「문화기본법」을 시작으로 「예술인의 지위와 권리의 보장에 관한 법률」(약칭: 예술인권리보장법), 「저작권법」, 「예술인 복지법」, 「문화예술 진흥법」, 「문화산업진흥 기본법」(약칭: 문화산업법), 「공연법」, 「대중문화예술산업발전법」(약칭: 대중문화산업법), 「음악산업진흥에 관한 법률」(약칭: 음악산업법), 「콘텐츠산업 진흥법」(약칭: 콘텐츠산업법) 등이 있다. 이 법률들은 대한민국 문화예술 관련 산업의 진흥과 관련 산업 종사자 전체를 대상으로 하여 정신적, 신체적 보호와 사회적 지위, 경제적 이익 등을 보호하기 위해 제정된 것이므로 각 법률의 주체로서 혹은 보호 대상으로서 음악인이 당연히 포함된다.

또한 문화예술인의 보호를 특정하지는 않지만, 권리 보호와 긴밀히 연결되어 있는 법으로는 「상표법」, 「계약법」, 「부정경쟁방지 및 영업비밀보호에 관한 법률」(약칭: 부정경쟁방지법), 「정보통신망 이용촉진 및 정보보호 등에 관한 법률」, 「언론중재 및 피해구제 등에 관한 법률」 등이 있다.

인간의 극한적 정서를 품고 사는 예술인과 극적인 논리와 냉정함으로 무장한 법은 어쩌면 정반대의 위치에 있어 접점을 찾기 힘든 상대적 개념으로 이해된다. 그러나 예술이 비즈니스와 결합하여 세속적인 거래의 대상이 되면 예술도 여느 상품과 마찬가지로 법이라는 사회 일반의 규율에 포섭된다. 이 세상에 존재하는 모든 거래가 그러하듯, 예술과 관련한 비즈니스 역시 세속의 법률로부터 자유로울 수 없기 때문이다.

법이 만사는 아니다. 그러나 법은 '모르는 것이 약'이 아니라 아는 만큼 손해를 예방할 수 있는 일종의 보험 같은 것인지도 모른다. 따라서 음악이 현대 사회에서 거래되는 하나의 상품이라는 점을 부인할 수 없고, 음악인도 자신의 재능을 거래의 대상으로 하고 있다는 점에서, 자신의 저작권을 경영하기 위한 방편으로 관련 법에 관심을 가질 필요가 있다.

이 책에서 언급되는 모든 법률이 역할에 충실한가에 대한 문제는 논외로 하더라도 '법은 법 위에서 잠자는 자를 보호하지 않는다.'는 말은 반드시 기억할 필요가 있다. 이 말은 자신이 가진 권리를 적극적으로 주장하고 행사해야 비로소 법의 보호를 받을 수 있으며, 스스로를 지킬 수 있다는 것이다. 음악인도 예외가 아니다.

특히, 음악이 본격적으로 비즈니스의 대상물로 자리매김하고 시장의 규모가 커짐에 따라 음악 저작권에 관한 분쟁도 줄어들지 않고 있다. 이는 법과 제도적 미비에 기인한 바도 있겠으나, 그보다는 기술과 유통 방식의 진화로 인해 음악 비즈니스의 양상이 갈수록 복잡해지는 데 원인이 있는 것으로 보인다. 따라서 음악인들의 권리와 그 보호

방안을 규율하는 법률 중심으로 음악인의 권리에 대해 알아보기로
한다.

2

　문화예술인과 관련이 있는 여러 법률 중 가장 기본이 되는 법은 역시 「문화기본법」이다. 문화란 "자연 상태에서 벗어나 일정한 목적 또는 생활 이상을 실현하고자 사회 구성원에 의하여 습득, 공유, 전달되는 행동 양식이나 생활 양식의 과정 및 그 과정에서 이룩하여 낸 물질적·정신적 소득을 통틀어 이르는 말. 의식주를 비롯하여 언어, 풍습, 종교, 학문, 예술, 제도 따위를 모두 포함한다."[40]거나 "문화예술, 생활양식, 공동체적 삶의 방식, 가치 체계, 전통 및 신념 등을 포함하는 사회나 사회 구성원의 고유한 정신적·물질적·지적·감성적 특성의 총체를 말한다."[41]라고 정의한다.

　또한 '문화'는 오감五感에 구속되지 않고 인간의 삶의 한 부분을 구성하는 것이므로, 유지되고 계승되어야 할 중요한 가치임은 분명하다. 그런 의미에서 음악도 세상에 존재하는 문화의 한 부분으로서, 음악인이

---

40) 국립국어원, 표준국어대사전, "문화", https://stdict.korean.go.kr/
41) 「문화기본법」 제3조(정의)

「문화기본법」의 대상이라는 사실에 자부심을 가질 필요가 있다.

「문화기본법」 제1조(목적)

이 법은 문화에 관한 국민의 권리와 국가 및 지방자치단체의 책임을 정하고 문화정책의 방향과 그 추진에 필요한 기본적인 사항을 규정함으로써 문화의 가치와 위상을 높여 문화가 삶의 질을 향상시키고 국가사회의 발전에 중요한 역할을 할 수 있도록 하는 것을 목적으로 한다.

「문화기본법」의 입법 목적을 보면, 문화를 대하는 국가의 태도와 미래 문화 창달을 위한 고심의 흔적을 엿볼 수 있다. 이 법에서는 여타 법률과 달리 문화에 대한 기본 이념을 담고 있다.

「문화기본법」 제2조(기본이념)

이 법은 문화가 민주국가의 발전과 국민 개개인의 삶의 질 향상을 위하여 가장 중요한 영역 중의 하나임을 인식하고, 문화의 가치가 교육, 환경, 인권, 복지, 정치, 경제, 여가 등 우리 사회 영역 전반에 확산될 수 있도록 국가와 지방자치단체가 그 역할을 다하며, 개인이 문화 표현과 활동에서 차별받지 아니하도록 하고, 문화의 다양성, 자율성과 창조성의 원리가 조화롭게 실현되도록 하는 것을 기본이념으로 한다.

이 법은 국가와 지방자치단체가 국민의 문화권 보장을 위한 정책 수립과 더불어 재원 마련 등 문화에 대한 지원 의무를 명확히 했다.

특히 매년 10월을 문화의 달로 하고, 매년 10월 셋째 주 토요일을 문화의 날로 지정[42]했으며, 문화에 관한 다른 법령에 대해 이 법의 취지와 목적을 따르도록 했다.

「문화기본법」 제6조(다른 법률과의 관계)

① 문화에 관한 다른 법률을 제정하거나 개정할 때에는 이 법의 목적과 기본이념에 맞도록 하여야 한다.

② 국가와 지방자치단체는 문화에 관한 정책을 수립·시행할 때에 다른 법률에 특별한 규정이 있는 경우를 제외하고는 이 법이 정하는 바에 따른다.

---

42) 「문화기본법」 제12조(문화행사) ① 국민의 문화 의식과 이해를 높이고 문화 활동에의 적극적인 참여를 유도하기 위하여 매년 10월을 문화의 달로 하고, 매년 10월 셋째 주 토요일을 문화의 날로 한다.

③ 예술인의 지위와 권리의 보장에 관한 법률
(약칭: 예술인권리보장법)

2022년 시행된 이 법은 예술인의 창작과 표현의 자유를 보호하고, 국가로 하여금 예술인의 지위를 보장하도록 하여 예술인이 문화의 주체로서 예술 발전에 이바지하는 것을 목적으로 하는 예술인에 특화된 법률이다. 기존 문화예술 관련 법률과 달리, 예술인의 권리를 보다 포괄적이고 구체적으로 명시한 점에서 그 의의가 있다.

2023년 3월 11일, 만화 '검정 고무신'의 작가 고 이우영이 스스로 세상을 등진 사건이 있었다. 이에 사건조사를 담당한 문체부 특별조사팀은 "만화 검정고무신과 관련하여 저작권자 간 체결한 계약을 면밀히 살펴본 결과, 「예술인의 지위와 권리의 보장에 관한 법률」(이하 예술인 권리보장법)이 금지한 불공정행위가 있음을 확인했다. 강력히 조치해 피해입은 예술인을 두텁게 구제해 '검정고무신 사건'과 같은 비극이 다시는 일어나지 않도록 하겠다. '저작권 법률지원센터'와 '찾아가는 법률서비스 지원단'의 운영을 포함해, 창작자를 보호하기 위한 안전 디딤돌을 단단히 구축해 나가겠다."[43]라고 입장을 밝힌 바 있다. 이 법의 제정은 이로써 그 당위성을 입증 받았다 하겠다.

「예술인권리보장법」제1조(목적)

　이 법은 예술 창작과 표현의 자유를 보호하고 예술인의 노동과 복지 등 직업적 권리를 신장하며, 예술인의 문화적·사회적·경제적·정치적 지위를 보장하고 성평등한 예술환경을 조성하여 예술 발전에 이바지하는 것을 목적으로 한다.

　특히 이 법은 예술인에 대해 '지위와 권리'를 '문화권을 가진 국민이자 문화국가 실현과 국민의 삶의 질 향상에 기여하는 존재'라고 하여, 「대한민국 헌법」 제22조[44]에 명시된 예술가의 권리 보호를 실질적으로 구현하고자 했다. 이로써 예술인의 표현의 자유와 예술 활동으로 인한 정당한 대가를 보장받을 수 있는 기틀이 마련된 것이다.

「예술인권리보장법」제3조(예술인의 지위와 권리)

① 예술 표현의 자유는 다양하고 창조적인 예술 활동의 조건이자 민주주의의 근간으로서 보호되어야 한다.
② 국가와 지방자치단체는 문화에 관한 정책을 수립·시행할 때에 다른 법률에 특별한 규정이 있는 경우를 제외하고는 이 법이 정하는 바에 따른다.

---

43) 문화체육관광부, 보도자료, 2023. 07. 17
44) 「대한민국 헌법」 제22조 ① 모든 국민은 학문과 예술의 자유를 가진다. ② 저작자·발명가·과학기술자와 예술가의 권리는 법률로써 보호한다.

③ 예술인은 노동과 복지에 있어 다른 종류의 직업과 동등한 지위를 보장받는다.

한편 이 법은 '예술인의 직업적 권리'를 명문화했다. '예술인의 직업적 권리'란 1. 어문저작물이나 음악저작물, 사진저작물 등의 원저작물을 창작할 권리 2. 원저작물을 예술적 방법으로 표현하는 실연 등을 할 권리 3. 창작이나 실연 등의 저작물을 이용 허락하여 경제적 이익을 취할 권리 등이다. 모든 예술 행위는 창작 행위이며, 창작 행위의 결과물인 저작물에 자연적으로 발생하는 권리, 즉 저작권의 보호가 예술인의 직업적 보호의 한 축임은 두말할 나위가 없다.

「예술인권리보장법」 제10조(예술인의 직업적 권리 등)

① 예술인은 예술 활동과 그 성과에 대한 정당한 보상을 누릴 권리가 있다.

② 예술인은 예술 활동을 하거나 예술인의 권리를 지키기 위한 단체를 구성하여 활동할 수 있다.

③ 예술인은 신체적 안전이 보장된 환경에서 예술 활동을 할 권리를 갖는다.

④ 국가기관등, 예술지원기관 및 예술사업자는 예술인의 권리를 침해하여서는 아니 된다.

이 법 제11조(예술지원사업에서 예술 활동 개입 금지 등) "지원은 하되 간섭은 하지 않는다."는 일명 '팔길이 원칙(Arm's Length Principle)'[45] 준수 의무화 조항으로 예술인들이 국가나 예술지원기관 및 예술사업자로부터 불이익에 노출되는 것을 방지하려는 의도이다.

「예술인권리보장법」 제11조(예술지원사업에서 예술 활동 개입 금지 등)

① 국가기관등 및 예술지원기관은 정당한 사유 없이 예술지원사업의 지원 대상으로 선정된 예술인의 예술 활동에 개입하거나 간섭하여서는 아니 된다.

② 국가기관등 및 예술지원기관은 예술지원사업의 선정에 있어 심사의 공정성·투명성·타당성·신뢰성을 확보하기 위한 조치를 마련하여야 하고, 선정심사 기준을 정하여 이를 공개하여야 한다.

그렇다면 법률로 보장받는 예술인은 어떤 예술인인가? 기존의 「예술인 복지법」에서는 예술인의 자격을 갖기 위해 예술 활동 증명이라는 절차를 요구했으나, 이 법에서는 '예술 활동을 업으로 하는 사람'이면 어떠한 활동 증명 없이도 권리를 보장받는 예술인이 될 수 있음을 명확히 하고 있다. 또한 직업 예술인이 되기 위해 교육이나 훈련을 받는 사람도 보호대상인 예술인의 범위에 포함한다. 이 말은 대한민국

---

45) 영국 예술평의회의 설립 원칙으로, 지원을 했다고 해서 이를 관리, 감독할 것이 아니라 팔길이만큼 거리를 유지하며 관심을 가지고 지켜보되 자율성을 보장해야 비로소 문화발전이 가능하다는 것이다.

국민이라면 전업 예술인뿐 아니라 전업 예술인이 되기 위해 교육이나 훈련을 받는 사람을 가리지 않고 국가가 지원을 하겠다는 의미로 해석이 된다.

「예술인권리보장법」 제2조(정의)

이 법에서 사용하는 용어의 뜻은 다음과 같다.

1. "예술 활동"이란 인상, 견문, 체험 등을 특정한 형식으로 표현하는 창의적 활동으로서 「문화예술진흥법」 제2조제1항제1호에 따른 문화예술 분야에서 이루어지는 창작(기획과 비평을 포함한다), 실연(연습과 훈련을 포함한다), 기술지원 등의 활동을 말한다.
2. "예술인"이란 다음 각 목의 사람을 말한다.
    가. 예술 활동을 업(業)으로 하여 국가를 문화적·사회적·경제적·정치적으로 풍요롭게 만드는 데 공헌하는 사람으로서 문화예술 분야에서 창작, 실연(實演), 기술지원 등의 활동을 하는 사람
    나. 예술 활동을 업으로 하기 위하여 대통령령으로 정하는 바에 따라 교육·훈련 등을 받았거나 받는 사람
3. "예술교육활동"이란 예술인이 다른 사람에게 예술 활동에 필요한 기술 등을 교육하고 훈련시키는 활동을 말한다.
4. "예술지원사업"이란 국가기관·지방자치단체(이하 "국가기관 등"이라 한다) 또는 제6호에 따른 예술지원기관이 예술 활동 또는 예술교육활동 지원을 목적으로 예산 또는 보조금 등을 지원하는 일체의 사업을 말한다.

저작권법

　「저작권법」은 궁극적으로 "문화의 향상발전에 이바지 함"을 그 목적으로 하고 있다. 창작물에 대해 일정한 기간 동안 독점권을 부여함으로써 창작 의욕을 고취하며, 국민의 삶의 질 향상을 위해 다양한 창작물에 대한 접근 편의성을 보장하는 문화 진흥을 위한 법률이다.

> 「저작권법」 제1조(목적)
>
> 　이 법은 저작자의 권리와 이에 인접하는 권리를 보호하고 저작물의 공정한 이용을 도모함으로써 문화 및 관련 산업의 향상발전에 이바지함을 목적으로 한다.

　「저작권법」은 구체적으로 저작권자에게 발생했거나 발생이 예상되는 저작재산권 및 저작인격권의 보호에 대한 세부 사항을 정한 법률로, 예술인들의 사회적 지위 및 경제적 이익을 보장하는 가장 중요한 법률이다. 음악이나 소설, 시 등의 문학 작품과 영화, 그림, 사진, 데이터베이스, 건축 디자인, 컴퓨터 프로그램 등의 저작권을 보호하며,

공표된 저작물을 이용하는 이용자가 공정한 방식[46]에 따라 이용한다면 그 권리를 보호하여 궁극적으로 문화 및 관련 산업의 향상 발전에 이바지함을 목적으로 하는 문화 기본법이다.

언제부터인가 지적재산권 혹은 지식재산권이란 용어의 쓰임이 늘어났고, 2005년부터는 지적재산권이란 용어가 일본식 표현이라는 이유로 지식재산권으로 통일하여 사용되고 있다. 지식재산권知識財産權, Intellectual Property Rights, IP 또는 지적재산권知的財産權은 "인간의 정신적 재화인 지적재산 또는 무형의 재화인 무체재산을 그 보호 대상으로 하는 일련의 사법체계상의 권리를 일컫는다. 이는 정신적 창작물을 보호하는 권리로, 유체물을 대상으로 하는 재산권과는 달리 무체물로서 정신적 창작물인 지적재산을 대상으로 하는 무체재산권이라 볼 수 있다. 지적재산권은 모든 사람들에 대해서 주장할 수 있는 배타적 권리라는 점에서 소유권 등의 물권과 유사한 성질을 가지지만, 특정인에 대해 금전 지급 등을 청구할 수 있는 채권과는 다르다."[47] 지식재산권은 크게 두 가지 권리를 품고 있다. 한 가지는 발명에 대한 특허, 트레이드마크, 산업 디자인 및 지리적 표시 등을 포함한 산업 재산권이고, 다른 한 가지는 저작권이다. 산업재산권이 인류의 물질문명을 선도하는 역할을 한다면, 저작권은 인류의 정신세계를 풍요롭게 하고 현대에 와서는 정보 산업을 구성하는 인프라의 역할을 하고 있다.

---

46) 「저작권법」 제35조의 5(저작물의 공정한 이용) (미국저작권법 제107조 Fair Use Doctrine에 기초).

47) 한국정보통신기술협회, 《손에 잡히는 방송통신융합 시사용어》, 2008

가. 개요

「저작권법」은 1987년 전부 개정을 통해 저작물 이용 환경의 변화를 반영하기 위해 총 11장, 본문 142개 조, 부칙 16개 조를 합한 총 158개 조로 현재의 형태를 띠게 되었다. 특히 제1조에서 "이 법은 저작자의 권리와 이에 인접하는 권리[48]를 보호하고 저작물의 공정한 이용을 도모함으로써 문화의 향상 발전에 이바지함을 목적으로 한다."라고 저작인접권자의 권리를 명문화함으로써, 작사, 작곡, 편곡 등의 원시적 저작물 창작자와 더불어 음악산업의 부분을 구성하던 연주, 가창 실연자 및 음반제작자, 방송 사업자 등 저작인접권자의 권리 보호에 대한 근거를 마련했다.

아울러 "이 법에 따라 보호되는 권리를 그 권리자를 위하여 대리·중개 또는 신탁 관리하는 것을 업으로 하는 저작권 위탁 관리업[49] 제도를 신설하고, 당해 사업을 하고자 하는 자는 문화체육관광부 장관의 허가 및 신고 절차를 필해야 함"[50]에 따라 현재와 같은 저작권 및 저작인접권 신탁 관리단체가 실질적으로 저작권 사용료의 징수 분배 업무를 할 수 있는 근거를 마련했다.

이어 1993년 3월 일괄 타결된 우루과이 라운드에서는 실연자의 녹음·녹화·촬영권을 복제권으로 확대했고, 2004년 제12차 「저작권법」

---

48) 저작자의 권리에 인접한 권리, 즉 저작인접권은 실연자를 포함하여 음반제작자, 방송사업자에게 주어지는 권리이다.
49) 저작권집중관리 편에서 상세히 다루기로 한다.
50) 「저작권법」 제105조(저작권위탁관리업의 허가 등).

개정 시에는 실연자 및 음반제작자에게 전송권을 부여함으로써 인터넷 등을 활용한 실연 및 음반의 이용에 대한 실연자의 권리를 확대했다. 또한 2006년 제14차 개정에서는 실연자의 저작인격권, 배포권, 생실연에 대한 공연권 등의 권리와 방송 보상 청구권 및 디지털 음성 송신 보상 청구권 등을 도입했고, 2011년에는 한미 FTA 이행을 위한 「저작권법」 개정을 통해 저작권 보호기간이 70년으로 연장되어 현재에 이른다.

「저작권법」은 예술인을 세분하여 각각의 권리와 저작권 산업의 육성, 보호를 위한 사항을 그 내용으로 삼고 있다. 이 법은 음악인을 저작자와 저작인접권자로 구분하고, 관련하여 음반제작자, 방송사업자의 권리 및 보호 방안을 적시한다. 따라서 「저작권법」에서의 음악인은 저작자[51]와 저작인접권자[52]이다.

나. 저작권법의 실질

「저작권법」은 피해자나 기타 법률이 정한 자의 고소가 있어야 공소를 제기할 수 있는 친고죄이다. 즉 피해자가 공권력의 개입을 구하는 고소를 통해서만 사건이 진행되며, 이때 피해자는 범인을 안 날로부터 반드시 6개월 이내에 고소해야 한다. 또한 친고죄 특성상, 복수의 침해자로부터 저작권 침해를 당한 경우 침해자를 선별하여 고소할 수

---

51) 「저작권법」 제2조(정의) '저작자'는 저작물을 창작한 자를 말한다.
52) 「저작권법」 제64조(보호받는 실연·음반·방송) ① 다음 각 호 각 목의 어느 하나에 해당하는 실연·음반 및 방송은 이 법에 따른 보호를 받는다. 1. 실연, 2. 음반, 3. 방송

있고, 이후 배상 및 보상에 관한 합의, 조정 등으로 고소의 필요성이 해소될 경우 소취하서를 제출하면 사건은 공소권 없음으로 즉시 종결된다.

다만 영리를 목적으로 하거나 상습적으로 관련법을 위반한 경우 또는 저작권의 등록을 거짓으로 하는 등 고의성이 있는 악의적 침해의 경우는 친고죄의 예외로 고소가 없이도 공소를 제기할 수 있다.[53]"

「저작권법」 제124조(침해로 보는 행위)

① 다음 각 호의 어느 하나에 해당하는 행위는 저작권 그 밖에 이 법에 따라 보호되는 권리의 침해로 본다.
1. 수입 시에 대한민국 내에서 만들어졌더라면 저작권 그 밖에 이 법에 따라 보호되는 권리의 침해로 될 물건을 대한민국 내에서 배포할 목적으로 수입하는 행위
2. 저작권 그 밖에 이 법에 따라 보호되는 권리를 침해하는 행위에 의하여 만들어진 물건(제1호의 수입물건을 포함한다)을 그 사실을 알고 배포할 목적으로 소지하는 행위
3. 프로그램의 저작권을 침해하여 만들어진 프로그램의 복제물(제1호에 따른 수입 물건을 포함한다)을 그 사실을 알면서 취득한 자가 이를 업무상 이용하는 행위

---

53) 「저작권법」 제140조(고소) 이 장의 죄에 대한 공소는 고소가 있어야 한다. 다만, 다음 각 호의 어느 하나에 해당하는 경우에는 그러하지 아니하다. 〈개정 2009. 4. 22., 2011. 12. 2.〉
1. 영리를 목적으로 또는 상습적으로 제136조제1항제1호, 제136조제2항제3호 및 제4호(제124조제1항제3호의 경우에는 피해자의 명시적 의사에 반하여 처벌하지 못한다.)에 해당하는 행위를 한 경우

② 저작자의 명예를 훼손하는 방법으로 저작물을 이용하는 행위
는 저작인격권의 침해로 본다.

「저작권법」은 저작권을 침해한 자에 대해 형사와 민사로 구분하여
별도의 책임을 물을 수 있도록 하고 있다.

형사 책임
「저작권법」 제136조 (벌칙)

① 다음 각 호의 어느 하나에 해당하는 자는 5년 이하의 징역 또는
5천만원 이하의 벌금에 처하거나 이를 병과(倂科)할 수 있다.

1. 저작재산권, 그 밖에 이 법에 따라 보호되는 재산적 권리(제
93조에 따른 권리는 제외한다)를 복제, 공연, 공중송신, 전
시, 배포, 대여, 2차적저작물 작성의 방법으로 침해한 자

② 다음 각 호의 어느 하나에 해당하는 자는 3년 이하의 징역 또
는 3천만원 이하의 벌금에 처하거나 이를 병과할 수 있다.

1. 저작인격권 또는 실연자의 인격권을 침해하여 저작자 또는
실연자의 명예를 훼손한 자

2. 제53조 및 제54조(제90조 및 제98조에 따라 준용되는 경
우를 포함한다)에 따른 등록을 거짓으로 한 자

제137조 (벌칙)

① 다음 각 호의 어느 하나에 해당하는 자는 1년 이하의 징역 또는
1천만원 이하의 벌금에 처한다.

1. 저작자 아닌 자를 저작자로 하여 실명·이명을 표시하여
저작물을 공표한 자

2. 실연자 아닌 자를 실연자로 하여 실명·이명을 표시하여

실연을 공연 또는 공중송신하거나 복제물을 배포한 자

제139조 (몰수)

민사책임

「저작권법」 제125조(손해배상의 청구)

① 저작재산권 그 밖에 이 법에 따라 보호되는 권리(저작인격권
   및 실연자의 인격권은 제외한다)를 가진 자(이하 "저작재산권
   자등"이라 한다)가 고의 또는 과실로 권리를 침해한 자에 대하
   여 그 침해행위에 의하여 자기가 받은 손해의 배상을 청구하는
   경우에 그 권리를 침해한 자가 그 침해행위에 의하여 이익을 받
   은 때에는 그 이익의 액을 저작재산권자등이 받은 손해의 액으
   로 추정한다.

② 저작재산권자등이 고의 또는 과실로 그 권리를 침해한 자에게
   그 침해행위로 자기가 받은 손해의 배상을 청구하는 경우에 그
   권리의 행사로 일반적으로 받을 수 있는 금액에 상응하는 액을
   저작재산권자등이 받은 손해의 액으로 하여 그 손해배상을 청
   구할 수 있다.

③ 제2항에도 불구하고 저작재산권자등이 받은 손해의 액이 제
   2항에 따른 금액을 초과하는 경우에는 그 초과액에 대해서도
   손해배상을 청구할 수 있다.

제125조의2(법정손해배상의 청구)

① 저작재산권자등은 고의 또는 과실로 권리를 침해한 자에 대하
   여 사실심(事實審)의 변론이 종결되기 전에는 실제 손해액이
   나 제125조 또는 제126조에 따라 정하여지는 손해액을 갈음
   하여 침해된 각 저작물 등 마다 1천만원(영리를 목적으로 고의
   로 권리를 침해한 경우에는 5천만원) 이하의 범위에서 상당한
   금액의 배상을 청구할 수 있다.

제126조(손해액의 인정)

법원은 손해가 발생한 사실은 인정되나 제125조의 규정에 따른

손해액을 산정하기 어려운 때에는 변론의 취지 및 증거조사의 결과
를 참작하여 상당한 손해액을 인정할 수 있다.

　「저작권법」은 침해자가 침해로 얻은 이익의 액수를 손해의 액수로
추정하지만, 침해자가 얻은 이익의 액수에 대해 저작권자가 입증 책
임을 부담해야 한다. 이러한 점에 착안하여 「저작권법」은 제125조의
2(법정 손해배상의 청구)[54]를 신설하여 침해를 당한 저작권자의 부담
을 경감시키고 있다.

　「저작권법」은 저작권 침해 사범에 대해 매우 무거운 책임을 묻도
록 하고 있다. 저작권 침해가 발생하는 주요 원인으로는 디지털 기술
의 발달에 따른 정보의 압축 및 전송 기술의 발전을 꼽을 수 있다. 또
한 휴대전화, IPTV 등 저작물 복제 및 재생 매체의 대량 보급으로 인
해 추가 복제 비용 없이 원본과 똑같은 복제물의 재생산이 가능해졌
으며, 저작권 보호 수단을 무력화시키는 기술의 비약적인 발전도 원인
중 하나이다. 그러나 이러한 침해 행위의 다변성보다 더 심각한 것은
아날로그 시대에는 수직적인 침해, 즉 1 저작물당 1건의 침해가 가능
했다면 디지털 시대에는 수평적인 침해 양태로 1대 다수의 복제가

---

54) 「저작권법」 제125조의2(법정손해배상의 청구) ① 저작재산권자등은 고의 또는 과실로 권리
를 침해한 자에 대하여 사실심(事實審)의 변론이 종결되기 전에는 실제 손해액이나 제125조 또
는 제126조에 따라 정하여지는 손해액을 갈음하여 침해된 각 저작물 등마다 1천만 원(영리를 목
적으로 고의로 권리를 침해한 경우에는 5천만 원) 이하의 범위에서 상당한 금액의 배상을 청구
할 수 있다.

가능해져 침해 건수 대비 침해 규모가 비교 불가능할 정도로 커졌다는 점이다.

다. 저작물이란?

> 「저작권법」 제2조(정의) 1.
> "저작물"은 인간의 사상이나 감정을 표현한 창작물을 말한다

저작권은 그 자체로 하나의 독립된 권리 체계를 갖는다. 하지만 독립된 권리가 발생하거나 전속하기 위해서는 권리가 속하는 명확한 대상이 있어야 하는데, 그 대상이 바로 저작물이다. 저작물의 성립 요건에 부합하여 저작물로 성립하는 즉시 우리나라가 채택한 무방식주의에 의해 저작권이 발생한다.

우리 「저작권법」은 저작물로 성립하기 위한 요건으로 1. 저작자의 사상과 감정, 2. 인식이 가능하도록 구성된 표현, 3. 신규성과 독창성, 즉 창작성을 요구하고 있다. 이 중 인간의 사상이나 감정은 아이디어에 불과하므로 반드시 글이나 언어, 소리, 영상 등으로 외부에 전달될 수 있는 표현이 있어야 비로소 저작권의 보호를 받는다. 다시 말해 아이디어는 저작권의 보호 대상이 아니며, 표현이 저작권의 보호 대상이라고 할 수 있다. 이 지점이 바로 아이디어와 표현의 이분법에 해당하는 것이다. 이렇게 남의 것을 모방하지 않고 자신만의 최소한의 개성이 담긴 표현이 이전에 공표된 적이 없고, 신규성 및 독창성을 가지면 저작물로 성립하여 권리(저작권)가 발생한다.

그러나 "여기서 창작성은 완전한 의미의 독창성을 요구하는 것은 아니라고 하더라도, 창작성이 인정되려면 적어도 어떠한 작품이 단순히 남의 것을 모방한 것이어서는 아니 되고 사상이나 감정에 대한 저작자 자신의 독자적인 표현을 담고 있어야 한다."[55]는 것을 기억할 필요가 있다.

1) 아이디어와 표현의 이분법(Idea/expression dichotomy)

동성애 소설 '데오윈' 사건
(대법원 2015. 3. 12. 선고 2013다14378 판결)

"'저작물'은 인간의 사상 또는 감정을 표현한 창작물을 말한다(저작권법 제2조 제1호). 즉, 저작권의 보호 대상은 학문과 예술에 관하여 사람의 정신적 노력에 의하여 얻어진 사상 또는 감정을 말, 문자, 음, 색 등에 의하여 구체적으로 외부에 표현한 창작적인 표현형식이고, 표현되어 있는 내용 즉 아이디어나 이론 등의 사상 및 감정 그 자체는 설사 그것이 독창성, 신규성이 있다 하더라도 원칙적으로 저작권의 보호 대상이 되지 않는 것이다."

---

55) 대법원, 2017. 11. 9. 선고 2014다49180 판결.

▲ 실제 사례

여고생 아이디어가 조종사 '헬스케어 캡슐'로 거듭나다.[56]

2014년 공군이 개최한 '아이디어 미술 공모전'에서 최우수상을 받은 경기도 평택 은혜고 3학년 이○○ 양의 아이디어가 공군의 전력을 획기적으로 높일 수 있는 '헬스케어 캡슐'의 개발로 이어졌다.

이○○양이 그린 그림을 살펴보면 Healing Cure Lifesuport Capsule for Piliot의 약자인 HCL Capsule for Piliot이라는 글자 아래 한 사람이 누울 수 있는 타원형 체임버 형태의 캡슐에 위는 투명한 뚜껑이 덮이도록 되어 있다. 그리고 이 캡슐이 낙하산에 매달려 있는 모습과 바다에 떠있는 모습, 그리고 비행 복장을 한 조종사가 여러 가지 설명을 하는 모습 등이 함께 그려져 있는데 그림 솜씨 또한 예사 솜씨가 아님을 알 수 있다.

비행기 조종의 경우 단 시간의 비행만으로도 심신의 피로가 급상승하는 것으로 알려졌다. 이에 착안한 이○○양은 조종사 개개인의 생체 정보가 캡슐 데이터베이스에 저장되도록 제안하여 비행이 끝난 조종사가 체임버 형태의 캡슐에 들어가기만 하면 센서가 알아서 뇌파, 맥박, 체온, 근육 피로도 등을 실시간으로 측정하고 이를 토대로 적절한 양의 산소와 음이온이 공급되도록 했다. 조종사 개인별 맞춤형 피로 회복과 건강 증진을 위한 솔루션이 시행되는 것이다.

또한 조종사가 휴식 중 수집된 각종 건강 기능 정보는 군의관에게 전해져 대면이 없이도 건강 진단이 가능하도록 했다. 2017년 말 2~3단계 진화적 개발을 통해 공군 전 비행 부대에 보급되었고, 현재는

---

56) 세계일보, 2015. 12. 18., "여고생의 상상력... 조종사 헬스케어 캡슐로 탄생", https://www.segye.com/newsView/20151218002663 참조.

전 세계로 수출하여 외화 획득에도 큰 기여를 하고 있다.

이에 이○○ 양은 자신이 상상한 것이 현실이 되었다며 신기해했고 공모전을 주관한 공군 측은 "학생이 제시한 창의적 아이디어가 창조경제 시대의 새로운 모델로 자리매김하길 기대한다."고 밝혔다.

이처럼 멋진 결과도 시작은 여고생의 작지만 창의적인 아이디어가 첫걸음이었다. 그렇다면 이 여고생이 받은 것은 무엇이었을까? 조금 실망스럽겠지만 이 여고생은 공모전에서 받은 상금이 전부였다고 한다. 어찌보면 이 아이디어로 인해 엄청난 국가적 이익이 생겨난 것인데, 정작 아이디어를 제공한 사람에게는 아주 작은 보답만이 돌아갔으니 불공평하다고 느낄 수도 있을 것이다.

하지만 우리 「저작권법」이 아이디어를 보호하지 않는다고 해서 모든 아이디어가 법률적 보호에서 배제되는 것은 아니다. 예외적으로 아이디어를 필요로 하는 사람과 계약이라는 절차를 통해 아이디어 제공에 대한 반대급부를 약정하거나, 기타 불법행위 이론에 의해 일부 보호가 가능하다는 점을 기억할 필요가 있다.

질문 저는 수년간 음악을 활용한 영유아 교육 시스템을 개발해 온 사업가이자 기획자입니다. 반복되는 음악과 율동을 동반해 단어와 표현을 가르치고 놀이와 연계하는 시스템을 개발해 왔습니다. 사업이 시작되고 2년의 시행착오를 겪은 끝에 드디어

자리를 잡아가고 지역 주민들을 대상으로 좋은 반응이 와 사업 확장을 진행하고 있었습니다. 그런데 내부에서 페이를 받고 활동하던 교사 중 일부가 해당 곡들을 표절해 별도의 사업자를 내고 똑같은 사업을 하고 학부모를 빼가는 영업을 하기 시작했습니다. 특히 몇몇 곡들은 분명히 음악적으로는 다르지만 제가 만든 곡들과 똑같은 기능을 하는 곡들로 만들어졌습니다. 제가 알기로는 실제로 정말 비슷한 곡들도 법적으로 유효하게 표절 판정이 나고 보호를 받는 사례가 많지 않다고 들었는데, 지금 그 사람들의 곡은 또 누가 듣기에도 다를 만큼 달라 더욱 답답한 상황입니다. 저는 어떻게 저의 아이디어를 보호받을 수 있을까요?

답변 질문자께서는 이탈한 교사들이 본인이 만든 음악을 표절했다는 표현을 하셨는데, 질문자가 만든 음악이 창작성이 있다는 것을 전제로 하여 이탈한 교사들이 만든 음악은 질문자의 음악에 의거하여 만들어졌을 개연성이 농후합니다. 그러나 표절 판단의 중요한 요소인 실질적 유사성 부분에서는 "분명히 음악적으로는 다르지만, 기능적으로는 같은 음악"이라고 하셨는데 기능의 같고 다름은 표절 판단에서 고려 사항이 아니므로 실질적으로 유사하지 않다면 표절에 해당하지 않을 것입니다.

또한, 우리 「저작권법」은 신규성이나 독창성이 있다고 하더라도 사상이나 감정에 속하는 아이디어는 보호하지 않습니다. 따라서 질문자의 사업 아이템은 「저작권법」으로는 보호가 불가능합니다. 다만 아이디어를 보호하지 않는다고 해서 모든 법률적 보호에서 배제되는 것은 아닙니다. 예외적으로 아이디어를 필요로 하는 사람과 계약이라는 절차를 통해 아이디어 제공에 대한 반대급부를 약정하거나 기타 불법행위 이론에 의해서도 일부 보호가 가능하므로, 저작권이 아닌 상표권 및 비즈니스 모델 특허 등을 통해 질문자의 사업 아이템이 보호받을 수 있는지에 대해 전문가와 상담해 보시기 바랍니다.

이 밖에도 우리가 잘 아는 가수(원고)와 연주인(피고) 간 아이디어와 표현의 해석을 두고 분쟁이 발생한 바 있다. 판결문을 통해 분쟁의 내용을 알아본다.

〈하늘가는 길〉, 〈찔레꽃〉 노래 사건
(서울중앙지방법원 2014가합8122판결)

"피고는 장○○이 〈하늘가는 길〉, 〈찔레꽃〉 노래의 가사를 창작한 사실은 인정하지만 노래 악곡에 대해서는 장○○은 이 사건 음반제작 당시 악보를 볼 줄 몰랐고 장○○이 노래를 흥얼거리면 임○○이 이를 듣고 피아노로 음을 정하는 방법으로 곡을 만들었으므로 장○○이 이 사건 음악저작물의 작곡가라 주장할 수 없다고 주장한 사안에서, (중략) 음악저작물은 인간의 사상이나 감정을 음으로 표현한 창작물을 말하는바, 음악저작물로 성립되기 위하여 반드시 악보나 음반 등에 고정화가 요구되는 것은 아니다. 앞서 인정한 사실에 의하면 임○○이 이 사건 음악저작물의 악보를 작성한 것은 1994. 11. 7.자 공연 및 이 사건 음반의 녹음이 모두 완료된 이후로 그 이전에 이미 장○○에 의하여 이 사건 음악저작물의 작곡이 완성되어 있었는바, 단순히 장○○이 완성한 음을 임○○이 피아노를 통하여 확인하고 악보를 작성하였다하여 임○○이 이 사건 음악저작물의 작곡가라 할 수는 없다."

▲ 실제 사례 - 저작권은 인간만의 전유물이다.

원숭이 셀카의 저작권[57]

2011년, 영국 사진작가 데이비드 슬레이터는 인도네시아의 정글에서 촬영 작업 중 원숭이에게 카메라를 빼앗기고 만다. 우여곡절 끝에 카메라를 되찾은 사진작가는 원숭이가 카메라를 가지고 놀며 셔터를 누른 것으로 추정되는 수백장의 원숭이 사진, 후일 '나루토'로 이름 붙여진 원숭이 '나루토'의 직찍, 즉 셀카를 발견하게 되는데 그 중 일부는 매우 높은 작품성을 가진 것이었다.

사진작가는 곧장 이 사진들을 인터넷에 올려 자랑하기 시작했고, 위키미디어가 이 사진을 업로드하여 소비자들에게 서비스를 하기에 이르렀다. 그러자 사진작가는 2014년, 위키미디어에 사진의 소유권을 주장하며 삭제를 요청했지만 위키미디어는 원숭이가 직접 셔터를 누른 이 사진의 저작권은 애초에 존재하지 않으므로 누구도 이 사진의 소유권을 주장할 수 없다며 사진 삭제를 거부했다.

결국 사진작가는 샌프란시스코 연방법원에 소송을 제기하였지만 PETA라고 하는 동물보호단체가 "원숭이 셀카 사진의 저작권은 원숭이에게 있다."며 소송에 본격적으로 개입하며 소송은 새로운 국면으로 접어들기 시작했다.

그러나 2017년 미국 법원은 "나루토에게 저작권이 인정되지 않는다."는 최종 판결을 내렸지만 PETA는 나루토에게도 이익이 돌아와야 한다는 주장을 굽히지 않았다.

결국 소송의 당사자인 사진작가와 위키미디어는 이 사진에 저작권이 존재하지 않는다는 법원의 판단을 수긍하면서도 PETA가 항소

---

57) 웹뉴스, 2024. 08. 30., "원숭이가 찍은 셀카에도 저작권이 있다고?", https://www.wip-news.com/news/articleView.html?idxno=24866

주지하다시피 저작물의 성립 요건은 "인간의 사상이나 감정을 표현한 창작물"이다. 태국의 어느 관광지에 가면 코끼리가 코로 붓을 잡고 벽면에 물감을 칠하는 모습을 볼 수 있다. 그림 그리는 코끼리라고 하여 관광 상품화된 그 자체를 비난할 일은 아니지만, 코끼리가 그린 그림의 저작권 여부를 논하는 것은 의미가 없다. 결과적으로 법조문을 충실히 해석하면 코끼리의 붓질로 생겨난 형상이나 원숭이 나루토가 셔터를 눌러 만들어진 사진에는 저작권이 발생하지 않는다. 그 그림이나 사진이 설령 '사상이나 감정이 표현된 창작물'이라 해도 인간의 사상이나 감정이 아니기 때문이다.

2) 공모전 저작권

공모전이란 특정한 대상 또는 불특정 다수를 대상으로 일정 주제에 대한 아이디어, 제안, 기획 등을 심사해 상금이나 특전을 제공하는 일종의 콘테스트이다. 국내에서는 매년 약 2,500여 건 정도의 공모전이 열리고 있으며, 특히 대학 입시생이나 취업을 앞둔 예비 대학 졸업생들에게 인기가 높은 편이다. 그러다 보니 공모전의 응모 조건을 살피기보다는 응모작품에만 신경을 쓰게 되는데, 이때 가장 유의해야 할 것이 공모전 포스터 혹은 공모 요강에 기재된 출품작의 저작권 귀속 여부이다.

참고로 공정거래위원회로부터 시정지시를 받은 공기업, 한국○○공사의 공모전 모집 요강을 살펴본다.

- 동일작품으로 타 공모전에서 입상했거나 모방 또는 합성한 사실이 밝혀질 경우 입상이 취소됨.
- 모든 입상 작품의 지식재산권(2차적저작물작성권 포함)은 한국○○공사에 귀속되며 한국○○공사는 이를 제3자에게 제공할 수 있음.
- 입상작은 원본파일(또는 원판필름)을 반드시 요청기간 내 제출해야 함.
- 제출된 작품은 일체 반환되지 않음.

위 한국○○공사의 공모전 모집 요강에 따르면 "모든 입상 작품의 지식재산권(2차적저작물작성권 포함)은 주최 측인 한국○○공사에 귀속"된다고 명시되어 있다. 그러나 입상에 대한 대가, 즉 상금이나 상품의 지급만으로는 입상 작품의 모든 지식재산권(2차적저작물작성권 포함)을 주최 측에 귀속시킬 수 없다. 이는 우월적 지위를 이용하여 아무런 대가없이 응모자의 저작재산권을 제한하는 것으로, 명백한 법 위반이다. 또한 주최 측이 응모자의 동의 없이 입상 작품을 '제3자에게 제공'하는 행위 역시 필연적으로 응모자의 저작인격권 침해가 예견되는 것이어서 법 위반의 소지가 있다. 특히 "제출된 작품은 일체 반환되지 않음"은 응모자의 저작물에 대한 소유권마저 주최 측이 취하겠다는 것이어서 매우 부적절한 공모 요강의 전형으로 볼 수 있다.

공모전에서의 불합리한 사례는 민간이 주최하는 공모전에서 더 많이 발견되고 있다.

1. A 출판사는 사진 공모전을 주최하여 입상작과 비입상작을 가리지 않고 상업성이 있다고 판단되는 작품들로 전시회를 개최한 후 출판사 명의로 사진 에이전시에 위탁, 사용료를 분배받고 있다.

2. B 출판사는 시, 소설, 산문 등의 부문별 공모전을 개최하여 입상작을 책으로 펴냈다. 입상자는 입상에 해당하는 상금을 받은 것이 전부이며 별도의 출판권 설정이나 인세 계약 등을 한 사실이 없다.

3. 수도권에 위치한 ○○대학은 전년도 음대 졸업생들이 졸업 작품으로 제출한 성악 및 기악곡 중 일부를 금년도 신입생 유치를 위한 예술계 고등학교 순회 설명회에서 사용했다. 당연히 출품자의 동의를 받지 않은 상태였으며 추후에도 이 음악을 사용할 의향이 있음을 밝혔다.

제시한 사례 1과 2의 당사자인 A 출판사와 B 출판사는 "응모작에 대한 저작권은 주최 측에 귀속된다."는 공모 요강을 핑계로 작가의 사용 중지 및 보상 요구를 거부할 뿐 아니라, 협의조차 응하지 않고 있다. 사례 3의 당사자 ○○대학은 "학교에 소속되었던 학생의 작품이고 무엇보다 학생이 학점을 받기 위해 학교에 제출한 작품이므로 학교가 이를 사용하는데 문제가 없다."는 주장만을 되풀이하고 있다.

문화체육관광부는 공모전에서의 부당한 사례를 미연에 방지하고자 공모전 저작권 가이드라인을 발표한바 있다.

주요 내용을 살펴보면 아래와 같다.

1. 출품된 작품의 저작권은 응모자에게 귀속된다.
2. 주최 측은 입상하지 않은 응모작에 대해 권리를 취득할 수 없으며 입상한 작품에 대한 권리도 일방적으로 결정할 수 없다.
3. 주최 측이 저작권을 가지려면 응모자에게 합당한 대가를 지급해야 한다.
4. 주최 측이 입상한 작품을 이용하려면 응모자의 허락을 받고 보상을 해야 한다.
5. 저작권 분쟁이 발생하는 경우 한국저작권위원회에 조정을 신청하여 해결할 수 있다.

공정거래위원회는 2014년 8월, "공모전 주최자는 일방적으로 공모전 요강에 고지한 내용만으로 응모작의 저작재산권을 양도받을 수 없고, 특히 입상하지 않은 응모작에 대해서는 어떠한 권리도 취득할 수 없음"을 분명히 했다. 특히 응모작에 대한 모든 권리가 '주최자'에게 귀속되는 것으로 규정한 공모전 요강은 부당하므로, 응모작에 대한 모든 권리는 '응모자'에게 귀속되는 것으로 시정한 바 있다. 이 기준에 따르면 2014년 이후의 위 사례 1, 2, 3의 출판사와 대학은 응모자의 저작재산권 및 저작인격권을 침해한 책임에서 자유로울 수 없다.

2023년에 있었던 국내 최대의 웹툰 포털의 불공정 사례에 대한 언론 보도의 일부이다.

웹소설 공모전 입상작가의 2차적저작물 작성권을 가져간 K엔터테인먼트 제재[58] (2023. 09. 24)

공정거래위원회(이하 '공정위')는 ㈜K엔터테인먼트(이하 'K엔터')가 웹소설 공모전을 진행하면서 거래상 우월적 지위를 이용하여 공모전 당선 작가들과 2차적저작물작성권을 제한하는 불공정한 계약을 체결한 행위에 대해 시정명령과 함께 과징금 5억 4천만 원을 부과하기로 결정하였다.

K엔터의 이와 같은 거래조건 설정행위는 2차적저작물 작성권의 포괄적인 양도를 엄격히 제한하는 저작권법령의 취지, 이를 구체화한 문화체육관광부의 「창작물 공모전 지침」 등에도 배치될 뿐만 아니라 정상적인 거래관행에도 벗어나는 불공정한 거래조건이기 때문이다.

결론적으로 향후에는 공모 요강에 "응모작의 모든 권리는 주최 측에 귀속된다."라거나 "출품작의 저작권 및 소유권은 주최자가 가진다." 등의 표현을 사용할 수 없다. 공모전의 주최 측이 입상작에 대한 저작재산권 전체나 일부를 취득하기 위해서는 반드시 해당 응모자와 별도 합의를 거쳐야 하며, 이때 공모전의 주최 측은 반드시 정당한 대가를 지급하는 것을 조건으로 다른 사람들보다 우선하여 해당 저작재산권을 양수할 수 있다.

---

58) 대한민국 정책브리핑, 2023. 09. 24., https://www.korea.kr/briefing/policyBriefingView.do?newsId=156591957

3) 저작권 등록(Registration of Copyright)

저작권은 베른협약의 무방식 주의에 따라 등록하지 않아도 권리가 발생한다.

「저작권법」 제10조(저작권)

  ② 저작권은 저작물을 창작한 때부터 발생하며 어떠한 절차나 형식의 이행을 필요로 하지 아니한다.

"저작권의 발생은 저작물의 창작과 동시에 이루어지며 등록, 납본, 기탁 등 일체의 절차나 방식을 요하지 않는다. 하지만 등록을 하게 되면 추정력, 대항력, 법정손해배상청구 가능, 침해물품 통관 보류 신고 자격 취득 등 권리자로서 유리한 지위에 설 수 있다."[59] 저작권 등록은 강제적으로 반드시 해야만 하는 것은 아니지만, 특히 권리의 주체가 변동된 경우는 등록을 하지 않으면 제3자에게 대항할 수 없다는 점을 이해해야 한다. 이는 「신탁법」 본법 제4조(신탁의 공시와 대항)[60]를 통해서도 확인할 수 있으며, 저작권 등록은 저작권뿐만 아니라 저작인접권도 그 대상이다.

---

59) 한국저작권위원회, 저작권 기술 용어사전, "저작권 등록", https://www.copyright.or.kr
60) 「신탁법」 제4조(신탁의 공시와 대항) ① 등기 또는 등록할 수 있는 재산권에 관하여는 신탁의 등기 또는 등록을 함으로써 그 재산이 신탁재산에 속한 것임을 제3자에게 대항할 수 있다.

┌───┐

「저작권법」 제54조(권리변동 등의 등록·효력)

　　다음 각 호의 사항은 이를 등록할 수 있으며, 등록하지 아니하면 제3자에게 대항할 수 없다.
　　　　1. 저작재산권의 양도(상속 그 밖의 일반승계의 경우는 제외한다) 또는 처분제한

└───┘

　　이때 대항할 수 있는 제3자는 등록으로 인해 다툴 수 있는 이익이 있는 자를 말하며, 「신탁법」 제3조 제1항은 "등기 또는 등록하여야 할 재산권에 관하여는 신탁은 그 등기 또는 등록을 함으로써 제3자에게 대항할 수 있다."고 규정하고, 「저작권법」 제52조 제1호는 저작재산권의 양도(상속 기타 일반승계의 경우를 제외한다) 또는 처분제한은 등록하지 아니하면 제3자에게 대항할 수 없다고 규정하고 있는 바, 수탁자인 피고가 이 사건 저작자로부터 위 각 음악저작물을 신탁으로 양도받음에 있어 이를 등록한 바 없으므로 제3자에 해당하는 원고들에게는 저작권신탁계약 내지 양도로서 대항할 수 없다."[61]는 법원의 판결에 비추어, 양도 또는 처분 제한 권리 변동에 따른 등록의 효력은 침해에 대한 구제책으로서 필수불가결한 요소임을 알 수 있다.

　　그러나 소송에서 저작권을 침해한 자가 등록의 흠결이나 미비를 주장하는 경우, 저작권을 침해한 자는 여기서 말하는 제3자에 해당하지 않는다는 대법원 판결에 주목할 필요가 있다. 만일 저작권을 침해한

---

61) 서울고등법원, 2004. 1. 27. 선고 2003나1832 판결.

자가 등록의 흠결이나 미비를 이유로 소송에서 우위를 점한다면 이는 범죄를 옹호하는 결과가 되기 때문이다.

편집음반 손해배상 사건
(대법원 2006. 7. 13. 선고 2004다10756 판결)

"저작권법 제54조에 따른 저작재산권의 양도등록은 그 양도의 유효요건이 아니라 제3자에 대한 대항요건에 불과하고, 여기서 등록하지 않으면 제3자에게 대항할 수 없다고 할 때의 '제3자'란 해당 저작재산권의 양도에 관하여 양수인의 지위와 양립할 수 없는 법률상 지위를 취득한 경우 등 저작재산권의 양도에 관한 등록의 흠결을 주장함에 정당한 이익을 가지는 제3자에 한하고, 저작재산권을 침해한 사람은 여기서 말하는 제3자에 해당하지 않는다."

질문 충무로의 Y모 영화사에서 시나리오를 찾고 있다고 하여 제가 쓴 시나리오를 가져가려 합니다. 그런데 2년 전 제가 다른 영화사에 시나리오를 준 적이 있는데, 제가 준 시나리오에서 아이디어만 일부 차용해서 다른 시나리오를 만든 것 같더라구요. 또 그런 일을 당할까봐 불안한데, 어떻게 해야 할까요?

답변 귀하의 시나리오를 한국저작권위원회에 등록하는 것을 권합니다.
저작권 등록이란, "문학, 예술, 학술에 속하는 창작물에 대하여 저작자나 그 권리 승계인이 그 권리를 해당 기관에 등록하는 일"[62]을 말합니다. 여기에서의 '해당 기관'은 한국저작권위원회를 말하며, 등록 절차를 거치면 저작권자가 누구인지,

저작물이 언제 창작되었는지, 저작물의 내용이 무엇인지를 공
적으로 확인할 수 있습니다. 즉, 귀하의 저작권을 누군가가 침
해했다면 법적 대응을 할 수 있는 중요한 근거가 되는 것입니다.
그러나 저작권 등록만으로 저작권 침해를 예방할 수는 없으
며, 단지 귀하의 저작권을 보호하는 하나의 수단에 불과한 제
도입니다.
끝으로 한 가지 더 말씀드리고 싶은 것은, 영화사에 시나리오
를 제공할 때 저작권 보호에 대한 내용을 담은 계약서 작성을
요구하는 것이 좋습니다. 계약서 작성이 어렵다면 분쟁에 대
비하여 귀하의 요구와 영화사의 답변을 녹음 방식으로라도
남겨 놓으실 것을 권합니다.

4) 제호나 성명, 단문(短文)의 저작권

노래 제목을 놓고 다툼이 일었던 적이 있다. 이미 유명해진 노래의
제목을 신인가수의 신곡에 쓰려다 벌어진 일이었다. 일부에서는 이러
한 행위가 이미 유명해진 노래의 덕을 보려는 얄팍한 상술이라고도
하지만, 현재도 제목은 같지만 가사와 곡이 다른 동명이곡이 상당히
많다. "음악저작물인 대중가요의 제호 자체는 저작물의 표지에 불과
하고 독립된 사상, 감정의 창작적 표현이라고 보기 어려워 저작물로서
보호받을 수 없으므로"[63] 라는 법원의 판결도 있다. 즉 법원은 저작물의
제목은 사상이나 감정을 표현한 것으로 보지 않으며, 창작성이 인정

---

62) 네이버 국어사전, "저작권 등록", http://dic.naver.com
63) 대법원, 1996. 8. 23. 선고96다273 판결.

되지 않으므로 저작물성이 부인된다는 일관된 입장을 유지한다.

　인기인의 성명(예명)이 음란 사이트의 도메인으로 사용된 경우, 「저작권법」 위반이 아닌 퍼블리시티권 침해로 다루어진 사례가 있다. 이른바 '트위스트 ○' 도메인 이름 사건이다. 음란 사이트를 운영하는 피고들이 인터넷 이용자들에게 음란 사이트로 인식될 수 있는 유명 연예인의 예명을 무단으로 도메인 이름과 웹페이지 광고문구에 사용하고, 그 예명을 검색어로 인터넷 검색이 되도록 한 행위에 대해, 담당 재판부는 유명 연예인의 명예와 성명권 등의 인격권을 침해했다고 판단한 것이다.

　이 사건 원고인 유명 배우 '트위스트 ○'이 제기한 소송의 청구 취지는 "피고들이 원고의 예명을 음란사이트의 도메인 이름으로 하여 원고의 명예와 성명권 등의 인격권 또는 퍼블리시티권이 침해되었고, 그로 인하여 원고가 음란사이트 운영자로 오인되어 이미지가 실추됨으로써 입은 재산상 손해와 정신적 고통에 대한 위자료 및 위 각 금액에 대한 지연손해금을 배상하라"는 것이었다. 이에 담당 재판부는 피고들의 행위가 불법이라고 판단하여 '트위스트 ○'의 손해배상과 위자료 청구를 일부 인정했다.

'트위스트 ○' 도메인 이름 사건
(서울중앙지방법원 2007. 12. 26. 선고 2005가합112203 판결 : 확정 [손해배상(기)])

"위 피고들이 원고의 예명인 '트위스트 ○'을 도메인 이름 및 웹페이지의 광고 문구로 이용한 행위는 원고가 음란사이트의 운영자이거나 음란물과 관련이 있는 것을 암시할 뿐만 아니라 원고의 예명으로부터 음란사이트를 연상하게 함으로써 원고의 사회적 가치 내지 평가가 저해될 가능성이 있는 점(명예훼손이란 명예주체에 대한 사회적 평가를 저하시키는 일체의 행위를 의미하며, 반드시 사실을 직접적으로 표현한 경우에 한정할 것은 아니고, 간접적이고 우회적인 표현에 의하더라도 그 표현의 전 취지에 비추어 그와 같은 사실의 존재를 암시하고, 또 이로써 특정인의 사회적 가치 내지 평가가 침해될 가능성이 있을 정도의 구체성이 있으면 명예훼손이 성립한다) 등에 비추어 볼 때, 위 피고들이 원고의 예명인 '트위스트 ○'을 무단으로 도메인 이름 및 웹페이지의 광고 문구에 이용하고 '트위스트 ○'이란 검색어로 인터넷 검색이 되게 한 행위(이하 '이 사건 침해행위'라 한다)는 원고의 명예, 성명권 등의 인격권을 침해한 불법행위라 할 것이다."

또 다른 사례인 걸그룹 ○NE1의 '내가 제일 잘 나가사끼 짬뽕' 사건을 살펴본다. 당시 삼양식품은 자사의 제품 '나가사끼 짬뽕'의 광고 문구를 '내가 제일 잘 나가사끼 짬뽕'이라고 하여, ○NE1의 노래 제목을 인용한 광고를 진행했다. 이에 〈내가 제일 잘 나가〉의 작사와 작곡을 한 음악 저작권자가 "삼양식품의 행위는 「저작권법」과 「부정경쟁방지법」을 위반한 행위"라는 이유로 해당 광고 문구를 사용하지 못하게 해달라는 가처분신청을 했다.

이에 담당 재판부는 "이 사건 제호는 '내가 인기를 많이 얻거나 사회적으로 성공했다.'는 단순한 내용을 표현한 것으로서, 그 문구가 짧고 의미도 단순하여 어떤 보호할 만한 독창적인 표현형식이 포함되어 있다고 보기 어려우므로 비록 이 사건 가요에 이 사건 제호와 동일한 가사가 반복되어 나온다 하더라도 그것만으로 이 사건 제호가 저작물로 보호되는 것은 아니다."[64] 라고 하여 「저작권법」과 「부정경쟁방지법」 위반을 수긍하지 않았다.

'내가 제일 잘 나가사끼 짬뽕' 사건
(서울중앙지법 2012. 7. 23.자 2012카합996 결정 [광고사용게재금지가처분]:
기각(확정))

　"음악저작물인 대중가요의 제호 자체는 저작물의 표지에 불과하고 독립된 사상, 감정의 창작적 표현이라고 보기 어려워 저작물로서 보호받을 수 없으므로, 이 사건 제호 역시 저작물로 보호받을 수 없다. (중략) 이 사건 제호는 '내가 인기를 많이 얻거나 사회적으로 성공하였다'는 단순한 내용을 표현한 것으로서 그 문구가 짧고 의미도 단순하여 어떤 보호할 만한 독창적인 표현 형식이 포함되어 있다고 보기 어려우므로, 비록 이 사건 가요에 이 사건 제호와 동일한 가사가 반복되어 나온다 하더라도 그것만으로 이 사건 제호가 저작물로 보호

---

64) 서울중앙지방법원, 2012. 7. 23. 2012카합996 결정.

되는 것은 아니다."

한 예로 유명 연예인의 이름을 상호로 사용한 미용실이 있다는 가정을 해본다. 연예인의 이름을 사용하면 쉽게 기억되고, 유명 연예인을 연상케 하여 친근함을 배가할 수 있다. 어딘가 모르게 상점의 격이 높아 보이는 등의 실리를 예상하여 상점주가 유명 연예인의 이름을 상호로 사용했더라도, 단지 유명 연예인의 이름을 사용했다는 이유만으로는 이를 금지하거나 제재할 수 없다. 단 해당 연예인의 이름이 상표권으로 등록되었을 경우, 지정 상품에 미용실이 포함되어 있다면 이를 사용할 수 없다. 또한 상표권으로 등록되지 않은 경우라 해도 해당 연예인을 연상시키는 사진이나 표상 등을 함께 표기하거나 전시하여 소비자에게 해당 상점이 유명 연예인과 관련이 있는 것으로 오인하게 만들면 이는 퍼블리시티권 침해에 해당할 수 있다.

질문 가끔 콘텐츠를 보면 누구나 떠올릴 수 있는 인상적인 가사를 발췌해 대본으로 활용하는 경우들이 있습니다. (실제로 쓰인 예시를 특정하지 않기 위해 다른 가수, 다른 가사로 예시를 바꿔 설명 드려 보겠습니다) 예를 들면 이런 대사가 있습니다. "네가 김광석이냐? 아주 매일 이별하며 살고 있냐?" 혹은 "니가 솔리드냐? 이 밤의 끝을 막 잡고 그르냐?" 등의 딱 듣기에도 특정 작품이 떠오르는 멘트를 적지 않게 마주친 것 같습니다.

술자리 만담이라면 괜찮다고 할 수 있지만 엄연히 작가진이 있고 계획된 콘텐츠에 영리 목적으로 활용하는 행위인데, 만약 이런 대본들이 원작자의 허락을 받지 않은 상황이라면 저작권 침해가 아닐지요? 제 작품은 아니지만 볼 때마다 은근히 불편하면서 궁금하기도 했는데, 최근에 또 똑같은 사례가 눈에 띄어 이렇게 문의드리게 되었습니다.

답변 창작성이 부인되는 단문의 경우, 이를 대본의 일부분으로 사용하는 것은 잘 알려진 대사를 영리 목적으로 활용하려는 의도가 있는 것으로 보이지만, 그 자체로 저작권 침해라거나 부정경쟁 행위로 보기에는 무리가 있습니다. 이 경우는 노래 가사에서 극 전개의 모티프를 차용하거나 아이디어를 차용하는 경우로, 퍼블리시티권과도 상관이 없는 것으로 보입니다. 다만, 예시로 든 "네가 김광석이냐? 아주 매일 이별하며 살고 있냐?" 등의 대사가 실제로 사용되었다면 고인의 명예를 훼손하는 것일 수도 있으므로 별도의 판단이 필요할 것입니다.

이름이나 제호 외에 짧은 문장, 단문短文의 경우 역시 그 자체로 창작성이 인정되기는 어려울 것이다. 물론 단문이라 하더라도 길이가 일정 길이 이상이고 의도적으로 저작자의 사상이나 감정을 나타내는 방식으로 표현되었다면 개별적으로 저작물의 성립 여부를 판단해야 한다. 그러나 일반적으로 간단하되 주장하는 바를 강조하는 것을 목적으로 하는 표어, 광고문구, 슬로건, 캐치플레이즈 등은 저작권으로 보호되기 어렵다는 것이 다수 학자들의 공통된 견해이다.

영화 〈왕의 남자〉가 자신의 허락 없이 희곡 〈키스〉 안에 있는 "나 여기

있고 너 거기 있어"라는 대사를 이용했다는 이유로 〈키스〉의 저작자
가 영화 상영금지가처분신청을 한 '영화 왕의 남자 사건'의 경우, 법원
은 "나 여기 있고 너 거기 있어."라는 대사는 일상생활에서 흔히 쓰이
는 표현으로 「저작권법」에 의하여 보호받을 수 있는 창작성 있는 표
현이라 볼 수 없다."[65]라고 하여 저작물성을 부인한 바 있다.

5) 보호되는 저작물

「저작권법」 제4조(저작물의 예시 등)

① 이 법에서 말하는 저작물을 예시하면 다음과 같다.
1. 소설·시·논문·강연·연설·각본 그 밖의 어문저작물
2. 음악저작물
3. 연극 및 무용·무언극 그 밖의 연극저작물
4. 회화·서예·조각·판화·공예·응용미술저작물 그 밖의 미술
   저작물
5. 건축물·건축을 위한 모형 및 설계도서 그 밖의 건축저작물
6. 사진저작물(이와 유사한 방법으로 제작된 것을 포함한다)
7. 영상저작물
8. 지도·도표·설계도·약도·모형 그 밖의 도형저작물
9. 컴퓨터프로그램저작물

---

65) 서울고등법원, 2006. 11. 14. 선고 2006라503 결정.

1. 어문저작물 : 시, 소설, 극본, 노래 가사, 평론, 논문 등과 같이 '문자로 표현된 저작물'의 총칭이다. 암호문서, 수화手話, 컴퓨터프로그램도 어문저작물에 포함된다.

2. 음악저작물 : 음악저작물이란 클래식, 팝송, 가요 등 음악에 속하는 모든 저작물을 말한다. 음악저작물에는 악곡 외에 언어를 수반하는 오페라, 뮤지컬 등도 모두 포함되며, 즉흥음악과 같이 악곡이나 가사가 고정되어 있지 않은 것도 독창성이 있으면 음악저작물로 보호받을 수 있다.[66]

3. 연극저작물 : 연극의 대본이나 희곡은 어문저작물로 보호되며 배우의 연기, 율동, 대사 방식 등은 연극저작물로 보호된다. 오페라, 뮤지컬은 연극 저작물에 해당하지만 오페라와 뮤지컬에서의 언어를 수반한 음악은 음악 저작물로 분류된다.

4. 미술저작물 : 그림, 서예(글씨), 조각, 판화, 공예 등과 응용미술저작물을 포함한 미술저작물을 말한다.

5. 건축저작물 : 건축을 하기 위한 설계도 및 건축물 내외관의 미적인 독창성을 보호의 대상으로 한다.

6. 사진저작물 : 촬영자의 개성과 창조성이 인정되어야 「저작권법」의 보호를 받을 수 있다. 단순히 상품의 사실적 내용만을 담은 사진은 보호대상이 아니며 인물 사진의 경우 사진에 담긴 인물에게는 저작권과 별도로 초상권이 있다.

---

66) 「저작권법」 제4조 제1항, 제5조 제1항, 제6조 제1항 및 제10조 제2항

7. 영상저작물 : 영상저작물은 연속적인 영상(음의 수반여부는 가리지 아니한다)이 수록된 창작물로서 그 영상을 기계 또는 전자장치에 의하여 재생하여 볼 수 있거나 보고 들을 수 있는 것을 말한다.[67] 통상적으로 영화나 드라마, 뮤직비디오 등이 이에 해당한다.

8. 도형저작물 : 지도, 도면, 약도, 설계도, 통계 그래프, 조각, 해도^{海圖} 등을 말한다. 작성자의 창의성이 이입될 여지가 적어 다른 저작물에 비해 보호의 범위가 매우 좁다.

9. 컴퓨터프로그램 저작물 : 특정한 결과를 얻기 위하여 컴퓨터 등 정보처리 능력을 가진 장치(이하 "컴퓨터"라 한다)안에서 직접 또는 간접으로 사용되는 일련의 지시·명령으로 표현된 창작물을 말한다.[68]

살펴본 바와 같이 「저작권법」으로 보호되는 저작물은 우리의 실생활과 밀접한 연관성을 가지고 있으며, 종류 역시 다양하다. 저작물별로 사용 목적이나 양태, 보호의 범위, 효용과 기능적 성질에 큰 차이가 있다. 보거나(사진이나 미술저작물), 듣거나(음악이나 라디오 프로그램 등), 보고 듣는(영화, 연극 등의 영상 또는 공연 저작물) 저작물이 있는가 하면 기능적인 면에 예술성을 가미한 건축 설계도나 건축저작물, 생활의 편의성을 높여주는 지도나 모형 등의 도형 저작물이 있다. 또한 소재나 구성 부분의 저작물성 여부와 관계없이 소재의 선택 또는 배열에 창작성이 있는 편집저작물, 2차적저작물, 컴퓨터나 통신 등의 신

---

67) 「저작권법」 제2조(정의) 13.
68) 「저작권법」 제2조(정의) 16.

기술을 보호하려는 의도에서 도입된 컴퓨터프로그램 저작물 등이 그렇다.

(1) 음악저작물

음악은 "박자, 가락, 음성 따위를 갖가지 형식으로 조화하고 결합하여, 목소리나 악기를 통하여 사상 또는 감정을 나타내는 예술"[69]이며, "소리의 높이, 길이, 세기를 조화시켜 일정한 느낌이나 감정을 창작적으로 표현한 것", 또는 "음에 의하여 표현된 저작물"로 정의된다. 또한 "음 또는 소리를 그 핵심요소로 하며, 가락, 리듬, 화음 등을 요소로 하는 악곡樂曲뿐만 아니라, 악곡과 함께 이용되어 음적音的으로 표현되는 가사歌辭도 음악저작물의 개념에 포함"[69]된다. 따라서 즉흥적인 가창이나 연주는 이에 해당하지만, 악곡의 표시 수단에 불과한 악보는 음악저작물에 속하지 않는다.

「저작권법」 제4조(예시)는 「저작권법」에 의해 보호받는 다양한 저작물의 종류를 나열하고 있다. 음악저작물에 대해서는 별도의 정의 규정을 두고 있지 않지만, 여타 저작물과 그 권리의 구조가 달라 한 곡의 음악, 즉 1단위의 저작물 안에 각기 배타적인 3개의 권리가 존재한다는 특징이 있다. 따라서 한 곡의 음악 안에 존재하는 3중의 권리자 각각의 권리[71]에 대한 이해가 우선되어야 한다.

음악을 제외한 대부분의 저작물은 공동저작물이나 특별한 경우[72]

---

69) 국립국어원, 표준국어대사전, "음악", https://stdict.korean.go.kr
70) '한국저작권위원회',《음악과 저작권》, 2010, 32쪽

가 아니라면 1 저작물 당 1 저작권자가 있는 것이 보편적이다, 소설이나 시, 사진 등을 보면 쉽게 이해가 된다. 이를 이용하기 위해서는 대부분 1 저작물 당 1 저작권자에게만 허락을 받으면 합법적 사용이 가능할 수 있다. 그러나 음악은 이와 달라서 1. 저작권자(작사, 작곡, 편곡), 2. 저작인접권자 1(연주, 가창 실연자),[73] 3. 저작인접권자 2(음반제작자)[74]에게 각각 허락을 받아야 한다. 그 이유는 한 곡의 음악저작물 안에 담겨 있는 가사나 곡, 연주, 가창 등을 따로 떼어 이용하는 경우는 거의 없고,[75] 대개는 한 곡 단위를 이용하기 때문이다. 저작권과 저작인접권은 한 곡의 음악저작물 안에서 역할별로 그 기여한 바가 다르기 때문에 각기 배타적인 권리로 존재하며, 동일 음악저작물 내에 존재하는 다른 권리에 영향을 미칠 수 없다.

이렇다 보니 음악산업이라는 큰 틀 안에서는 동업자 관계인 분야별 권리자 간, 혹은 동종 권리자 간 불가피한 분쟁이 발생하기도 한다. 분쟁의 원인은 주로 곡이나 음반과 관련한 권리의 주체에 대한 해석이나 계약 관계 및 이익금의 분배 등에 대한 당사자 간 견해 차이인 것으로 보이며, 분쟁의 대상이 된 곡이나 앨범은 주로 대중적 인기를 얻은 이른바 히트곡이나 히트곡 앨범인 경우가 대부분이다.

---

71) '저작권과 저작인접권' 편 참조
72) 상속 등으로 복수의 유족에게 저작권이 지분권으로 분할되어 있는 경우, 저작권 조각 투자의 경우 등
73) 실연권이라 하기도 한다.
74) 마스터권 혹은 판권이라 하기도 한다.
75) '공동저작물' 편 참조

1995년 '정○○, 박○○ 히트곡 모음집 사건'을 살펴본다. 이 사건은 가수와 음반제작자 간 분쟁으로, 담당 재판부가 총 다섯 가지 사안에 대해 판단[76]했는데, 그 내용은 다음과 같다.

이 판결에서 눈여겨봐야 할 부분은 가수와 음반제작자 간 전속 기간 중 체결된 계약서 내용에 관한 해석이다. 1. 음반제작자는 가수와의 계약에서 이용 기간을 정하는 등 특별한 약정이 없는 한, 계약이 종료된 후에도 해당 가수의 음반을 제작하여 판매할 수 있다. 2. 음반제작자는 가수의 음반 제작 시 원형을 변형하지 않는 범위 내에서 편집 권한을 행사할 수 있다. 3. 음반제작자가 저작자로부터 편집 권한을 포함한 이용허락을 받은 경우라도, 저작자 고유의 편집저작물 작성권은 그 이용허락에 포함되지 않는다. 4. 음반제작자가 저작자 혹은 가수와의 계약 기간 중 기존 원반 2개에 녹음된 가요 및 가창을 이용하여 새로 만든 재편집 원반이 동일한 작곡, 작사가 및 가수의 가요 21곡 중 16곡을 단순히 발췌하여 복수의 히트곡 모음집으로 만들었음이 명확한 경우, 소재의 선택 및 배열은 단순한 순서 부여 정도에 해당하므로 창작성이 있는 편집저작물로 인정되지 않는다. 5. 음반제작자와 가수(저작자)의 이용 허락 계약 시에는 LP와 카세트가 음반의 주 녹음 매체였으나, 계약 종료 이후 CD가 이들을 대체하게 되었고, 이에 음반제작자가 해당 가수의 노래를 CD로 제작하여 판매한 사안에서 계약에 명시된 '음반 및 비디오물 일체' 또는 '녹음물 일체'에 포함되는 것으로 보아 음반제작자의 행위가 적법한 것으로 판단했다.

---

76) 서울고법, 1995. 3. 21. 선고 94나6668 판결.

2016년 5월 "'록의 대부' 신○○씨가 저작인접권을 놓고 음반제작사와 소송전을 벌였지만 패소했다."는 기사가 도하 일간지 문화면의 헤드를 장식했다. 이 소송은 신○○씨가 2012년에 제기한 소송으로 2016년 5월이 되어서 대법원의 판단을 받은 것이다.

이 소송에서 문제가 된 음반들은 신○○씨가 1968년부터 1987년까지 음반제작자인 킹 레코드의 박 모씨(일명 킹박)와 함께 만든 238곡이 수록된 28종의 음반이다. 펄 시스터즈의 〈커피 한 잔〉, 〈사랑을 하면 예뻐져요〉 등이 수록된 앨범『님아!』,『커피 한 잔』, 김추자의 〈월남에서 돌아온 김상사〉가 수록된『늦기 전에』, 박광수의 〈빗속의 여인〉 등이 수록된 앨범『마른 잎』 등은 한국 대중 음악사를 대표하는 음반들이다. 이 음반에서 신 씨가 작사, 작곡, 편곡, 연주, 가창을 맡았고 박 모 씨는 기획과 녹음실 대여, 녹음, 음반 유통 등을 전담했다.

이 소송은 킹 레코드의 사장이었던 박 모 씨의 사망으로 1996년 킹 레코드의 권리 일체를 ○○미디어가 양수받자 신○○씨가 ○○미디어를 상대로 "음반에 대한 실연권 등 저작인접권은 ○○미디어가 아니라 자신에게 있음을 인정해 달라."라며 제기한 소송이다.

이 소송의 1심 재판부[77]는 "음반제작자는 음을 음반에 고정하는 작업을 전체적으로 기획하고 책임지는 자로 작사, 작곡, 편곡, 연주, 가창을 담당한 신 씨가 음반제작자에 해당하며, 킹 레코드의 박 모 씨는 원고에게 인세를 지급하고 비용을 투자한 사실은 있으나 음반을 전체적으로 기획하고 책임을 지는 자로 인정하기에 부족하다."며 신○○씨를 음반제작자로 보아 "위 음반의 저작인접권 중 복제·배포·대여·전송권은 신 씨에게 있다."고 신○○씨의 손을 들어 주었다.

그러나 항소심 재판부는 판단을 달리하여 신○○ 씨에게는 해당 곡의 저작자 권리인 '저작권'만을 인정했고, "음반제작자는 킹 레코드의 사장이었던 박 모 씨이며, 절차를 거쳐 제반 권리를 양수한 ○○미디어가 음반제작자의 지위를 갖는다."는 취지로 1심을 뒤집고 신○○ 씨의 패소를 확인했다.

저작인접권 등 부존재 확인소송
(대법원 2016. 4. 28. 선고 2013다56167 판결)

"이 사건 음반을 제작하는 데 있어서 담당한 역할과 관여의 정도 및 원고와의 관계, 특히 소외인[78]이 이 사건 음반의 제작에 소요되는 비용을 전부 부담하였고 제작된 음반의 판매를 자신의 책임하에 수행한 사정 등을 종합하여 보면, 소외인은 이 사건 음반의 저작권을 자신에게 귀속시킬 의사를 가지고 음반의 제작 과정을 전체적으로 기획하고 책임을 진 법률상의 주체로 볼 수 있고, 반면에 원고는 비록 이 사건 음반에 수록된 음악을 대부분 작사·작곡·편곡하고, 그 음악의 연주나 가창 등으로 음반의 제작 과정에 기여를 한 것으로 볼 수 있지만, 이와 같은 행위는 소외인의 기획과 책임으로 제작된 이 사건 음반의 구체적인 녹음 과정에 있어서 사실적·기능적으로 기여를 한 것에 불과하므로 이를 이 사건 음반의 제작을 전체적으로 기획하고 책임을 지는 법률상의 주체로서의 행위라고 보기에는 부족하다."

---

77) 의정부지방법원 고양지원 민사 3부(김경 부장판사)
78) 킹 레코드의 사장이었던 박 모 씨, 일명 킹박.

이 사건 대법원도 신○○씨가 음반 제작 업체 ○○미디어를 상대로 낸 저작인접권 부존재 확인 소송 상고심에서 "구 「저작권법」 상 원저작물을 음반에 녹음하는 것은 변형 복제의 일종으로, 원저작물에 관한 저작권과 별개의 새로운 저작권이 발생한다."라고 하여 이 사건에서의 음반 저작권자[79]는 킹 레코드가 맞으며, 이들로로터 권리를 양수한 ○○미디어가 음반의 저작권자라는 사실을 확정했다. 아울러 "당시 음반제작자가 제작비용을 전부 부담했고 음반의 판매도 전적으로 음반제작자가 수행했다."면서 "원곡을 작곡하고 가창한 행위가 별도의 저작권을 갖기는 하지만 음반에 대한 저작권은 음반제작자가 갖는다는 것이 법원의 판단"이라는 2심 재판부의 판결을 유지했다.

이와 대비되는 사례로 '○○○가을겨울' 그룹의 사건을 살펴본다.

1988년 그룹 '○○○가을겨울'은 음반기획사인 ○○기획과 전속계약을 체결하고, 기획사로부터 받은 전속계약금으로 음반을 제작하여 기획사에 납품했다.[80] 이후 이들의 전속계약이 종료되었으나, ○○기획은 '○○○가을겨울' 음반의 음반제작자(저작인접권자)를 자신으로 하여 (사)한국음반산업협회에 신탁하고, 그 사용료를 수수했다.

이에 '○○○가을겨울'은 소송을 제기하여 원고로서 "이 사건 각 음반의 제작자로서 저작인접권을 보유하며, 피고 ○○기획은 원고들로

---

79) 현재의 저작인접권자(음반제작자).

80) 당시의 음반 제작 방식은 개인 기획자가 레코드사나 음반기획사 혹은 유통사로부터 선불금을 받아 음반을 제작하고, 이를 레코드사나 음반기획사 혹은 유통사에 납품을 하면 이들 음반을 유통하여 선불금을 회수한 이후 수익금 가운데 약정한 금액을 인세 형식으로 개인 기획자에게 지급하는 것이 대부분이었다.

부터 원고들이 제작한 원반을 이용하여 음반을 복제, 제조, 유통할 수 있는 권한만을 부여받았고, 피고의 이 사건 음반 중 별지1 목록 ⑧, ⑨, ⑪ 음반에 대한 유통 권한은 별지2 기재 약정에 따라 이미 소멸했다."고 주장했다. 특히 피고인 ○○기획은 "이 사건 각 음반의 유통, 판매에 관한 권한만을 허락받았음에도 불구하고 이사건 각 음반의 수록곡 중 일부를 복제한 후 스스로 음반을 발매하거나 다른 음반사에 배포하여 이들 음반사로 하여금 편집음반을 제작, 배포하도록 했으며, 음원을 모바일 서비스업체나 인터넷 서비스업체에 배포하여 원고들의 저작인접권을 침해하였으므로 그로 인하여 원고들이 입은 손해를 배상할 의무가 있다."고 하며 6억 5천여만 원 상당의 손해배상을 청구했다.

'○○○가을겨울' 사건
(서울남부지방법원 제14민사부 2007. 4. 12. 판결, 2004가합14681 인세등)

"원고들은 이 사건 각 음반을 제작함에 있어 대부분의 곡을 작사, 작곡하고, 음반에 수록할 곡 선정, 스튜디오 대여, 연주자 섭외, 녹음, 편곡, 원반제작, 표지 디자인 등의 업무를 직접 수행하고, 악기별 연주 및 자신의 가창을 트랙을 나누어 녹음한 멀티테이프를 제작한 후 그 음원 중 일부를 골라 가창과 연주의 음의 강약이나 소리의 조화를 꾀하는 편집과정을 통해 이 사건 각 음반의 원반을 제작한 사실이 인정된다.

원고들과 피고는 이 사건 각 음반 출반과 관련하여 비슷한 내용의 약정을 일관되게 유지하여 왔는데, 처분문서로 남아 있는 별지2 목록 기재 각 약정만으로는 원고들과 피고 사이의 약정이 저작인접권 양도계약인지, 이용허락계약인지 명백하지 아니하고, 그와 같이 당사자의 의사가 외부적으로 표현되지 아니한 경우 저작인접권자에게 권리가 유보된 것으로 추정함이 타당하다 할 것이다.

이러한 점 등에 비추어 보면, 저작권법 제2조 제7호에 규정된 음을 음반에 맨 처음 고정한 자인 음반제작자는 원고들이라고 봄이 상당하다(또한, 원고들이 그와 같은 작업을 수행함에 있어 피고로부터 교부받은 계약금을 제작비용에 사용하였다는 사정만으로는 피고가 이 사건 각 음반의 제작자라거나, 원고들로부터 저작인접권을 양수하였다고 인정하기에 부족하고, 달리 피고 주장을 인정할 증거가 없다."

그러자 ○○기획 측은 자신들이 "'○○○가을겨울'과 전속계약을 체결하고 피고(○○기획)의 비용으로 해당 음반을 제작한 것이므로 이 음반들의 저작인접권자(음반제작자)는 피고"라고 주장했다. 또한 "원고들이 저작인접권자로 인정된다 하더라도 피고는 원고들에게 계약금을 교부하고 전속계약을 체결함으로써 그 저작인접권을 양수한 것이다."라는 것을 근거로 "원고들의 주장과 같이 피고의 지위가 저작인접권의 이용을 허락받은 자에 불과하더라도, 그 이용 허락 범위에 편집앨범의 제작과 모바일, 인터넷 서비스의 제공이 포함된다."는 주장을 펴기에 이르렀다. 이에 대한 법원의 판단이다.

'○○○가을겨울' 사건
(서울남부지방법원 제14민사부 2007. 4. 12. 판결, 2004가합14681 인세등)

　"이 사건 각 음반의 발매 당시 편집음반이나 모바일·인터넷 음원 제공 서비스의 활성화를 예견하였다면 원고들로서는 그에 대한 다른 약정을 하였을 것으로 보이는 점, 이 사건 각 음반에 수록된 음원을 이용하여 무제한적으로 편집앨범을 제작하거나, 모바일·인터넷 서비스에 제공하는 행위는 이 사건 각 음반에 수록된 대부분의 곡에 대한 저작권을 가진 원고들의 저작권을 부당하게 침해하는 행위로 보이는 점 등에 비추어 그 범위는 해당 음반의 제조, 유통, 판매에 한정되는 것으로 봄이 상당하다."

　이 사건에서 '○○○가을겨울'이 기획사로부터 받은 선불금(전속 계약금에 해당하는)은 양자 간 채권, 채무의 발생으로 봄이 타당할 것이다. 그럼에도 "피고(○○기획)의 비용으로 이 사건 음반들을 제작했으므로 각 음반의 저작인접권자(음반제작자)는 피고"라는 피고 기획사의 주장은 우리 「저작권법」이 규정한 음반제작자의 정의[81]에 위배된다. 이 주장이 정당하다면 당시 관행적으로 개인 기획자에게 선불금[82]을 주었던 레코드사나 음반기획사 혹은 유통사만이 대한민국의 음반제작자가 되는 불합리한 결과가 초래되었을 것이다. 또한 기획사가 전속한

---

81) 「저작권법」 제2조(정의) 6. '음반제작자'는 음반을 최초로 제작하는 데 있어 전체적으로 기획하고 책임을 지는 자를 말한다.

82) 이 경우는 일명 '마이킹'이라는 별도의 용어가 타당하다.

가수에게 "계약금을 교부하고 전속계약을 체결함으로써 그 저작인접권을 양수한 것."이라는 주장에 대해서도 선불금 교부는 어디까지나 기획사와 가수 간 부담하여야 할 용역의 제공에 관한 채권, 채무에 해당할 뿐이다. 판결문에 첨부된 양자 간의 계약서 그 어디에서도 저작인접권 양수도에 관한 조항은 찾아볼 수 없기 때문이다.

결과적으로 이 사건은 원고인 '○○○가을겨울'의 최종 승소로 끝이 났다. 이 사건이 신○○씨의 사례와 다른 점은 법률이 정한 음반제작자, 즉 '저작물을 음반에 고정하는 과정을 전체적으로 기획하고 책임을 지는 자'가 원고인 '○○○가을겨울'이었다는 점을 원고 스스로 명확히 입증했다는 것이다. 참고로 동 사건의 판결문 상 '저작인접권 이용허락의 범위' 대목을 살펴보면 다시 한 번 계약의 중요성을 깨닫게 된다.

(2) 뮤지컬

뮤지컬은 연기와 가창을 도맡은 실연자가 극의 전개를 이끌어가는 주인공이다. 우리 법원은 뮤지컬을 "각본, 악곡, 가사, 안무, 무대미술 등이 결합되어 음악과 춤이 극의 구성·전개에 긴밀하게 짜 맞추어진 연극저작물의 일종"이라고 정의한다.[83] 따라서 뮤지컬은 영상저작물과 흡사한 저작권 구조를 가진 결합저작물로 보는 것이 타당하며, 각 분야의 독립된 저작자들은 자신들의 역할이 분리되어 이용될 수도 있다는

---

83) 대법원, 2015. 1. 29. 선고 2012다13507 판결.

점에서 실연자도 자신의 실연 자체에 대한 복제권 및 방송권 등 저작
인접권을 가질 뿐이라는 판결에 타당성이 부여된다.

뮤지컬 〈캣츠〉 사건
(대법원 2005. 10. 4.자 2004마639 결정 [공연금지가처분])

"뮤지컬은 음악과 춤이 극의 구성·전개에 긴밀하게 짜 맞추어진
연극으로서, 각본, 악곡, 가사, 안무, 무대미술 등이 결합된 종합예술
의 분야에 속하고 복수의 저작자에 의하여 외관상 하나의 저작물이
작성된 경우이기는 하나, 그 창작에 관여한 복수의 저작자들 각자의
이바지한 부분이 분리되어 이용될 수도 있다는 점에서, 공동저작물
이 아닌 단독 저작물의 결합에 불과한 이른바 '결합저작물'이라고 봄
이 상당하고, (중략) 뮤지컬의 제작 전체를 기획하고 책임지는 뮤
지컬 제작자라도 그가 뮤지컬의 완성에 창작적으로 기여한 바가 없
는 이상 독자적인 저작권자라고 볼 수 없으며, (중략) 뮤지컬의 연
기자, 연출자 등은 해당 뮤지컬에 관여한 실연자로서 그의 실연 자체
에 대한 복제권 및 방송권 등 저작인접권을 가질 뿐이라고 판단." ~
(이하 생략)

이 같은 대법원의 판결이 있고 난 후 창작뮤지컬의 기획, 제작, 연출에
참여했던 이들이 원고로서 자신들이 공연했던 작품을 허락 없이 무대
에 올린 제3자를 피고로 하여 공연 금지를 청구한 소송이 제기되었다.

이에 대해 담당 재판부는 "뮤지컬은 단독 저작물의 결합에 불과한 결합저작물이며, 뮤지컬 제작자는 뮤지컬의 완성에 창작적으로 기여한 바가 없는 이상, 독자적인 저작권자라고 할 수 없다."고 판단했다. 이와 관련하여 재판부는 "뮤지컬의 연기자, 연출자 등은 실연 자체에 대한 저작인접권을 가질 뿐"이라고 한 뮤지컬 〈캣츠〉 사건을 인용하여 원고의 1심 패소에 이은 재항고를 기각했다.

특히 재판부는 영상제작자의 권리관계에 관한 특례를 들어 영상저작물은 각본, 음악 등과 별개의 독자적인 저작물로 보호하는 사례[84]를 적시하며, "영상저작물은 연속적인 영상이 수록된 창작물로서 그 영상을 기계 또는 전자장치에 의하여 재생하여 볼 수 있거나 보고 들을 수 있는 것을 말하므로[85] 뮤지컬이 이에 해당하지 않음은 명백하고, 뮤지컬제작자가 상당한 제작비용을 투자하거나 제작과 공연 과정에서 여러 사람이 관여한다는 등 뮤지컬의 제작 과정에 영상저작물의 제작과정과 유사한 측면이 있다는 사정만으로 영상저작물의 독자적인 저작물 성립에 관한 법 규정을 연극저작물의 한 유형인 뮤지컬에 유추 적용할 수도 없다."고 설명하며 원고의 주장을 배척했다.

결론적으로, 뮤지컬 작품을 하나의 저작물로 보고 기획자, 연출가, 제작자에게 저작권을 부여할 경우, 실연자가 뮤지컬에 삽입되었던 노래를 외부의 방송이나 공연 등에서 부르거나 안무를 이용할 경우 뮤지컬의 기획자나 연출가, 제작자에게 사전 허락을 받아야 하는 문제가 발생한다. 이는 "저작물의 공정한 이용을 도모함으로써 문화 및 관련 산업의 향상발전에 이바지함을 목적으로 한다."는 「저작권법」의 입법 목적과도 상충된다.

(3) 사진저작물과 초상권

사진 저작물도 여타 저작물과 다소 다른 권리 구조로 되어 있다. 사진 저작물의 저작권자는 사진을 촬영한 사람이다. 사진의 경우 "피사체의 선정, 구도의 설정, 빛의 방향과 양의 조절, 카메라 각도의 설정, 셔터의 속도, 셔터 찬스의 포착, 기타 촬영 방법, 현상 및 인화 등의 과정에

---

84) 다만 법도 영상저작물의 저작자가 누구인지, 그 저작권이 누구에게 속하는지에 관하여는 특별히 규정하고 있지 않다. / 서울고등법원, 2007. 5. 22. 선고 2006나47785 판결 [공연금지등] 판결문.
85) 「저작권법」 제2조 제10호.

서 촬영자의 개성과 창조성이 인정되어야 「저작권법」에 의하여 보호되는 저작물에 해당된다.”[86]는 대법원판결에 그 근거를 두고 있다.

하지만 드라마 제작 발표 기자회견이나 제품의 공개 홍보 현장에서 언론보도 목적으로 연예인이나 상품을 촬영한 사진은 저작물에 해당하지 않는다는 판결이 있어 이를 살펴본다.

이 사건은 한 성형외과 의사가 언론보도에 이용된 연예인의 사진을 복제하여 자신의 병원 블로그에 게시했는데, 해당 사진을 촬영한 언론사가 사진의 저작권자임을 주장하며 손해배상을 청구한 사건이다.

연예인 보도사진의 저작물성 여부
(서울중앙지방법원 2013. 12. 6. 선고 2013나36605 판결: 확정)

“이 사건 각 사진은 드라마의 제작 발표 기자회견이나 화장품, 커피 등 제품의 공개홍보 현장에서 그 출연 배우 또는 광고 모델로 행사에 참가한 연예인들을 촬영한 것으로서, 촬영 목적 자체가 연예인의 활동 모습을 있는 그대로 독자들에게 전달하려는 것이고 촬영자의 고려 역시 피사체의 충실한 재현을 위한 기술적인 측면에서만 이루어졌다 할 것인바, 이는 특별한 사정이 없는 한 누가 촬영하더라도 같거나 비슷한 결과가 나올 수밖에 없는 사실의 전달에 불과한 보도사진이라 할 것이어서 저작권법에 의하여 보호될 정도로 촬영자의 개성과 창조성이 인정되는 저작물에 해당하지 않는다.”

---

86) 대법원, 98다43366 판결, 햄 제품 광고 사건.

이 사건 판결문에 따르면 사진을 비롯한 모든 저작물은 반드시 저작물의 성립 요건을 충족해야 비로소 권리가 발생하는 것임에도 이 사건 사진은 1. 사실의 전달에 불과한 보도 목적의 사진인 점, 2. 촬영자의 개성과 창조성이 이입되었다고 볼 여지가 없는 점, 3. '합체의 원칙'Merger Doctrine 87) 적용으로 누가 촬영해도 같거나 비슷한 결과가 나올 수밖에 없다는 이유로 저작물성을 부인하여 원고의 청구를 받아들이지 않았다.

특히 이 사건은 사진의 피사체인 연예인의 초상권이나 인격적 권리 등에 대한 다툼이 아니라 사진의 촬영자와 이용자 간 분쟁이었지만, 우리 법원은 "사진의 피사체가 인격적 존재인 경우 사진은 촬영자 저작권의 대상이 됨과 동시에 피사체의 인격적 법익, 즉 초상권의 대상"88)이라고 하여, 비록 사진을 촬영하여 저작권을 가졌다 할지라도 초상권자의 동의 없이는 해당 사진을 함부로 복제, 공연, 전시 등에 사용할 수 없다는 점을 명확히 하고 있다.

이 사건의 경우 사진의 저작물성 성립 여부와는 별개로 사진의 피사체인 연예인의 초상권은 보호받을 수 있다. 따라서 해당 연예인은 블로그 운영자인 의사를 상대로 초상권 침해에 대한 손해배상을 청구할 수 있을 것이다.

우리 법원은 초상권에 대해 "사람은 누구나 자신의 얼굴 및 기타 사회

---

87) 비록 창작적인 표현이라고 하더라도 그 표현이 해당 저작물의 사상이나 감정과 같은 아이디어가 오직 그 표현 방법 외에는 달리 효과적으로 표현할 방법이 없는 경우에는 그 표현에 대하여는 저작권의 보호가 주어져서는 아니 된다는 원칙이다.
88) 대법원, 2021. 7. 21. 선고 2021다219116 판결. [초상권침해금지 및 방해예방청구]

통념상 특정인임을 식별할 수 있는 신체적 특징에 대해 함부로 촬영 또는 그림으로 묘사되거나 공표되지 아니하며 영리적으로 이용당하지 않을 권리를 가지는데, 이러한 초상권은 우리 「헌법」 제10조 제1문[89] 에 의하여 헌법적으로 보장되고 있는 권리이다."[90]라고 하며, "「헌법」 제10조는 「헌법」 제17조와 함께 사생활의 비밀과 자유를 보장하는데, 이에 따라 개인은 사생활 활동이 타인으로부터 침해되거나 사생활이 함부로 공개되지 아니할 소극적인 권리는 물론, 오늘날 고도로 정보 화된 현대사회에서 자신에 대한 정보를 자율적으로 통제할 수 있는 적극적인 권리도 가진다."[91]라고 초상권을 정의한다.

초상권이란 자신의 초상에 대한 독점권을 말한다. 「헌법」상 인정되 는 인격권의 하나로서, 일례로 자기의 초상이 승낙 없이 전시되었을 경우 손해배상을 청구할 수도 있다. 심지어 프랑스에서는 부모가 자 녀의 사진을 본인 동의 없이 SNS에 올릴 경우, 최대 1년 징역에 4만 5000유로(약 5,900만 원)의 벌금을 부과할 수도 있다는 언론보도가 있었다.

또한, 2018년 서울중앙지방법원은 "사람은 누구나 자신의 음성이 함부로 녹음되거나 재생·방송·복제·배포되지 않을 권리를 가진다."며, 이런 "'음성권'은 「헌법」 제10조 1문에 의해 헌법적으로도 보장되는 권 리이므로 음성권에 대한 부당한 침해는 불법행위를 구성한다."라고 판

---

89) "모든 국민은 인간으로서의 존엄과 가치를 가지며, 행복을 추구할 권리를 가진다."
90) 대법원, 2013. 2. 14. 선고 2010다103185 판결.
91) 대법원, 1998. 7. 24. 선고 96다42789 판결; 대법원, 2006.10.13. 선고 2004다16280 판결.

시한 바 있다. 따라서 대중적 인지도를 가진 가수들은 팬클럽 관리 차원
에서 팬들의 초상, 음성 등이 담긴 동영상 공표에 신중할 필요가 있다.

머드 축제 포스터에 내 얼굴이...[92]

2013년 여름, 보령시는 머드 축제를 홍보하기 위한 포스터를 제작하며 30대 여성이 머드 축제에 참가한 사진을 사용한 적이 있다. 그런데 당시 포스터에 사용된 사진은 얼굴에 진흙이 묻은 여성이 활짝 웃는 모습이었다. 하지만 얼마 뒤 이 여성은 보령시를 상대로 소송을 제기하였고 법원은 "30대 미혼 여성으로서 머리와 얼굴에 진흙이 묻은 사진이 알려질 경우 상당한 정도의 당혹감, 수치심 등을 느꼈을 것으로 보인다."며 300만 원 배상 판결을 내렸다.

이에 보령시 측은 "포스터는 머드 축제를 널리 알리는 공익 목적이었다."고 항변했으나 재판부는 "그렇다 해도 A 씨의 얼굴 사진을 넣어야 할 필요나 초상권 보호 절차를 생략할 이유가 없다."고 판단하였고 보령시는 즉시 상고했으나 대법원에서 최종 기각되었다.

---

92) MoneyS, 2015. 07. 21. https://www.moneys.co.kr/article/2015072108388056430

▲ ○OT 초상권 사건

1997년, ○○미디어주식회사가 댄스 보이그룹 ○OT 멤버들의 허락 없이 ○OT의 방송 출연 장면의 사진들만을 모아 사진집을 발간했다. 이에 ○OT는 자신들의 초상권이 침해되었다며 소송을 제기했다. 따라서 이 사건 원고는 ○OT이고 피고는 ○○미디어주식회사이다.

○OT 초상권 침해 사건
(서울지방법원 1997. 11. 7. 선고 97가합20064 판결)

① "피고가 원고들로부터 사전에 아무런 승낙을 구함이 없이 원고를 모델로 한 사진집을 제작 배포한 행위는 원고의 초상권을 각 침해하는 불법행위가 된다 할 것이므로, 피고는 원고에게 그로 인한 손해를 각 배상할 책임이 있다."

② "피고는 이를 금전으로 위자할 의무가 있다 할 것인바, 그 액수는, 위 원고들의 가수로서의 경력과 지명도, 피고의 이 사건 사진집 제작동기 및 경위, 게재된 사진의 수, 형상 및 편집상태, 사진집 제작에 든 비용과 피고가 위 사진집을 부록으로 배포함으로써 얻은 영업상 이익의 정도, 위 원고들이 피고와 사진집 제작을 위한 모델계약을 체결할 경우 얻을 수 있었을 모델료의 정도" 등 사정을 참작하면 각 금 2000만 원으로 정함이 상당하다."

▲ 드라마 속 연주자 얼굴 노출 사건

이 사건은 드라마의 전개상 연주 장면을 삽입할 필요성이 있다는 요청에 따라 연주자들이 얼굴을 식별할 수 없도록 촬영하는 조건으로 연주 장면의 촬영을 승낙했는데, 해당 방송을 시청한 주위 사람들이 쉽게 알아볼 수 있도록 드라마 속에서 연주자들의 얼굴이 노출된 사건이다. 이에 법원은 드라마 제작사와 그 연주 장면이 삽입된 드라마를 방영한 방송사에게 연주자들의 초상권 침해로 인한 위자료 지급 책임이 있다고 인정했다.

드라마 속 연주자 얼굴 노출 사건
(서울중앙지법 2006. 11. 29. 선고 2006가합36290 판결)

"모든 국민은 인격권으로서의 초상권을 침해받지 아니할 권리가 있고, 언론매체에 대하여 자신의 초상에 관한 방송을 동의한 경우에도 당시 예정한 방법과 달리 방송된 경우에는 초상권의 침해가 있다고 할 것인데, 원고들은 피고 ○○○프로덕션에게 얼굴을 식별할 수 없도록 촬영할 것을 조건으로 이 사건 연주장면에 대한 촬영을 승낙한 것인 바, 피고 ○○○프로덕션은 연주장면을 촬영하면서 카메라 앵글을 조절하는 등의 방법으로 원고들의 얼굴을 알아볼 수 없도록 했어야 함에도 불구하고, 방송을 시청한 원고들의 주위사람들이 쉽게 원고들을 알아볼 수 있도록 연주장면을 촬영하였고, 피고 문화방송은 이와 같이 촬영된 장면이 삽입된 드라마를 방영함으로써 원고들의 초상권을 침해하였다 할 것이므로, 피고들은 이와 같은 불법행위로 인하여 원고들의 초상권이 침해됨으로써 원고들이 입은 정신적 손해를 금전적으로나마 배상할 책임이 있다고 할 것이다."

「저작권법」은 사람의 초상을 보호하지 않으며, 초상은 「헌법」으로 보장되는 권리이다. 따라서 사진이나 영상저작물에 타인의 초상이 포함된 경우, 이를 자신의 홈페이지나 블로그, 카페 등에 업로드하는 행위는 「저작권법」 위반이 아닌 헌법적 가치를 훼손하는 것이다. 특히 공인이 아닌 일반인의 초상권은 「헌법」상 인격권으로 보호되기 때문에

단순히 초상권자와 연락하기 어렵다거나 비용과 시간이 많이 소요된
다는 이유만으로 허락 없이 이용하거나 허락받은 범위를 넘어서서 이
용하는 것은 허용되지 않는다.

질문 산악회 동료가 회원들의 사진을 본인 동의 없이 자신의 SNS에
올렸습니다. 사진 중에는 남, 여 회원이 팔짱을 끼거나 어깨
동무를 하는 등 타인의 시선으로는 다소 부적절하게 보일 수
도 있는 사진이 있는데 모자이크 처리도 되어 있지 않습니다.
그래서 제가 이 사람에게 사진을 지우거나 내려달라고 했는
데 말을 듣지 않습니다. 어떻게 해야 할까요?

답변 사진 저작물의 경우 공공의 이익을 위한 보도 사진이나 예술
작품 등은 일부 예외적으로 초상권 침해가 인정 되지 않는 경
우가 있습니다. 그러나 이 경우는 초상권의 일부 제한 사유에
해당하지 않으므로 사진을 SNS에 올린 동료는 이미 산악회
동료 회원들의 초상권을 침해한 것입니다.
참고로, 사진의 경우 초상권 침해가 인정되는 세 가지 요소는,
다음과 같습니다.
1. 식별 가능성: 얼굴이 아니라 뒷모습이나 신체 일부분
또는 모자이크 처리가 되었더라도 누구인지 식별이
가능할 정도로 사진에서 촬영된 인물이 명확하게 식
별될 수 있는 경우
2. 사생활 침해: 사생활에 속하는 개인의 행동이나 장소,
혹은 가정 등을 사진으로 공개하는 경우
3. 비속한 목적 사용: 개인의 사진을 비속한 목적으로 사
용하거나 명예를 훼손시키는 경우
향후 같은 산악회 회원이라는 점을 고려하여 원만히 사태를

해결하기 위해 동료에게 이 같은 점을 설명하시기 바랍니다.
그럼에도 불구하고 동료가 귀하의 요구를 거부한다면 「개인
정보보호법」이나 초상권 침해에 대한 소송을 제기할 수도 있
을 것입니다.

(4) 퍼블리시티권(Right of Publicity)

퍼블리시티권^{Right of Publicity}이란 1953년 미국 법원에서 처음 사용된
용어로, 우리나라에서는 초상사용권^{肖像使用權} 혹은 인격표지권^{人格標識權}
이라 불린다. 연예인이나 스포츠 스타와 같은 유명인이 자신의 이름이
나 초상 등의 주지저명성을 경제적으로 이용할 수 있는 권리로 '광고
금지권'의 성격이 강하다. 하지만 이러한 퍼블리시티권은 유명인 뿐 아
니라 경우에 따라 일반인에게도 적용될 수 있다.

1994년, 영화배우 제임스 딘[93]의 유족이 방송인이자 사업가인 주○
○과 속옷회사 '좋은 사람들'을 상대로 상표 도용으로 손해를 봤다며
국내 법원에 표장사용금지 및 4억 원의 손해배상 청구 소송을 제기했
다. 이 사건은 주○○이 제임스 딘의 이름을 쓴 속옷을 판매하면서 발
생한 사건이다. 주○○은 1996년 제임스 딘의 이름을 특허청에 상표로
출원했으나 거절당했다. 그러나 상고심에서 "저명한 고인의 이름을 상
품명으로 사용하더라도 「상표법」에 위반되는 것은 아니다."라는 대법

---

93) 영화 〈이유 없는 반항〉의 주인공으로 1950년대 십대들의 우상이자 사망 68년이 지난 현재도
젊음, 스포츠카, 청바지 하면 떠오르는 인물이다.

원의 판결로 주○○이 승소한 바 있다.

당시 판결문에 따르면 "원고는 제임스 딘의 퍼블리시티권을 포함한 성명 초상권 등 일체의 권리를 양도받았다고 주장하지만, 단지 재단의 라이선스 계약 등을 담당하는 업무집행자일 뿐, 수탁자로서 권리를 신탁 받은 것으로 보기는 어렵다."[94]고 하여 제임스 딘의 유족에게 고인의 퍼블리시티권을 주장할만한 권리가 없음을 이유로 패소 판결을 했다. 하지만 이 판결은 퍼블리시티권도 상속이 가능한 재산권으로 인정하는 의미 있는 판결이라 할 것이다.

주○○과 속옷회사 '좋은사람들' 사건
(서울고등법원 2002. 4. 16. 선고 2000나42061 판결)

"고유의 명성, 사회적 평가, 지명도 등을 획득한 배우, 가수, 운동선수 등 유명인의 성명이나 초상 등이 상품에 부착되거나 서비스업에 이용되는 경우 상품의 판매촉진이나 서비스업의 영업활동이 촉진되는 효과가 있는데, 이러한 유명인의 성명, 초상 등이 갖는 고객흡인력은 그 자체가 경제적 이익 내지 가치로 취급되어 상업적으로 거래되고 있으므로, 성명권, 초상권 등 일신에 전속하는 인격권이나 종래의 저작권, 부정경쟁방지 및 영업비밀보호에 관한 법률의 법리만으로는 이를 설명하거나 충분히 보호하기 어렵다. 우리나라에서도 근래에 이르러 연예, 스포츠 산업 및 광고 산업의 급격한 발달로 유명인의 성명이나 초상 등을 광고에 이용하게 됨으로써 그에 따른 분쟁이 적지 않게 일어나고 있으므로 이를 규율하기 위하여, 성명이

---

94) 서울고등법원, 2002. 4. 16. 선고 2000나42061 판결.

> 나 초상, 서명 등이 갖는 재산적 가치를 독점적, 배타적으로 지배하
> 는 권리인 퍼블리시티권(Right of Publicity)이라는 새로운 권리 개
> 념을 인정할 필요성은 충분히 수긍할 수 있다."

한편 2000년에는 6개월의 광고 계약 기간을 어기고 배우 최○○의 초상을 60개월 이상 사용한 업체에 대해 4,000만 원 손해배상을 인정한 판결,[95] 2001년에는 배우 이○○이 출연한 영화 스틸사진을 무단으로 음반 〈연가〉 표지에 사용하여 170만 장의 판매고를 올린 음반사에 대해 100만 원 손해배상을 인정한 판결,[96] 2004년에는 배우 이○○가 광고모델 계약 기간이 만료된 후에도 자신의 초상을 사용한 화장품회사에 대하여 퍼블리시티권 침해를 이유로 손해배상을 청구한 사건 상고심에서 "피고는 탤런트, 영화배우 겸 광고모델로 대중적 지명도가 있어 재산적 가치가 있는 원고의 초상 등을 상업적으로 이용할 권리인 퍼블리시티권을 침해하였다."라는 이유로 이○○가 승소한 판결,[97] 2004년 배우 김○○가 퍼블리시티권 침해를 이유로 제기한 소송에서 재판부는 성문법주의를 취하고 있는 우리나라의 법제상 퍼블리시티권은 부인했지만, 초상권에 대한 침해는 인정하여 500만 원의 위자료 지급 판결,[98] 2004년 코미디언 정○○가 자신의 허락 없이 휴대전화 전

---

95) 서울고등법원, 2000. 5. 16. 선고 99나30444판결.
96) 서울지법, 2001. 12. 7. 선고 2001가합31184 판결.
97) 서울지법, 2001. 12. 7. 선고 2001가합31184 판결.
98) 서울중앙지법, 2004. 10. 1. 선고 2002가단254093 판결.

용 콘텐츠를 제작하는 회사가 자신의 얼굴 형상에 "…을 두 번 죽이는 짓이에요", "…라는 편견을 버려." 등 자신이 만든 유행어를 결합하여 소비자가 돈을 내고 다운로드받을 수 있도록 했다며 이 업체를 상대로 제기한 소송에서 500만 원 배상 판결[99] 등 이때까지는 우리나라 법원이 퍼블리시티권을 인정하는 듯한 태도를 보였다.

이때는 현재와 같은 관련 법이 생기기 전으로, 당시 우리나라의 사법부는 퍼블리시티권에 대해 "대부분의 국가가 법령 또는 판례에 의해 이를 인정하고 있는 점, 이러한 동일성을 침해하는 것은 「민법」상의 불법 행위에 해당하는 점, 사회의 발달에 따라 이러한 권리를 보호할 필요성이 점차 증대하고 있는 점, 유명인 스스로의 노력에 의하여 획득한 명성, 사회적 평가, 지명도 등으로부터 생긴 독립한 경제적 이익 또는 가치는 그 자체로 보호할 가치가 충분한 점 등에 비춰 해석상 독립적인 권리로 인정할 수 있다."[100]는 입장을 취했다.

그러나 이후 발생한 퍼블리시티권 분쟁 하급심에서는 연기자나 가수가 제기한 퍼블리시티권 사건에 대해 우리 법에 명문의 규정이 없다는 이유로 부인되는 판결이 줄을 이었다. 2014년 배○○, 김○○ 등 연예인 퍼블리시티권 사건이 대표적이다.

---

99) 서울중앙지방법원, 2005. 9. 27. 선고 2004가단235324 판결, 정○○ 캐릭터 사건.
100) 서울동부지방법원, 2006가합6780 판결, 이효석 '메밀꽃 필 무렵' 상품권 사건.

2012년 ○○걸스 멤버 네 명과 소녀시대 멤버 제○카, 배우 수○가 역삼동 C치과를 상대로 "병원 홍보 블로그에 치아 교정을 소개하면서 자신들의 사진을 허락 없이 사용해 퍼블리시티권을 침해당했다."고 주장하며 2억 2,000만 원대의 손해배상 청구소송을 제기한 바 있다. 이에 대해 서울중앙지법 민사합의 26부는 퍼블리시티권 주장은 받아들이지 않는 대신 초상권 침해 부분만 인정하여 치과 측이 이들에게 각각 500만 원의 위자료를 지급하라고 판결했다. 재판부는 그 근거로 "성문법주의를 취하는 우리나라에서 실정법이나 확립된 관습법 등의 근거 없이 필요성이 있다는 이유만으로 퍼블리시티권을 인정하기는 어렵다."고 판결의 이유를 설명했다.

반면 위 사건 바로 한 달 전, 가수 백○○이 자신의 수영복 사진을 허락 없이 사용한 서울 강남의 한 성형외과 원장 이 모씨를 상대로 낸 소송에서는 퍼블리시티권이 인정되었다. 당시 재판을 맡았던 재판부는

"우리 법에 명문 규정은 없지만 개인의 성명이나 초상에 대해 인격권이 인정되는 것과 마찬가지로 이를 상업적으로 이용할 권리(퍼블리시티권)도 인정될 필요가 있다."며 백○○의 손을 들어준 것이다.

이처럼 하급심의 판단이 엇갈리는 이유는 명확한 법 규정과 대법원 판례가 없었기 때문으로 보인다. 당시의 혼란스러운 상황은 서울고등법원과 서울중앙지방법원을 비롯한 수도권 11개 지방법원에 대한 2014년 국정감사 질의 및 응답에 그대로 드러난다.

▲ 실제 사례 (2014년 국회 서울중앙지방법원 국정감사)[101]

홍일표 위원: 중앙지방법원장님, 퍼블리시티권에 대한 소송이 있다는 것 알고 계시지요? ~ (중략) 지금 중앙지방법원, 서울고등법원에 걸쳐서 퍼블리시티권이 문제된 판결이 한 30건 정도 있었는데 일부는 인정을 하고 일부는 인정을 하지 않았다, 16건은 인정하고 17건은 인정이 안 됐다고 그래요. ~ (중략) ~ 민○○, 신○○, 이○○, 백○○, 유○, 남○○ 이런 사람들은 인정이 됐었고 조○○, 손○○, 이○○, 수○, 제시○, ○○걸스, 박○○ 등은 인정이 안 됐다, 동일한 법원에서. 그래서 당장 지금 인터넷 같은 데 백○○은 되고 손○○는 안 된다 이런 식으로 제목이 뽑혀 나오는데 이게 좀 통일될 필요가 있지 않습니까?

서울중앙지방법원장 이성호: 예, 그렇게 생각합니다.

---

101) 2014년 국회 서울중앙지방법원 국정감사 녹취록

> **홍일표 위원:** 그러면 법원장으로서는 이렇게 판사들이 서로 판결이
> 갈리면 그것을 좀 통일시킬 수 있는 그런 회의를 한다든가 무슨 조치
> 가 필요하지 않아요?
>
> **서울중앙지방법원장 이성호:** 그렇게 통일하기는 좀 어려울 것 같고요.
> 결국은 대법원 판례에 의해서 정해지든지 아니면 입법적인 해결이
> 되어야 되지 않을까, 근본적으로는 그렇게 생각을 합니다.

다행스럽게도 2014년을 기점으로 퍼블리시티권을 독립적인 권리로
인정하기 위한 논의가 진행되었고, 퍼블리시티권을 보호하기 위한 「부
정경쟁방지 및 영업비밀보호에 관한 법률」이 2022년 6월 8일 자로 개
정 및 시행되기에 이르렀다.

> 「부정경쟁방지 및 영업비밀보호에 관한 법률」(약칭: 부정경쟁방지법)
> 제2조(정의)
>
> 이 법에서 사용하는 용어의 뜻은 다음과 같다.
>   1. "부정경쟁행위"란 다음 각 목의 어느 하나에 해당하는 행위
>   를 말한다.
>
> (중략)
>
> 타. 국내에 널리 인식되고 경제적 가치를 가지는 타인의 성명,
>   초상, 음성, 서명 등 그 타인을 식별할 수 있는 표지를 공정
>   한 상거래 관행이나 경쟁질서에 반하는 방법으로 자신의 영
>   업을 위하여 무단으로 사용함으로써 타인의 경제적 이익을
>   침해하는 행위

2022년 「부정경쟁방지법」이 개정되어 국내에서 최초로 퍼블리시티권을 보호하는 규정이 마련되었지만 이 규정은 유명인에 한해서 적용된다는 한계가 있어 이후 법무부가 다시 「민법」 개정안을 입법예고했다. 개정안의 내용을 살펴보면 다음과 같다.

「민법」 개정안 제3조의 3(인격표지영리권)

① 사람은 자신의 성명, 초상, 음성 그밖의 인격표지를 영리적으로 이용할 권리를 가진다.

② 제1항의 인격표지영리권은 양도할 수 없다.

③ 인격표지영리권자는 다른 사람에게 자신의 인격표지의 영리적 이용을 허락할 수 있다.
다만, 신념에 반하는 등 중대한 사유가 있는 때에는 허락을 철회할 수 있다.

④ 다른 사람의 인격표지 이용에 정당한 이익이 있는 사람은 인격표지영리권자의 허락 없이도 합리적인 범위에서 인격표지를 영리적으로 이용할 수 있다.

⑤ 제1항의 권리는 본인이 사망한 후 상속되어 30년 동안 존속한다.

⑥ 제3조의2[102]의 제2항, 제3항의 규정은 인격표지영리권에 준용한다.

퍼블리시티권은 기본적으로 '인격권에 기초한 권리'지만 상업적 이용에 초점을 맞추고 있기 때문에 '재산권으로서의 초상권'과 비슷하

---

102) 인격권에 관한 규정이다.

고 양도가 가능하다는 특징이 있으며, 성명이나 초상 등에 배타적, 독점적으로 부여되는 별도의 권리이다. 2022년에 발효된 「부정경쟁방지 및 영업비밀보호에 관한 법률」에서도 이 점을 명확히 했다.

참고로 미국은 퍼블리시티권을 폭넓게 인정하는 대표적인 나라이다. 1953년 유명 프로야구 선수들의 사진을 광고에 독점 사용할 수 있도록 허락받은 껌 회사가 경쟁사에서도 똑같은 선수들을 모델로 광고를 하자 이를 금지해달라고 제기한 소송이 퍼블리시티권이라는 개념을 인정하는 시작이 되었다. 현재는 캘리포니아 주를 포함한 19개 주가 퍼블리시티권을 보호하는 법률을 제정했고, 28개 주는 판례로서 권리를 인정한다.

영국의 경우도 퍼블리시티권에 관련된 법이 없어 인정해 오지 않다가 2013년 팝스타 리한나가 영국의 의류 기업에 낸 소송에서 최초로 인정하는 판례를 만들었다. 이에 따라 유럽도 퍼블리시티권을 인정하는 분위기가 점차 강해지고 있다.

일본 역시 우리와 유사하게 관련법과 판례가 없어 하급심의 판단이 제각각이었으나, 2012년 최고재판소(한국의 대법원)에서의 판결 이후 퍼블리시티권을 법원이 적극적으로 인정하고 있다. 당시 아이돌 그룹 '핑크레이디'가 계약되지 않은 내용으로 멤버 사진이 사용되자 출판사를 상대로 손해배상 청구 소송을 냈고, 이에 최고재판소는 퍼블리시티권에 대해 "유명인의 상업적 가치에 기초한 인격권의 하나로 (유명인이) 배타적으로 이용할 수 있는 권리"라고 정의하며 법적 권리임을 인정했다.

(5) 2차적저작물

「저작권법」 제5조(2차적저작물)

① 원저작물을 번역·편곡·변형·각색·영상제작 그 밖의 방법으로 작성한 창작물(이하 "2차적저작물"이라 한다)은 독자적인 저작물로서 보호된다.

② 2차적저작물의 보호는 그 원저작물의 저작자의 권리에 영향을 미치지 아니한다.

「저작권법」 제22조(2차적저작물작성권)

저작자는 그의 저작물을 원저작물로 하는 2차적저작물을 작성하여 이용할 권리를 가진다.

"「저작권법」 제5조 제1항 소정의 2차적저작물로 보호받기 위하여는 원저작물을 기초로 하되 원저작물과 실질적 유사성을 유지하고 이것에 사회통념상 새로운 저작물이 될 수 있을 정도의 수정·증감을 가하여 새로운 창작성을 부가하여야 한다."[103] 예를 들어 소설을 영화나 드라마로 만들거나 게임으로 제작하는 행위, 외국 소설을 한국어로 번역하거나 클래식 음악을 경음악으로 개작 혹은 편곡하는 경우와 같이 기존의 저작물을 토대로 하되, 이것에 새로운 창작성이 더해져 새로운 저작물로 작성되는 경우가 이에 해당한다.

---

103) 대법원, 2011. 5. 13. 선고 2010도7234 판결.

질문 데뷔한 지 3년차에 접어드는 40대 신인가수로 방송 출연의
기회가 없어 주로 버스킹 공연을 합니다. 주위의 다른 가수
분들은 실시간 인터넷 방송이나 공연 영상을 유튜브에 많이
올리시던데 저도 제 버스킹 영상을 유튜브나 블로그 등 SNS
에 올려도 되나요?

답변 '영리를 목적으로 하지 아니하는 공연, 방송'에 해당하는 버스
킹 공연은 별도의 허락 절차를 요하지 않지만, 버스킹 영상을
SNS에 올리기 위해서는 저작권자로부터 이용허락을 받아야
합니다. 그 이유는 제3자의 저작물을 허락 없이 SNS에 업로
드 하는 행위는 영리를 목적으로 한 복제에 해당하고 이를 불
특정 다수에게 공개하는 행위는 저작권자의 복제권 및 전송
권(공중송신권)을 침해하는 결과가 되기 때문입니다.
따라서 귀하가 버스킹 영상을 SNS에 올리기를 원하신다면
저작권신탁관리단체에서 복제권과 전송권에 대한 허락을 받
으시면 됩니다. 다만 귀하가 버스킹에서 부른 노래가 "원저작
물을 기초로 하되 원저작물과 실질적 유사성을 유지하고 이
것에 사회통념상 새로운 저작물이 될 수 있을 정도의 수정·
증감을 가하여 새로운 창작성을 부가한 경우"에 해당한다면
이는 2차적저작물에 해당하여 저작권자에게 별도로 2차적저
작물작성과 저작인격권(동일성유지권)에 대한 허락을 받아야
합니다. 또한 버스킹 공연에서 원곡의 MR을 사용하여 부른
노래를 SNS에 올릴 경우는 음반제작자의 허락도 받아야 한
다는 점을 기억하시기 바랍니다.

원곡을 새롭게 편곡한 커버는 2차적저작물에 해당하며, 2차적저작
권자는 편곡자이다. 결과적으로 커버의 편곡이 저작권을 인정받으려면

독창성이 있어야 한다. 음악과 관련된 판례에 따르면 단순히 악기 종류만 바꾼 것은 2차적저작물로 인정받지 못한다. 반면 대중가요를 클래식으로 편곡하거나 국악을 양악으로 편곡하는 등 아예 장르가 바뀐 경우는 2차적저작물로 인정받기 수월해진다고 볼 수 있다.

질문　저작권이 소멸된 모차르트 곡의 멜로디를 이용하여 가요 곡을 만드는 것이 가능한지요?

답변　가능합니다. 그러나 모차르트 곡의 멜로디를 이용하여 가요 곡을 만든 귀하가 2차적저작권자로 인정되기 위해서는 "원저작물을 기초로 하되 원저작물과 실질적 유사성을 유지하고, 이것에 사회통념상 새로운 저작물이 될 수 있을 정도의 수정·증감을 가하여 새로운 창작성이 부가되어야 하는 것이며, 원저작물에 다소의 수정·증감을 가한 데 불과하여 독창적인 저작물이라고 볼 수 없는 경우에는 「저작권법」에 의한 보호를 받을 수 없다."[104]는 우리 법원의 판결을 기억하기 바랍니다. 따라서 귀하가 만든 가요 곡이 모차르트의 곡에 단순히 가사를 붙이는 등 원저작물에 다소의 수정·증감을 하는 것을 넘어 귀하의 사상 또는 감정 등의 개성적 표현을 담고 있어 창작성이 인정된다면, 귀하가 만든 가요 곡은 2차적저작물로서 「저작권법」에 의하여 보호받을 수 있을 것입니다.

---

104) 대법원, 2002. 1. 25. 선고 99도863 판결.

질문 저는 곡을 제작하는 프로듀서입니다. 현재 리메이크곡을 제
작 중인데, 원곡에서 보컬 멜로디만큼이나 인상적인 시그니
처 선율을 가진 기타 솔로가 있습니다. 그 솔로까지 포함해서
리메이크를 진행하려 하는데, 권리문제가 애매합니다. 해당
솔로는 작곡가께서 만든 라인이 아닌, 편곡 지분을 가진 기타
리스트가 애드리브로 만든 것입니다. 문제는 편곡자에게는
개작 동의를 받는 절차가 없다는 점입니다. 작곡가 선생님에
게만 개작 동의를 받으면 될까요? 아니면 편곡자에게도 별도
의 서류를 받아야 할까요?

답변 편곡이란 엄격한 의미의 2차적저작물에 해당하며, 편곡자는
2차적저작권자로서 저작자로부터 의뢰나 허락을 받아 원저
작물에 변형을 가한 또 하나의 저작권자입니다. 따라서 "인상
적인 시그니처 선율을 가진 기타 솔로"가 편곡자의 의도에 의
한 것이라면 당연히 편곡자의 허락이 있어야 리메이크가 가
능할 것입니다.
편곡 분야만을 따로 떼어 놓고 보면 리메이크는 2차적저작물
의 2차적저작물[105]에 해당합니다. 이와 관련하여 작사, 작곡,
편곡자가 별도로 있는 음악의 경우, 신탁관리단체의 분배율
이 작사와 작곡에 각 5/12, 편곡자에게 2/12로 되어 있는 사
실에 비추어, 분배율의 높고 낮음을 떠나 편곡자에게도 저작
재산권 및 저작인격권이 있음을 인정하고 리메이크 시 허락
절차를 이행하실 것을 권합니다.

---

105) 엄격하게는 3차적저작물로 부르는 것이 혼동을 방지하는 것이겠으나, 「저작권법」상 3차적
저작물이라는 용어는 없다. 2차적저작물에 변형을 가한 저작물 역시 2차적저작물로 부른다.

영리 추구의 목적으로 2차적저작물을 작성하기 위해서는 원저작자의 허락이 필수이다. 그러나 영리 추구가 목적이 아닌 개인적 이용이 목적이라면 사적이용을 위한 복제[106]에 해당하므로 굳이 원저작자의 허락을 필요로 하지 않는다.

> **가요 〈칵테일 사랑〉 사건**
> **(94카합9052사건)**
>
> "가요 〈칵테일 사랑〉은 주멜로디를 그대로 둔 채 코러스를 부가한 이른바 '코러스 편곡'으로 코러스가 상당한 비중을 차지하고 있고, 코러스 부분이 단순히 주멜로디를 토대로 단순히 화음을 넣은 수준을 뛰어넘어 편곡자의 노력과 음악적 재능을 투입하여 만들어져 독창성이 있으므로, 저작권법상 2차적저작권으로서 보호받을 만한 창작성이 있다."

(6) 패러디(Parody)

패러디[Parody]는 "해학이나 조롱 목적으로 저작자나 저작물의 스타일을 흉내낸 작품으로 일반적으로 이해되는 패러디는 「저작권법」적으로는 원작 및 사회현상을 풍자적으로 비판하기 위하여 저작물을 모방하여 원저작물의 내용, 의미와는 다른 내용으로 재구성한 작품으

---

106) 「저작권법」 제30조(사적이용을 위한 복제) 공표된 저작물을 영리를 목적으로 하지 아니하고 개인적으로 이용하거나 가정 및 이에 준하는 한정된 범위 안에서 이용하는 경우에는 그 이용자는 이를 복제할 수 있다. 다만, 공중의 사용에 제공하기 위해 설치된 복사기기, 스캐너, 사진기 등 문화체육관광부령으로 정하는 복제기기에 의한 복제는 그러하지 아니하다.

로 원저작물을 연상하게하는 행위로 정의된다. 원작 자체를 비판하는 직접 패러디와 원저작물과 상관성이 없는 사회를 비판하는 매개 패러디로 구분된다. 각 국가마다 패러디의 저작권 침해여부에 대하여 오랜 기간동안 논란이 있었지만, 원작의 시장적 가치를 침해할 가능성이 거의 없는 직접 패러디에 대해서는 대체로 표현의 자유 및 공정이용으로 허용하고 있다."[107]

패러디는 표절의 일종으로 오해를 받곤 한다. 그러나 표절은 원작을 의도적으로 숨기려는 반면, 패러디는 원작을 적극적으로 공개한다는 점에서 근본적인 차이가 있다. 패러디는 기성 작품에 대한 반발의 의도로 비평하거나 조롱하는 등 문화의 속성이 가감 없이 드러나는 표현 방식의 극치이다. 따라서 많은 사람들의 관심을 쉽게 불러일으키고, 의도하는 메시지를 매우 강렬하게 전달할 수 있다. 패러디의 대상이 된 원작과 패러디의 성립 요건을 충족한 작품은 모두 저작물로서 각각 배타적 권리가 발생한다는 점에서도 표절^{剽竊}과는 근본적으로 다르다는 것을 알 수 있다.

영화 〈명량〉의 포스터를 패러디한 사례를 살펴보면 주인공 최민식의 사진 등 포스터의 기본 도안은 그대로 두되 제목 '명량'을 '감량'으로 수정하고, 포스터 우상단의 문구 "신에게는 아직 12척의 배가 남아 있습니다."를 "신에게는 아직 12kg의 지방이 남아 있습니다."로 바꾸는 등 패러디의 성립 요건을 충족하여 사용했다. 패러디는 저작물에 국한되지 않고 널리 알려진 사람의 말투나 행동 등도 소재가 될 수 있

---

107) 한국저작권위원회 저작권용어사전, "패러디", https://www.copyright.or.kr

다. 코미디언이나 가수의 특징을 우스꽝스럽게 표현하거나 유명인의 말투나 걸음걸이를 흉내 내는 등의 행동이 패러디에 해당할 것이다. 다만 모창만을 전문으로 하는 이미테이션 가수는 패러디의 범주에 속하지 않는 것으로 본다.

서○○의 '콤배콤^Come Back Home 사건'을 살펴본다. 이 사건은 서○○가 여섯 번째 앨범을 발매하고 활발한 활동을 이어가던 무렵, 인터넷에서 음치 가수로 인기를 끌던 이 모 씨가 서○○에게 〈울트라맨이야〉와 〈컴백홈〉을 음치 창법으로 불러 음반을 낼 수 있도록 허락해 달라는 요청을 했다. 그러나 서○○가 거절하자 이 모 씨는 허락 없이 뮤직비디오를 만들어 활동을 시작했고, 이에 서○○가 이 모 씨를 상대로 저작인격권 침해를 이유로 제기한 소송이다.

이에 음치가수 이 모 씨는 "이 사건의 개사곡은 원곡에 담긴 진지한 고민을 풍자하고 희화화함으로써 대중들에게 비평이나 새로운 웃음을 선사하는 것으로서 이른바 패러디에 해당하므로 이러한 저작물의 일부 변형은 정당한 이용으로 허용되어야 한다."고 주장했다.

'콤배콤 사건'
(서울중앙지방법원 2001. 11. 1 자 2001카합1837 결정(확정))

"자신이 작사 작곡한 '콤배콤(Come Back Home)'을 음치 가수로 알려진 이 모씨가 가사를 일부 추가·변경한 노래를 음반으로 제작하여 판매하고, 이 음반과는 별도로 원곡에 관한 뮤직비디오를 제작하였던 감독으로 하여금 개사곡을 담아 제작하도록 한 피신청인을 상대로 동일성유지권 침해를 이유로 판매금지등가처분 신청을 하였서○○의 승소로 결정 난 이 소송에서 재판부는 피고인의 공정 이용 주장을 배척한 이유를 다음과 같이 설명했다. "패러디는 우리 「저작권법」이 인정하고 있는 저작권자의 동일성유지권과 필연적으로 충돌할 수밖에 없는 이상, 그러한 동일성유지권의 본질적인 부분을 침해하지 않는 범위 내에서 예외적으로만 허용되는 것으로 보아야 한다." 또한 "원저작물에 대한 비평·풍자 여부, 원저작물의 이용 목적과 성격, 이용된 부분의 분량과 질, 이용된 방법과 형태, 소비자들의 일반적인 관념, 원저작물에 대한 시장수요 내지 가치에 미치는 영향 등을 종합적으로 고려하여 신중하게 판단하여야 한다."고 하여, 피고의 행위가 패러디의 성립 요건을 충족하지 못한다고 판단했다.

따라서 "피신청인들이 상업적인 목적으로 원곡을 이용했으며, 개사곡이 신청인의 원곡을 인용한 정도가 패러디로서 의도하는 바를 넘는 것으로 보이고, 개사곡으로 인해 신청인의 원곡에 대한 사회적 가치의 저하나 잠재적 수요의 하락이 전혀 없다고 보기 어려운 점 등 여러 사정들을 종합해 보면, 결국 피신청인들의 개사곡은 패러디로서 보호받

---

108) 「저작권법」 제28조(공표된 저작물의 인용) 공표된 저작물은 보도·비평·교육·연구 등을 위하여는 정당한 범위 안에서 공정한 관행에 합치되게 이를 인용할 수 있다.

을 수 없는 것"[109]이라고 하여 결국 음치 가수 이 모 씨 측은 제작해 놓았던 음반과 뮤직비디오 등을 모두 폐기하고 활동을 종료했다.

패러디는 모든 장르의 저작물을 소재로 하며, 최근에는 유튜브, 틱톡 등 동영상 플랫폼의 활성화로 인해 패러디의 전성시대라 해도 과언이 아닐 정도로 성행하고 있다. 특히 유명인의 말투나 행동 양식, 극중 대사 등을 소재로 하거나 방송 프로그램 중 코미디 프로그램과 광고, 노래 가사 등이 주 대상이 된다. 패러디는 저작권자의 동의 없이 사적 이용을 위한 복제의 범위를 넘어서는 사용이 불가한 2차적저작물과는 명확히 구분된다. 다만 풍자 또는 조소 등의 방법으로 단순한 평가가 아닌 비평이어야 하며, 널리 알려진 저작물을 대상으로 해야 한다. 그로 인해 인용 대상 저작물을 연상할 수 있어야 하며, 인용의 대상이 되는 저작물을 직접 풍자하거나 조소해야 한다는 비교적 엄격한 조건을 충족해야 비로소 패러디로 인정받아 저작권 침해의 면책 범위에 놓이게 된다.

(7) 공동저작물

우리 법원은 2인 이상이 저작물의 작성에 관여한 경우 '저작자'의 인정 기준에 대해 아이디어나 소재 또는 필요한 자료의 제공 등의 관여만으로는 저작자가 될 수 없으며, 창작적인 표현 형식 자체에 기여한 자만이 그 저작물의 저작자가 되는 것으로 판단했다.

---

109) 서울중앙지방법원, 2001. 11. 1 선고 2001카합1837 결정(확정).

웹툰의 그림과 스토리의 공동저작물 여부 판단
(대법원 2009. 12. 10. 선고 2007도7181 판결)

"'저작자'라 함은 저작물을 창작한 자를 말하고, '공동저작물'이란 2인 이상이 공동으로 창작한 저작물로서 각자의 이바지한 부분을 분리하여 이용할 수 없는 것을 말한다고 규정하고 있다. 이와 같은 규정의 내용 및 저작권은 구체적으로 외부에 표현한 창작적인 표현 형식만을 보호대상으로 하는 점(대법원 1999. 10. 22. 선고 98도112 판결 등 참조)에 비추어 보면, 2인 이상이 저작물의 작성에 관여한 경우 그 중에서 창작적인 표현형식 자체에 기여한 자만이 그 저작물의 저작자가 되는 것이고, 창작적인 표현 형식에 기여하지 아니한 자는 비록 저작물의 작성 과정에서 아이디어나 소재 또는 필요한 자료를 제공하는 등의 관여를 하였다고 하더라도 그 저작물의 저작자가 되는 것은 아니며, 가사 저작자로 인정되는 자와 공동저작자로 표시할 것을 합의하였다고 하더라도 달리 볼 것이 아니다."

공동저작물은 "2명 이상이 공동으로 창작하였다는 것은 단순히 아이디어를 제공했다는 정도로는 부족하고, 실질적으로 창작 행위에 참여했어야 하며, 창작 당시 당사자들 사이에 공동으로 저작물을 작성한다는 '공동관계'가 존재해야 한다."[110]는 것을 전제로 "공동저작물의 저작재산권은 그 저작재산권자 전원의 합의에 의하지 아니하고는 이를 행사할 수 없고[111] 공동저작물의 저작인격권 중 동일성유지권에 대해

---

110) 한국저작권위원회, 2012 개정 저작권법에 따른 저작권상담사례 100, 2012.
111) 「저작권법」 제48조 제1항.

서는 「저작권법」 제13조 제1항[112]을 근거로 공동저작자 모두가 갖는
권리이며 저작자 전원의 합의에 의하지 아니하고는 이를 행사할 수
없다."[113] 등 공동저작물의 권리 주체는 명확히 정의되어 있다.

> **질문**　뮤지컬 음악의 가사를 의뢰 받았습니다. 가사를 의뢰한 뮤지
> 컬 제작자(이하 '제작자')는 저에게 뮤지컬의 전제 줄거리와
> 주인공의 대사 몇 개를 들려주며 참고하라고 했습니다. 그 후
> 제가 만든 가사를 보고 "이 부분은 너무 딱딱하니 조금 부드
> 럽게 해 주면 좋겠다." 거나 "이별을 좀 더 슬프게 표현했으면
> 좋겠다."등의 주문을 하여 수정을 했습니다. 그런데 제 가사
> 에 곡을 붙인 음악이 완성되어 무대에 올려진 현재, 제작자는
> 저에게 자신이 가사의 구체적 내용을 지시 혹은 알려주었으
> 므로 작사가는 제가 아닌 자신이라며 자신을 작사가로 하여
> 음악저작권협회에 등록하겠다고 합니다. 이럴 경우 저는 어떻
> 게 해야 할까요?
>
> **답변**　구체적인 사실관계에 앞서 질문 내용만을 놓고 보면, 표현은
> 저작권으로 보호되고 아이디어는 보호되지 않는다고 하는
> '아이디어와 표현의 이분법'에 따라, 제작자는 귀하에게 저작
> 권으로 보호되지 않는 아이디어나 모티프를 제공한 것에 불
> 과하다고 보입니다. 따라서 제작자가 제공한 아이디어와 모
> 티프를 소재로 가사를 작성한 귀하에게 우리 「저작권법」이

---

112) 「저작권법」 제13조(동일성유지권) ① 저작자는 그의 저작물의 내용·형식 및 제호의 동일성
을 유지할 권리를 가진다.
113) 「저작권법」 제15조 제1항.

채택한 무방식주의에 의해 이미 저작권이 발생한 것으로 판단
되므로 귀하가 해당 음악의 단독 작사가라고 사료됩니다.

그러나 제작자가 귀하의 가사 작성 시 직접 참여하여 공동으
로 가사를 작성했거나, 후에라도 펜으로 수정·증감 등을 한
부분이 최종 가사에 포함이 된 경우라면 공동 작사에 해당할
수도 있을 것입니다.

다만 귀하와 제작자 간의 향후 관계설정에 있어 상호 협력 관
계가 유지되어야 한다면, 일단 협의를 요청하여 제작자를 설
득하는 것이 순서라고 사료됩니다. 만일 설득했음에도 제작
자가 자신이 작사가라는 기존의 주장을 되풀이 한다면, 귀하
의 권리를 확정하는 방법으로 한국저작권위원회에 저작물 등
록을 하는 방법도 고려할 수 있을 것입니다.

이와 관련하여 2008년 〈사랑을 멈출 수 없는 여자〉 가사^{歌詞} 사건을
살펴본다.

〈사랑을 멈출 수 없는 여자〉 가사(歌詞) 사건
(서울고등법원 2008나96026 판결)

"원고가 〈사랑을 멈출 수 없는 여자〉, 〈이별 전야〉, 〈황혼〉 등에 대
한 노래 가사의 초고를 작성하여 피고에게 제공하고 피고는 원고의
초고 중 일부를 노래 가사에 더욱 적합하도록 수정함으로써 원고의
초고가 노래 가사들의 다른 부분과 불가분하게 결합하여 있는 노래
가사들은 원·피고 공동저작물에 해당한다."

　한편 이와 달리 한 개의 작품에 복수의 창작자가 관여하여 저작물을 완성한 경우와 창작에 관여한 저작자 사이에 공동 관계가 인정되지 않고 각자의 창작 부분이 분리되어 이용 가능한 경우에는 이를 공동저작물이 아닌 결합저작물로 본다. 이러한 결합저작물은 각자의 창작 부분이 개별적으로 이용 가능하기 때문에 본인의 창작 부분에 대해 각각의 저작(인접)권을 가지게 된다.

질문　제가 이제까지 작업해 왔던 저의 첫 번째 기획사에서는 음악을 조금 독특한 방법으로 제작했습니다. 프로듀서님께서 만들어둔 트랙을 반복해서 들으며 떠오르는 애드리브 라인들을 즉흥으로 부르는 과정을 많이 반복합니다. 그 중 프로듀서님이 마음에 드는 라인들을 선택해 최종 멜로디로 확정한 다음 가사를 입히는 식으로 작업을 하는데요, 저는 당연히 이런 작업 방식이 공동 작곡이라고 배웠습니다. 그런데 새로 옮겨간 기획사에서는 이게 공동 작곡이 아닌 저의 단독 작곡이 맞다고 하네요. 필요할 경우 소송까지 지원해주겠다고 하는데, 그런 방식으로 작업했던 곡들은 저의 단독 작곡이 맞나요? 분쟁이 있다면 제가 법적으로 당당한 게 맞나요?

답변　매우 이례적인 작업방식이란 생각이 드는군요. 질문만으로는 사실관계에 대한 정확한 판단이 어렵습니다. 다만, 프로듀서가 만들어둔 트랙에 창작성[114]이 인정되는 경우라면 이를 기반으로 멜로디 라인이 완성된 것으로 보아 두 사람의 기여도를 따로 떼어 사용할 수 없는 공동저작물이라 할 수 있으므로,

---

114) 구체적인 저작물로 성립하기 위한 요건.

당연히 공동 작곡에 해당할 것입니다. 그러나 이 경우에도 프로듀서가 만들어둔 트랙에서 귀하가 아이디어나 영감을 얻어 독자적으로 멜로디 라인을 완성했음을 입증하거나 프로듀서가 만들어둔 트랙의 창작성이 부인될 경우, 이는 귀하의 단독 작곡에 해당할 수도 있을 것입니다.

기본적으로 악곡과 가사가 어우러진 음악의 경우 결합저작물로 본다. 그 이유는 가사와 악곡을 분리해도 각각 독립된 저작물로서의 기능이 가능하기 때문이다. 시나 산문으로 창작된 어문저작물에 곡을 붙이거나[115] 연주음악으로 창작된 곡에 가사를 붙이는 경우[116] 등이 이에 해당한다.

뮤지컬 대본 및 음악저작물에 대한 업무상저작물 불인정(결합저작물)
(대법원 2005. 10. 4. 자 2004마639 결정)

"저작권법 제2조 제13호는 '2인 이상이 공동으로 창작한 저작물로서 각자의 이바지한 부분을 분리하여 이용할 수 없는 것'을 공동

---

115) 정지용 시인의 시에 김희갑이 곡을 붙인 이동원, 박인수의 〈향수〉, 고은 시인의 시에 김민기가 곡을 붙인 최양숙의 〈가을편지〉, 류근 시인의 시에 고 김광석이 곡을 붙인 〈너무 아픈 사랑은 사랑이 아니었음을〉등 수많은 곡이 있다.
116) 영화음악의 거장 엔니오 모리코네(Ennio Morricone)가 영화 〈미션〉(Mission)의 OST로 작곡한 연주곡에 가사를 붙인 사라 브라이트만(Sarah Brightman)의 〈넬라 판타지아〉(Nella Fantasia)를 예로 들 수 있다.

> 저작물의 정의로 규정하고 있는 바, 저작물의 창작에 복수의 사람이
> 관여하였다고 하더라도 각 사람의 창작활동의 성과를 분리하여 이
> 용할 수 있는 경우에는 공동저작물이 아니라 이른바 결합저작물에
> 불과한 것이라고 보아야 한다."

(8) 표절[117]

저작물 사용에 있어 가장 심각한 분쟁이 바로 '표절'과 관련한 분쟁일 것이며, 음악저작물도 예외가 아니다. '표절'이라는 용어는 법적 용어가 아니며 명백한 정의가 있는 것도 아니지만, 보편적으로 두 저작물의 표현이나 느낌이 비슷하면 후에 만들어진 저작물이 표절로 의심받게 된다. 하지만 그 대상이 "저작물에 해당하지 않거나 「저작권법」의 보호대상이 아닌 아이디어의 영역과 유사한 경우까지 표절이라는 용어를 사용한다는 점에서 창작성 있는 구체적인 표현만을 보호하는 저작권 침해와는 구분해야 할 필요성이 있다."[118]

표절의 판단 기준은 다음과 같다. "음악저작물에 대한 저작권의 침해가 인정되기 위해서는 1. 원고의 저작물이 「저작권법」에 의해 보호받을만한 창작성이 있을 것, 2. 피고가 원고의 저작물에 의거하여 이를 이용하였을 것(무의식적인 이용을 포함한다), 3. 원고의 저작물과 피고의

---

117) 「저작권법」적으로는 복제권 혹은 2차적저작물작성권, 동일성유지권 등의 침해 여부를 다투는 성질이나, 편의상 법적 용어가 아님에도 '표절'이라는 용어를 사용한다.

118) 한국저작권위원회, 《개정저작권법에 따른 저작권 상담사례 100》, 2012, 174쪽.

저작물 사이에 실질적 유사성이 있을 것 등의 세 가지 요건이 충족되어야 한다."[119] 는 우리 사법부의 판단을 근거로 1. 저작권으로 보호되는 저작자의 저작물을 제3자가 복제한 경우, 2. 침해자가 원저작물에 접근 가능성(의거성)에 대한 사실(무의식적인 것을 포함하여)을 확인하거나, 확인하지 못하는 경우 그 가능성에 대한 믿음을 가질 수 있는 경우, 3. 원저작자의 저작물과 침해물 사이에 실질적 유사성이 있는 경우(여기서 '실질적 유사성'이란 '그저 비슷하게 들리는 정도'로는 부족하며, '비슷함의 실질', 즉 화성, 리듬, 가락에 더해 곡의 전개 및 진행 방식까지를 유사성의 판단 기준으로 한다)를 표절로 판단한다.

이처럼 표절 여부를 판단하기 위한 필수적인 요건은 다양한 검증과 사실 확인이며, 그 가운데 가장 중요한 요소가 실질적 유사성 여부이다. 유사성의 '실질'에 대한 판단 방법으로는 "해당 음악저작물을 향유하는 수요자를 판단의 기준으로 삼아 음악저작물의 표현에 있어서 가장 구체적이고 독창적인 형태로 표현되는 가락을 중심으로 하여 대비 부분의 리듬, 화성, 박자, 템포 등의 요소도 함께 종합적으로 고려해야 하고, 각 대비 부분이 해당 음악저작물에서 차지하는 질적·양적 정도를 감안하여 실질적 유사성 여부를 판단해야 한다."[120] 는 법원의 판결을 참고할 필요가 있다. 이 판단은 실질적 유사성 판단에 있어 일반인 관점론과 전문가 관점론 중 일반인 관점론에 무게를 둔 것으로, 우리 법원의 표절에 대한 판단 기준을 엿볼 수 있는 대목이다.

---

119) 서울중앙지방법원, 2012. 2. 10. 선고 2011가합70768 판결.
120) 수원지방법원, 2006. 10. 20. 선고 2006가합8583 판결.

질문 저는 싱어송라이터이고 주로 밴드 음악을 합니다. 대부분 고정된 멤버들과 함께 작업하는 편입니다. 이번에 새로 음반을 내고 CD 프레스까지 진행한 상황인데, 문제는 이번 신규 음원 중 한 곡의 기타 리프가 해외 유명 아티스트의 곡과 거의 똑같다는 사실을 뒤늦게 알게 되었다는 것입니다. 당연히 소속사와 함께 손해를 감수하고 기존 CD를 전량 폐기하고 기타를 재녹음하기로 결정했습니다. 전적으로 책임은 저와 회사가 지겠습니다만, 법적인 해석으로 이 경우 표절의 책임이 누구에게 있는지 궁금합니다. 참고로 문제의 그 기타 라인은 솔로 라인은 아니기 때문에 작곡이라 보기는 힘들고 편곡으로 보는 것이 맞는 상황입니다.

답변 질문자는 해당 음악이 표절 판단의 기준이 되는 해외 유명 아티스트의 곡에 대한 의거성과 실질적유사성을 대략 인정하고 있는 것으로 보입니다. 따라서 기존 CD를 폐기하고 재녹음하기로 한 것은 매우 현명한 결정이라 할 것입니다.

덧붙여 굳이 책임 소재를 가리자면 해당 기타 리프가 기타리스트의 녹음 중 애드리브였을 경우 기타리스트에게 책임이 있는 것으로 보입니다, 그러나 편곡에 충실한 연주였다면 편곡자가 표절에 대한 책임을 부담해야 하지 않을까 하는 생각을 하게 됩니다.

참고로 표절의 1차 피해자가 원저작자임은 재론의 여지가 없을 것이나, 가수 역시 자신이 부른 노래가 표절로 인정될 경우 표절의 행위자가 아님에도 불구하고 가장 큰 피해를 입게 된다는 사실이 안타까울 따름입니다.

실제의 표절 여부는 누구도 쉽게 판단할 수 없는 고도의 전문성과 법리적 지식을 요한다. 따라서 몇 마디가 동일하면 표절인가라는 흔한 질문에는 답변이 불가하다. 다만 이 같은 질문은 지난 1997년까지는 공연윤리위원회가 표절 심의를 담당하며 "2소절(8마디) 이상 동일한 패턴을 나타내거나 음정이 다르더라도 박자 분할이 같은 경우"를 표절로 간주했던 전례에 따른 것으로 보인다.

현재는 표절에 대한 판단이 오로지 사법부를 통해서만 이루어진다. 표절은 친고죄의 특성으로, 저작권자가 표절로 인해 자신의 권리를 침해당했다며 고소를 해야 재판을 통해 결과가 나오는 것이다. 하지만 외국곡을 표절한 경우, 해외에 거주하는 저작재산권자가 실제로 국내의 작곡가나 기획사에 소송을 제기할 가능성은 거의 없다. 우리나라의 법체계가 징벌적 손해배상을 인정하고 있지 않아 힘들게 소송을 해봐야 실익이 없다는 판단이 앞서기 때문이다. 따라서 표절을 한 작곡가나 기획사 입장에서는 재판에서 지더라도 정상적으로 사용허락을 받아 지불하는 통상적 저작권료와 비슷한 액수만 배상하면 되므로 금전적으로 별다른 타격이 없어 표절의 유혹에 쉽게 빠지게 된다.

Ⅰ. 가사의 표절 사례(돌아와요 부산항에 사건)

2004년 서울서부지법 민사12부는 H 씨가 작곡하고 조○○이 발표하여 공전의 히트를 기록한 〈돌아와요 부산항에〉의 가사 관련 소송에서 원고 일부 승소 판결을 내린 바 있다. 재판부는 판결에서 "피고(작곡가 H 씨)는 김○○ 씨가 작사한 〈돌아와요 충무항에〉라는 노래에 곡을 붙인 뒤, 김 씨의 동의 없이 같은 곡에 가사를 일부 바꿔 〈돌아와요 부산항에〉를 작사한 사실이 인정된다."며 김○○ 씨 모친인 강 모 씨가 H 씨를 상대로 제기한 1억 7,800여만 원의 손해배상청구소송에 대해 "피고는 원고 강 모 씨에게 3천만 원을 지급한다."라고 결정했다.

이 노래는 조○○의 노래로 전 국민의 애창곡이 된 바로 그 노래이다. 처음 사건이 불거진 2004년 당시 신문의 문화면 1면 머리기사를 보면, "〈돌아와요 부산항에〉 가사는 표절(한겨레신문)", "〈돌아와요 부산항에〉 무명곡 표절(KBS 뉴스)" 등으로 이 사건이 유명 곡의 가사 표절[121] 사례라는 점을 부각했다.

이 사건의 개요를 살펴보면, 1970년 신인가수 김 모 씨는 자신이 쓴 가사에 작곡가 H 씨가 곡을 붙인 〈돌아와요 충무항에〉라는 제목의 노래를 취입하여 발매했다. 이후 별다른 활약을 하지 못하다가 군에 입대했고, 이듬해인 1971년 휴가차 나와 들렀던 대연각 호텔의 대형 화재 사고로 목숨을 잃었다. 당시 신인가수 김 모 씨가 만든 〈돌아와요 부산항에〉의 오리지널 가사(제목: 돌아와요 충무항에)이다.

> 1. 꽃피는 미륵산에 봄이 왔건만
>   님 떠난 충무항에 갈매기만 슬피 우네
>   세병관 둥근 기둥 기대여 서서
>   목메어 불러 봐도 소식 없는 그 사람
>   돌아와요 충무항에 야속한 내 님아

---

121) 당시 도하 일간지면에는 '표절'이라는 단정적 표현이 사용되었으나, 이는 법률 용어가 아님에 따라 이하에서는 2차적저작물작성권 침해 여부에 대해 살펴본다.

2. 무학 새 슬피 우는 한산도 달밤에

　통통배 줄을 지어 웃음꽃에 잘도 가네

　무정한 부산 배는 님 실어 가고

　소리쳐 불러 봐도 간 곳 없는 그 사람

　돌아와요 충무항에 야속한 내 님아

신인가수 김 모 씨의 사망 이후 작곡가인 H 씨가 최초의 가사 중
몇 군데를 고쳐 1972년 조○○에게 이 노래를 부르도록 한다. 원 가사
와 비교해보기 바란다.

1. 꽃피는 동백섬에 봄이 왔건만

　님 떠난 부산항은 갈매기만 슬피 우네

　오륙도 돌아가는 연락선마다

　목메어 불러 봐도 말 없는 그 사람

　돌아와요 부산항에 그리운 내 님아

2. 해 저문 해운대에 달은 떴는데

　백사장 해변 가에 파도만 밀려오네

　쌍 고동 울어주는 연락선마다

　소리쳐 불러 봐도 대답 없는 그 사람

　돌아와요 부산항에 보고픈 내 님아

이때까지만 해도 이 노래는 사람들의 큰 관심을 받지 못했다. 그러나
1975년경 재일동포 고향방문단이 대한민국을 방문하게 되자, 작곡가

H 씨는 1972년에 발표된 〈돌아와요 부산항에〉의 가사를 부분적으로 다시 개사하여 조○○에게 부르게 했다. 이 노래는 당시의 시대적 배경을 등에 업고 공전의 히트를 하게 되었으며, 현재 우리가 알고 있는 바로 그 가사이다.

1. 꽃피는 동백섬에 봄이 왔건만
   형제 떠난 부산항에 갈매기만 슬피 우네
   오륙도 돌아가는 연락선마다
   목메어 불러봐도 대답 없는 내 형제여
   돌아와요 부산항에 그리운 내 형제여

2. 가고파 목이 메어 부르던 이 거리는
   그리워서 헤매이던 긴긴날의 꿈이었지
   언제나 말이 없는 저 물결들도
   부딪쳐 슬퍼하며 가는 길을 막았었지
   돌아와요 부산항에 그리운 내 형제여

당시 1심 재판부는 "〈돌아와요 부산항에〉 가사[122]가 〈돌아와요 충무항에〉 가사의 2차적저작물에 해당하려면, 이 사건 가사가 「돌아와요 충무항에」에 의거하여 만들어졌고, 두 가사 사이에 실질적 유사성이 있어야 할 것이다."라는 것을 전제로 여러 가지 사정을 고려하여,

---

122) 위 3종의 가사 저작물은 (사)한국음악저작권협회로부터 사용허락을 받아 게재했다.

"이 사건 가사는 〈돌아와요 충무항에〉에 의거하여 만들어졌다고 봄이 상당하다." 또한 "재일동포 고향방문단의 모국방문의 취지에 맞춰 1972년에 발표된 〈돌아와요 부산항에〉 가사를 '님'을 '형제'로 바꾸는 등 부분적으로 바꾸어 다시 발표한 것에 불과한 점 등에 비추어 가사 사이에는 실질적 유사성이 인정된다고 할 것이다."라고 하며 의거성과 실질적 유사성을 모두 인정했다.

그러면서 "1. 원곡의 저작권자는 원곡을 발표한 후 별다른 활동을 하지 않았고, 대중에게 그리 알려지지 못했으며, 음반 판매 등 실적이 거의 없었다. 2. 〈돌아와요 부산항에〉는 1975년 재일동포 모국 방문의 시대적 상황과 조○○의 강한 호소력 등이 어우러져 유명해졌고, 그로 인해 원곡의 가사가 빛을 보게 됐다."[123]는 것을 이유로 "〈돌아와요 부산항에〉가 〈돌아와요 충무항에〉(원곡)의 2차적저작물임에는 분명하나, 원저작자의 동의를 받지 않아 2차적저작물로서의 권리를 행사할 수 없음에도 불구하고 원고가 청구한 손해배상액 1억 7,800여만 원을 침해자가 얻은 이익으로 추정할 수 없다."고 하여 이 가운데 3천만 원만 손해액으로 인정했다.

당시 1심 판결인 손해배상액 3천만 원에 대해 많은 논란이 있었다. 그러나 저작권 분쟁에서 손해를 배상받으려면 저작권 침해와 손해액을 모두 원고가 입증해야 하며, 만일 입증이 어려운 경우라면 우선 침해자가 얻은 이익을 저작권자의 손해액으로 추정할 수 있다. 당시 재판

---

123) 서울서부지방법원, 2004가합4676.

부는 위 1.과 2.의 사정을 고려하여 청구액 중 일부에 대해서만 인정을 한 것이었다. 이에 원고는 항소심에서 일본 내의 저작권료 등을 근거로 청구 금액을 늘렸고, 재판부의 조정 절차에서 1억 6천만 원을 지급하는 것으로 조정이 성립되어 사건은 종결되었다.

Ⅱ. 악곡의 표절 사례

국내의 대표적 악곡 표절 사건은 2006년도에 있었던 가수 MC ○과 ○이 불렀던 〈너에게 쓰는 편지〉 사건[124]이다. '더더'가 자신들의 곡 〈It's You(잇츠 유)〉를 〈너에게 쓰는 편지〉가 표절했다는 것이 사건의 요지였는데, 이 사건이 국내에서 법원의 판결로 가요의 표절을 인정한 거의 유일한 사례로 보인다. 그러나 이 사건에는 다소 특이한 점이 있다. 당시 이 사건에서 원고 측은 해당 곡을 한국음악저작권협회에 신탁하여 저작재산권에 대한 권리를 보유하고 있지 않은 상태[125]에서 저작인격권 침해로 인한 손해배상만을 구한 것이었다. 이에 재판부는 원고의 청구를 인용하여 위자료로 천만 원을 인정한 바 있다.

2010년에는 씨엔○○의 〈외톨이야〉가 와이○의 〈파랑새〉를 표절했다는 이유로 소송이 제기되었다.[126] 그러나 "〈파랑새〉보다 먼저 발표된 다른 선행저작물이 〈파랑새〉 악곡과 가락이 유사하고 음계가 동일하며 리듬을 구성하는 요소에 불과한 빠르기에 차이가 있다."는 점을 근거

---

124) 수원지방법원, 2006.10.20.선고 2006가합8583 손해배상(기)판결.
125) '저작자와 저작권자' 편 참조.
126) 서울중앙지방법원, 2010가단86875 판결.

로 원고가 침해를 주장하는 음악저작물의 해당 부분에 대한 창작성을 부정하고 저작권 침해를 인정하지 않았다.

2013년에는 싸이의 〈강남스타일〉이 자신의 곡 〈나쁜 스타일〉을 표절했다며 A 씨가 1억 원의 손해배상 소송[127]을 제기했다. 이 소송은 "원고의 음악저작물은 발라드곡인 반면, 피고의 〈강남스타일〉은 댄스곡으로 상당 부분이 랩으로 이루어져있어 원고 음악저작물에서 피고 음악저작물이 연상되지 않는다. 또한 청각적 심미감이 다르며, 가락, 리듬 및 화성에 있어 상당한 차이가 있고, 가사도 구체적인 표현에 동일한 부분이 없다."며 싸이의 곡과 A 씨의 곡은 실질적 유사성이 없는 전혀 별개의 독립된 저작물이므로 표절과 관련이 없다며 싸이의 승소로 결정되었다.

2012년부터 2015년 사이에는 박○○이 작사, 작곡한 아이유의 〈썸데이〉가 자신의 곡 〈내 남자에게〉를 표절했다며 작곡가 K가 박○○을 상대로 저작권료 수입 등 총 1억 1천만 원을 지급하라며 제기한 소송이 있다. 1심과 2심에서 저작권 침해가 일부 인정되어 박○○이 받은 저작권료 중 일부를 원고에게 손해배상금으로 지급하라고 판결했으나, 최종적으로 대법원에서 원저작물 중 표절되었다고 주장하는 부분의 창작성이 인정되지 않는다는 이유로 파기 환송[128]된 바 있다.

2017년 가수 로이○의 〈봄봄봄〉에 대한 소송[129]도 원저작물 중 표절되었다고 주장하는 부분이 창작물로 인정되지 않는다는 이유로 저작

---

127) 사울중앙지방법원, 2013가합7566 판결.
128) 대법원, 2013다14828 판결.

권 침해를 부인했다. 2013년 시작된 소송에서 작곡가 김 모 씨는 로이
○의 〈봄봄봄〉 도입부 2마디와 클라이맥스 2마디 부분이 자신의 곡 〈
주님의 풍경되어〉를 표절했다는 주장을 폈다. 이에 1심과 2심 재판부
는 "원고의 리듬은 가락의 각 음의 길이에서 발생하는 리듬에 불과하
여 창작성이 없고, (중략) 원고의 화성이 가해진 일부 변경은 일반적
으로 공유되어 온 보편적인 화성의 연속에 새로운 창작성을 더한 정
도가 아니어서 표절로 볼 수 없다."는 판결을 내렸고, 대법원에서도 심
리 불속행[130]으로 원심판결을 확정한 바 있다.

위 사건들은 곡 전체에 대한 표절 여부에 관한 판단을 구하는 사례
이다. 덧붙여 원곡의 특정 부분만을 새로운 곡에 덧붙이는 '샘플
링'[Sampling 131]과 '존경, 경의'라는 의미의 프랑스어, 예술에서 존경
하는 작가와 작품에 영향을 받아 그와 비슷한 작품을 창작하는 '오마
주'[Hommage 132]는 절차적 흠결을 배제한다면 음악 창작에 있어 매우 유
익한 수단이 된다. 하지만 공히 원저작자에게 허락을 받고 해당 곡이
'샘플링'과 '오마주'임을 공개적으로 밝히지 않는다면 원저작자의 복제
권 및 2차적저작물 작성권 침해는 물론 표절 의심에서도 자유롭지 못
하게 된다.

---

129) 서울고등법원, 2015나25893 판결.

130) 상고사건 가운데 상고 대상이 아니라고 판단되는 사건은 더 이상 심리하지 않고 상고를 기
각하는 제도.

131) 공표된 음악저작물의 음원 일부를 추출하여 곡을 전개하거나 삽입하는 경우 및 음악 외 소
리를 녹음하여 편집에 끼워 넣는 방식 등을 말한다.

132) 메디컬코리아 편집부, 《무용이론사전》, 2011.

　‘샘플링’은 원저작자의 허락 및 저작권사용료 지불로 합법적 사용이 가능하다. 국내의 대표적인 샘플링 사례로는 베토벤의 가곡 〈Ich Liebe Dich〉를 샘플링한 신승훈의 〈보이지 않는 사랑〉, 비발디의 〈사계’ 중 겨울 제2악장〉을 샘플링한 이현우의 〈헤어진 다음날〉, 신화의 〈T.O.P〉, 비의 〈태양을 피하는 방법〉, 아이비의 〈유혹의 소나타〉, 악동뮤지션의 〈오랜 날 오랜 밤〉 등을 들 수 있다.

　‘오마주’는 자신이 존경하는 음악가의 작품을 인용 또는 재해석하는 것으로, 반드시 ‘오마주’라는 사실을 분명히 밝혀야 한다는 것이다. 그렇지 않으면 표절 의심을 피해갈 수 없기 때문이다. 특히 원저작자의 명예나 작품에 대한 의도, 원작의 명성, 상품적 가치를 훼손하는 등의 행위를 해서는 안 된다.

　결론적으로 상기 사례들에서 보았듯이 “음악 저작물의 복제권 침해, 즉 표절로 인정되기 위해서는 1. 「저작권법」상 보호되는 창작적인 표현이 존재하고, 2. 그 부분을 이용자가 복제하려는 의도를 가지고 이용했으며, 3. 이용한 부분이 실질적으로 유사해야 한다. 실질적 유사성에 대한 판단은 주로 멜로디 부분에 집중되는 것은 사실이지만 화음과 리듬 및 음악의 형식까지도 종합적으로 판단하여야 하는 것이다. 그러므로 음악저작물의 복제권 침해에 있어 몇 마디 이상이 동일한가의 양적인 부분이 중요한 것은 아니다.”[133]라는 법 해석에 주목할 필요가 있다.

---

133) 서재권, ‘음악저작물의 표절 판단기준’, 저작권문화, 2009, vol. 183, 30쪽.

(9) 업무상저작물

실제 업무상저작물이 되기 위해서는 엄격한 요건에 부합하여야 한다. 그 요건으로 1. 법인, 단체, 그 밖의 사용자가 저작물의 작성에 관하여 기획할 것, 2. 저작물이 법인 등의 업무에 종사하는 자에 의하여 작성될 것, 3. 업무상 작성하는 저작물일 것, 4. 저작물이 법인 등 사용자의 명의로 공표될 것, 5. 계약 또는 근무 규칙 등에 다른 정함이 없을 것 등이다. 저작물을 창작하지 않은 사람의 이름이 작품에 표시되는 경우가 바로 이러한 의제 요건을 충족할 경우일 것이다. 다만, 컴퓨터프로그램저작물의 경우에는 원천기술 및 영업기밀에 대한 보호 및 경제적 이익 보호 등의 이유로 공표될 것을 강제하지 않는다.

프로그램 저작권침해금지 등 청구의 소
(대법원 2021. 9. 9. 선고 2021다236111 판결)

"저작권법 제2조 제31호는 "법인·단체 그 밖의 사용자(이하 '법인 등'이라 한다)의 기획하에 법인 등의 업무에 종사하는 자가 업무상 작성하는 저작물"을 업무상저작물이라고 규정하고, 같은 법 제9조 본문은 "법인 등의 명의로 공표되는 업무상저작물의 저작자는 계약 또는 근무규칙 등에 다른 정함이 없는 때에는 그 법인 등이 된다."고 규정하고 있다. 여기서 '법인 등의 기획'이라 함은 법인 등이 일정한 의도에 기초하여 저작물의 작성을 구상하고 그 구체적인 제작을 업무에 종사하는 자에게 명하는 것을 말한다. 이러한 '법인 등의 기획'은 명시적은 물론 묵시적으로도 이루어질 수 있는 것이기는 하지만, 묵시적인 기획이 있었다고 하기 위해서는 위 법 규정이 실제로 저작물을 창작한 자를 저작자로 하는 같은 법 제2조 제2호의 예외 규정인 만큼 법인 등의 의사가 명시적으로 현출된 경우와 동일시할 수 있을 정도로 그 의사를 추단할 만한 사정이 있는 경우에 한정된다고 보아야 한다(대법원 2010. 1. 14. 선고 2007다61168 판결 등 참조)."

질문　저는 미디어 음악 작곡가이자 기타리스트입니다. 광고음악 제작사(이하 '제작사')로부터 '광고음악 한 프로에 얼마를 받느냐?'는 질문을 받았고, 이에 대해 조율된 금액으로 연주를 제공했습니다. 문제는 광고의 사용에 대한 지역, 기간에 대한 협의가 사전에 없었습니다. 저는 당연히 연주 페이만을 문답했으니 광고 사용 범위와 시기에 대한 내역은 따로 협의를 하고 별도 페이를 받아야 한다고 생각했습니다. 그러나 제작사는 당연히 업무상저작물이라 저와 별도 조율 없이 무제한으로 사용할 수 있다고 주장합니다. 프로당 페이를 물어보는 질문에 업무상저작물이라는 조건을 미리 설명했다면 저는 전혀 다른 페이를 불렀을 겁니다. 저는 어떻게 대응할 수 있을까요? 서면 계약서도 없고, 통화내역도 남아있지 않아 서로 주장만 할 뿐 답답한 상황입니다. 광고는 이미 방송, 인터넷, 옥외 등으로 송출 중입니다.

답변 질문 내용으로만 보아서는 귀하의 작품이 업무상저작물에 해당하는가에 대한 판단이 쉽지 않아 보입니다. 업무상저작물이 되기 위해서는 「저작권법」이 정한 바에 따라 성립 요건을 갖추어야 하는데, 이 경우는 제작사가 저작물의 작성에 관한 기획에 관여한 바가 없는 것으로 보이는 점과 「저작권법」 제2조(정의) 31. "업무상저작물"은 법인·단체 그 밖의 사용자(이하 "법인 등"이라 한다)의 기획 하에 법인 등의 업무에 종사하는 자가 업무상 작성하는 저작물을 말한다."에 비추어 귀하가 제작사의 통상적인 업무에 종사하는 근로자가 아니므로 업무상저작물의 요건을 충족하지 않는 것으로 보입니다. 그러나 법인 등 사용자의 명의로 공표될 것과 관련해서는 귀하의 저작물이 누구의 명의로 공표되었는가를 확인하는 것이 중요합니다. 만일 귀하의 이름으로 공표되었다면 업무상저작물에 해당하지 않을 가능성이 높아 귀하에게 유리한 정황일 것이나, 계약 또는 근무 규칙 등에 다른 정함이 없을 것에 대해서는 「저작권법」 제9조(업무상저작물의 저작자) "법인 등의 명의로 공표되는 업무상저작물의 저작자는 계약 또는 근무규칙 등에 다른 정함이 없는 때에는 그 법인 등이 된다."에 따라 저작물 공표 시 제작사의 명의로 공표되지 않았음을 귀하가 입증해야 할 것입니다.

질문 노래 반주기 제작 회사에서 반주 음악을 만드는 일을 하고 있습니다. 기존에 발표된 가요를 채보하여 이를 미디로 다시 연주하는 일입니다. 편곡 악보를 채보하여 연주만 다시 하는 것이라 해도 실제는 편곡에 준하는 업무량과 기술을 요합니다. 제가 한국음악저작권협회에 회원으로 가입하여 편곡 저작권료를 분배받는 것이 가능한지요? 별도의 근로계약서는 작성하지 않았고 회사에 출근해서 작업을 하고 '한 곡당 0원' 식으로 돈을 받습니다.

답변 이유는 공표된 가요의 편곡을 수정 증감없이 원형 그대로 이용했다면 귀하가 연주한 음악(원)은 2차적저작물에 해당하지 않아 귀하가 한국음악저작권협회에 회원으로 가입할 수 없을 것입니다. 하지만 귀하가 연주한 음악이 2차적저작물에 해당하는 경우라 하더라도 귀하가 만든 반주 음악은 회사의 의도에 따라 「저작권법」이 정한 업무상저작물의 성립 요건을 충족하는 것으로 보입니다. 우선 회사와의 구두약정에 의해 귀하의 직무가 반주 음악 만드는 일이라는 점이 명료하고, 이에 따라 회사가 만들 것을 지시한 곡만을 귀하가 만든다는 점과, 무엇보다 만들어진 반주 음악이 회사 명의로 공표가 된다는 점에 덧붙여 계약 또는 근무규칙 등에 다른 정함이 없으므로 귀하가 달리 저작권을 주장할 근거가 없는 것으로 사료됩니다.

(10) 저작권의 실질

「저작권법」 제10조(저작권)

① 저작자는 제11조부터 제13조까지에 따른 권리(이하 "저작인격권"이라 한다)와 제16조부터 제22조까지에 따른 권리(이하 "저작재산권"이라 한다)를 가진다.
② 저작권은 저작물을 창작한 때부터 발생하며 어떠한 절차나 형식의 이행을 필요로 하지 아니한다.

「저작권법」은 저작권의 발생 요건으로 그 저작물의 수준이나 등록, 납본 등과 같은 어떠한 절차나 형식의 이행을 필요로 하지 않는다. 따라서 저작물 창작을 업으로 하는 전업 프로 저작자가 아닌 유치원생이 엄마를 그렸을 경우 이 어린이가 당연히 저작권자가 된다. 물론 다른 아이의 그림을 베끼거나 선생님의 지시에 의하지 않고 순수하게 자신의 의사로서 그림이라는 수단을 통해 엄마를 표현했다는 전제하에 이 그림은 마땅히 저작물 성립 요건을 충족했으므로 그림을 그린 어린이에게 저작권이 발생하여 저작권자의 지위를 갖게 된다는 의미이다.[134] 또한 연로하신 어르신이 자녀에게 보낸 편지나 그린 그림 역시 저작물 성립 요건을 충족했으므로 편지 작성자인 어르신과 그림을 그린 할머니는 당연히 저작권자가 된다. 따라서 우리나라의 모든

---

134) 미성년자이므로 법률행위 여부는 논외로 한다.

국민이 저작권자라는 것이 가정이 아닐 확률이 높다.

또한 반드시 글이나 그림, 사진, 연주, 가창, 연기만이 표현에 해당하는 것은 아니다. 표현의 방법은 우리 인간이 가진 다양한 능력을 밖으로 내보이는 것이면 충분하다. 저작물로 성립하기 위해 어떠한 수준이나 형식을 요하지 않는 것과 같이 정형화된 작품이 아니더라도 동작이나 소리, 즉흥적 연주 등으로도 표현될 수 있다.

저작권자와 저작인접권자의 권리 유형을 알아본다.

누드 사진 저작권 사건
(대법원 90다카8845판결)

"저작권법의 보호대상인 저작물이라 함은 사상 또는 감정을 창작적으로 표현한 것으로서 문학, 학술 또는 예술의 범위에 속하는 것이면 되고 윤리성 여하는 문제되지 아니하므로 설사 그 내용 중에 부도덕하거나 위법한 부분이 포함되어 있다 하더라도 저작권법상 저작물로 보호된다 할 것이다."

광의의 저작권은 저작권과 저작인접권을 모두 아우르는 개념이며, 이 중 저작재산권은 물권적 권리로서[135] 다음과 같은 권리를 포함한다.

　　가. 복제권 : 저작물을 녹음, 녹화, 촬영 등의 방법으로 복제하는 것에 미치는 권리.

　　나. 전송권 : 보호되는 저작물을 유선 또는 무선을 통하여 타인

---

135) '저작자와 저작권자' 편 참조.

에게 전달하는 것에 미치는 권리.

　　다. 공연권 : 저작물을 상연·연주·가창^{歌唱}·연술^{演述}·상영^{上映}하
　　　　거나 또는 그 밖의 방법으로 공중에게 공개하는 것에 미치는
　　　　권리.

　　라. 배포권 : 저작물을 공중에게 배포하는 것에 미치는 권리.

　　마. 대여권 : 보호받는 저작물을 영리 목적으로 제3자에게 대
　　　　여하는 것에 미치는 권리

　　바. 공중송신권 : 불특정인에게 저작물을 유선 또는 무선을 통
　　　　하여 송신하는 것에 미치는 권리. 타인의 저작물을 P2P등
　　　　에 업로드 하는 경우 등.

　　사. 2차적저작물작성권 : 2차적저작물을 작성하는 것에 미치
　　　　는 권리.

저작자의 일신에 전속하는 저작인격권은 다음과 같다.

　　가. 공표권 : 저작물을 공표하거나 공표하지 아니할 것을 결정
　　　　할 권리.

　　나. 성명표시권 : 저작물에 저작자의 성명을 당연히 표시할 권리.

　　다. 동일성유지권 : 저작물의 내용, 형식, 제호 등의 동일성을 유
　　　　지할 권리, 즉 무단히 이들의 변경, 절삭, 개변 등을 당하지
　　　　아니할 권리.

이러한 7개의 재산권과 3개의 인격권은 저작자가 저작물을 창작하
는 동시에 발생하게 되는데, 배타적 권리로서 이를 권리의 다발^{Bundle of rights}이라 부른다.

▲ 저작권 및 저작인접권 구조도

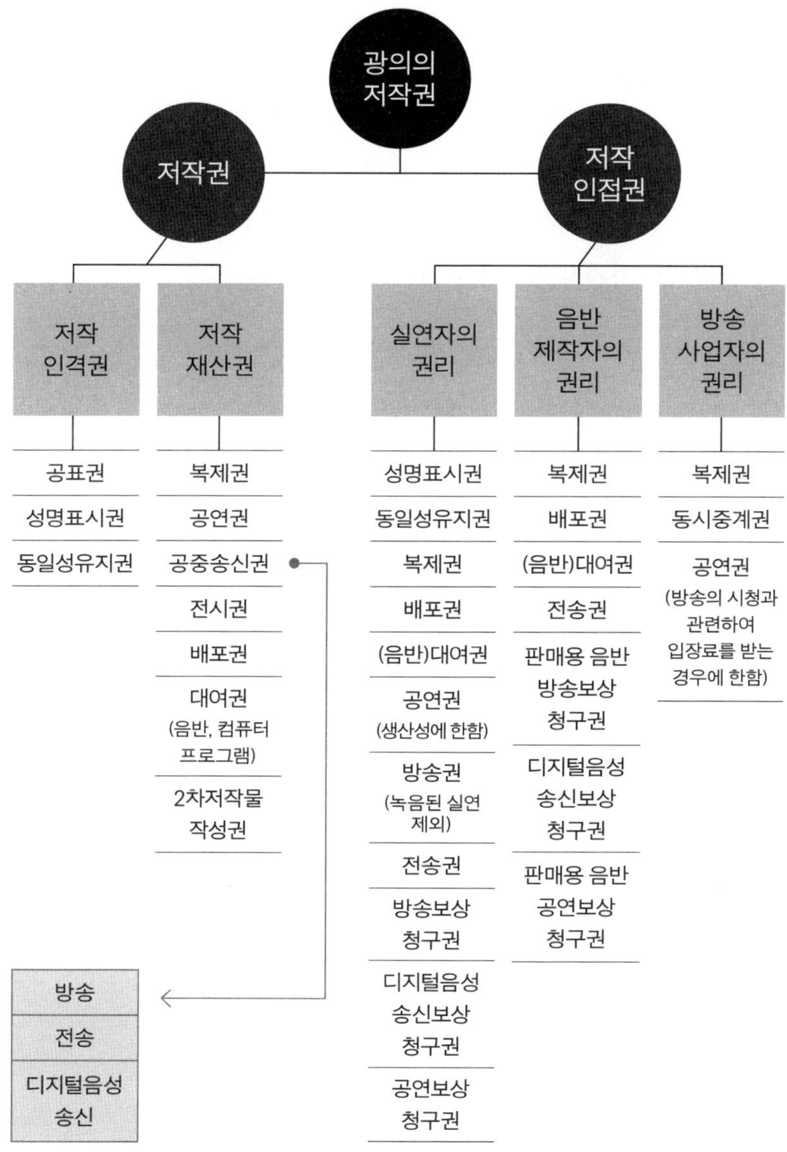

출처: 법제처 찾기쉬운생활법령정보음악저작물과 저작권 편

(11) 저작재산권의 제한

「저작권법」은 사회적 약자를 배려하고 공익적 목적을 달성하기 위해 아래의 경우 저작재산권을 일부 제한하고 있다. 제한의 이유는 국민의 알 권리 충족 등 공익 목적, 장애인 등 사회적 약자를 배려하기 위한 목적 등 저작물을 특정한 목적으로 사용하는 것에 대해 저작권자의 허락 없이 경우에 따라 무상 혹은 보상금을 지급하고 사용하도록 하는 등 공익적 가치의 실현에 그 목적을 두고 있다.

제23조　재판 등에서의 복제
제24조　정치적 연설 등의 이용
제24조2 공공저작물의 자유이용
제25조　학교교육 목적 등에의 이용
제26조　시사보도를 위한 이용
제27조　시사적인 기사 및 논설의 복제 등
제28조　공표된 저작물의 인용
제29조　영리를 목적으로 하지 아니하는 공연·방송
제30조　사적이용을 위한 복제
제31조　도서관 등에서의 복제
제32조　시험문제를 위한 복제
제33조　시각장애인 등을 위한 복제
제33조2 청각장애인 등을 위한 복제
제34조　방송사업자의 일시적 녹음·녹화
제35조　미술저작물 등의 전시 또는 복제
제35조2 저작물 이용과정에서의 일시적 복제
제35조3 부수적 복제 등
제35조4 문화시설에 의한 복제

제35조5　저작물의 공정한 이용
제36조　　번역 등에 의한 이용
제37조　　출처의 명시
※ 컴퓨터 프로그램의 저작권 제한

구체적인 제한 범위는 1. 이용의 성질상 권리의 인정이 타당하지 않은 것, 2. 공익적 목적에서 제한의 필요성이 인정되는 것, 3. 타 권리와의 조정을 위하여 제한의 필요성이 인정되는 것, 4. 사회적 관행으로서 행해지고 있는 것, 5. 제한하여도 권리자의 이익을 부당하게 해하지 않는 것 등이다. 결론적으로 저작물은 문화적 소산이므로 '공정한 이용'이라는 관점에서의 접근이 필요하며, 저작재산권의 실질은 제한한 부분을 제외한 나머지 부분만이 온전한 권리이다. 이제 '저작재산권의 제한' 예시 중 음악과 관련이 있는 대목을 살펴본다.

Ⅰ. 저작물의 공정한 이용

「저작권법」이 정한 '공정한 이용'이 되기 위해서는 합법적 이용이 전제되어야 한다. 다만 「저작권법」 제35조의5 제2항 각 호는 다소 추상적인 문구로, 만일 이로 인해 분쟁이 발생하면 최종적으로 사법부의 판단을 구할 수밖에 없다는 한계가 있다.

「저작권법」 제35조의5

① 제23조부터 제35조의4까지, 제101조의3부터 제101조의5까
지의 경우 외에 저작물의 일반적인 이용 방법과 충돌하지 아니
하고 저작자의 정당한 이익을 부당하게 해치지 아니하는 경우
에는 저작물을 이용할 수 있다.
② 저작물 이용 행위가 제1항에 해당하는지를 판단할 때에는 다
음 각 호의 사항등을 고려하여야 한다.
1. 이용의 목적 및 성격
2. 저작물의 종류 및 용도
3. 이용된 부분이 저작물 전체에서 차지하는 비중과 그 중요성
4. 저작물의 이용이 그 저작물의 현재 시장 또는 가치나 잠재적
인 시장 또는 가치에 미치는 영향

'저작물의 공정한 이용'에 해당하기 위해서는 다음의 요소들이 고려되어야 한다.

첫째, 공표된 저작물을 이용하려는 목적 및 성격이 영리와 비영리 여부를 비롯하여 「저작권법」 제28조(공표된 저작물의 인용)가 정한 보도, 비평, 교육, 연구 등의 목적에 부합하는지, 교육, 학술, 약자 배려, 국민의 알권리 충족 등의 공익적 목적에 이용되는지를 판단해야 한다. 그리고 무엇보다 저작자의 창작 취지에 부합하는 이용인가를 판단하여야 한다.

둘째, 어떠한 저작물을 어떻게 이용할 것인가, 즉 저작물별로 다른 보호의 기준을 충족하는지 확인해야 한다.

셋째, 이용된 부분이 저작물 전체에서 차지하는 일정 이상의 비중을 넘어서거나 중요성이 평가절하되지 않는가를 평가해야 한다.

마지막으로 가장 중요한 요소는 이용으로 인해 원저작물이 가진 현재 시장 또는 잠재적인 시장에서의 가치 하락 여부에 대한 판단이다.

이 판단에 앞서 일반적이지 않은 이용 방법, 즉 시장 교란 등의 부적절한 행위, 대가를 지불하지 않는 행위, 합법적 공급처가 아닌 곳과의 거래 행위 등을 통해 저작자의 경제적 이익을 해치는 경우 등은 거론할 필요조차 없다. 공정한 방식 중 「저작권법」 제28조는 보도·비평·교육·연구 등의 경우, 공표된 저작물을 '정당한 범위' 안에서 '공정한 관행'에 합치된다면 인용할 수 있도록 하고 있는데, 이때의 '정당한 범위'와 '공정한 관행'이 저작물 공정 이용의 지침이 될 수 있다.

저작권법 위반(학술논문 무단 사용) 사건
(대법원 1998. 7. 10. 선고 97다34839 판결; 대법원 2013. 2. 15. 선고 2011도5835 판결)

"구 저작권법(2009. 3. 25. 법률 제9529호로 개정되기 전의 것) 제28조는 "공표된 저작물은 보도·비평·교육·연구 등을 위하여는 정당한 범위 안에서 공정한 관행에 합치되게 이를 인용할 수 있다."고 규정하고 있다. 이 규정에 해당하기 위하여는 인용의 목적이 보도·비평·교육·연구에 한정된다고 볼 것은 아니지만, 인용의 '정당한 범위'는 인용저작물의 표현 형식상 피인용저작물이 보족, 부연, 예증, 참고자료 등으로 이용되어 인용저작물에 대하여 부종적 성질을 가지는 관계(즉, 인용저작물이 주이고, 피인용저작물이 종인 관계)에 있다고 인정되어야 하고, 나아가 정당한 범위 안에서 공정한 관행에

합치되게 인용한 것인지는 인용의 목적, 저작물의 성질, 인용된 내용
과 분량, 피인용저작물을 수록한 방법과 형태, 독자의 일반적 관념,
원저작물에 대한 수요를 대체하는지 여부 등을 종합적으로 고려하
여 판단하여야 한다."

위 판례 외에 '정당한 범위'의 구체적 기준을 살펴보면 부분 인용은
피인용 저작물의 10% 이내여야 하며, 전부 인용의 경우 인용 저작물
의 2배 이상의 부가 해설이나 비평이 있어야 한다. 또한 출처를 명시하
지 않으면 저작권 침해에 해당하여 형사 처벌의 대상으로 보는 견해
가 지배적이다. 다만, 출처를 명시한 것만으로는 면책의 범위에 속하지
않는다는 점에 유의할 필요가 있으며, "'공정한 관행'은 피인용 저작물
이 인용 저작물과 명확히 구별되어야 한다."[136]는 전제를 충족하여야
한다.

Prince의 'Let's Go Crazy' 사건

2007년 가수 프린스(Prince)의 〈Let's Go Crazy〉의 권리를 가지
고 있던 Universal Music이 이 노래에 맞추어 부엌에서 춤추고 있
는 13개월 된 아기의 29초짜리 동영상을 유튜브에 삭제 요청했고,
이 요청을 받아 들여 동영상을 삭제했다.

---

136) 서울지방법원, 1995, 결정 95카합 3438호.

　　이에 대해 미국 법원은 "기술 발전에 따라 저작권이 침해 받는다
는 이유만으로 네티즌들의 공정한 이용까지 제한해서는 안 된다."는
이유로 아기 엄마의 손을 들어 주었다.
　　유튜브는 법원의 판결에 따라 삭제일로부터 약 2개월 후 이 동영
상을 복구했다.

　　미국의 사건으로부터 약 2년 후, 우리나라에서도 유사한 사건이 발생
했다. 이른바 '유명 가수 손담비 따라하기 동영상 사건'[137]이다. 어느 주
부가 다섯 살 딸이 손담비의 〈미쳤어〉 노래와 안무를 따라 한 59초짜리
동영상을 블로그에 올렸는데, 한국음악저작권협회의 요청으로 게시물
이 삭제되자 해당 협회를 상대로 소송을 제기했다. 당시 재판부는 "위
동영상은 음악 저작물을 정당한 범위 안에서 공정한 관행에 합치되게
인용한 것으로 판단된다."며 '공정 이용'에 해당함을 명백히 했다. 또한
「저작권법」 제28조가 정한 바에 따라 '공표된 저작물의 인용'이라는 점
을 근거로 주부의 손을 들어 주었고, 위자료 20만 원 배상을 결정했다.

---

137) 2010. 2. 18. 선고 2009가합18800판결.

질문 저는 팟캐스트를 준비하고 있는 평범한 직장인입니다. 음악의
일부를 들려주고 그에 대한 제 생각을 이야기하는 팟캐스트
를 진행하려 합니다. 그런데 걱정되는 부분이 바로 저작권입
니다. 팟캐스트에서 음악을 사용하려면 어떻게 해야 하나요?
다른 많은 유튜버 분도 여러 가지 음악들을 사용해서 방송도
하고, 교재로 삼아 음악 수업도 진행하시는 것 같습니다. 인
터넷을 찾아보니 원작자 사후 70년이 지나면 저작권이 공용
으로 풀린다던데, 클래식 음악을 사용하면 괜찮은지요? 외국
음악을 한국어로 번안한 번안가의 저작권도 사후 70년이 지
난 음악만 편하게 사용이 가능한지요? 논평이나 증명을 목적
으로 인용이 가능하다고 하는데, 저의 방송 아이디어는 논평
의 범주에 들어가는지요? 질문이 많지요? ㅜㅜ 죄송합니다.
자세히 가르쳐주시면 너무 감사하겠습니다.

답변 먼저 팟캐스트는 일방향적이고 동시성이라는 방송의 요건에
해당하지 않는 개인 미디어로, 실질적으로 명백한 영리 목적
의 서비스입니다. 따라서 타인이 창작한 음악을 귀하가 팟캐
스트에서 이용하기 위해서는 저작권자의 사용 허락이 우선입
니다.
타인의 음악을 교재로 삼아 음악 수업을 진행하는 경우, 사전
동의를 받지 않았다면 명백한 저작권 침해에 해당합니다. 다
만 음악 수업을 진행하는 곳이 「저작권법」 제25조(학교교육
목적 등에의 이용)의 요건에 해당한다면 일부 사용의 편리함
이 부여되겠으나, 귀하가 예로 든 경우는 그에 해당하지 않는
것으로 보입니다.('영리를 목적으로 하지 아니하는 공연·방
송' 편 참조)
다음으로 국내의 구전 가요를 비롯하여 외국의 전래 동요나
가요, 클래식 음악은 저작자 사후 70년이 지나 저작권이 소

멸된 경우라도 연주, 가창 등의 저작인접권 보호기간이 도과하지 않았거나(공동저작물 참조), 음반 발행 후 70년이 경과하지 않은 경우에는 저작인접권자인 실연자와 음반제작자에게 허락을 받아야 합니다. 또한 외국 곡에 한국어 가사를 붙인 경우 국내의 2차적저작권자(역사자^{譯詞者} 혹은 작사가)가 사후 70년이 지나지 않았다면 2차적저작권자에게도 사용허락을 받아야 합니다.

마지막으로 타인이 창작한 음악을 팟캐스트에서 논평이나 증명을 목적으로 인용하는 것에 대해 우리 「저작권법」 제28조가 정한 '공표된 저작물의 인용'에 해당할 여지는 있으나, 앞서 언급한 대로 귀하가 진행하는 팟캐스트가 영리 목적에 해당하므로 이를 적용하기는 불가능할 것으로 보입니다.

II. 영리를 목적으로 하지 아니하는 공연·방송

「저작권법」 제29조(영리를 목적으로 하지 아니하는 공연·방송)

① 영리를 목적으로 하지 아니하고 청중이나 관중 또는 제3자로부터 어떤 명목으로든지 대가를 지급받지 아니하는 경우에는 공표된 저작물을 공연(상업용 음반 또는 상업적 목적으로 공표된 영상저작물을 재생하는 경우는 제외한다) 또는 방송할 수 있다. 다만, 실연자에게 일반적인 보수를 지급하는 경우에는 그러하지 아니하다.

② 청중이나 관중으로부터 해당 공연에 대한 대가를 지급받지 아니하는 경우에는 상업용 음반 또는 상업적 목적으로 공표된

영상저작물을 재생하여 공중에게 공연할 수 있다. 다만, 대통령령으로 정하는 경우에는 그러하지 아니하다.

「저작권법」 제29조는 영리를 목적으로 하지 아니하는 공연이나 방송에 대해 규정하고 있다. 공연이나 방송에 참가하는 관중이나 청중 등에게 입장료나 기부금품 등 어떠한 반대급부도 받지 않는 경우가 이에 해당하며, 또한 공연에 참가하는 실연자에게 통상적인 실비의 교통비나 음식 등을 대접하는 외에 출연료나 보수를 지급하는 경우는 영리를 목적으로 하는 공연 방송으로 간주된다. 따라서 정해진 저작권 사용료를 지급해야 한다.

질문 수도권 소재 ○○ 대학교의 연극 동아리 회원들이 졸업 작품으로 유명 뮤지컬 ○○을 공연하려고 합니다. 원작의 하이라이트 부분만을 약 40분간 공연할 예정이고, 특히 요즘 사회상을 반영하기 위해 원작의 대사가 일부 수정되었고, 욕설, 사투리 등이 들어갑니다. 당연히 무료 공연이며, 출연자들도 대가를 받지 않습니다. 다만, 구내 복사점에서 의상비에 보태라고 100만 원을 지원해 주셨고, 학교 앞 돈가스 집에서는 단원들에게 음식을 제공해 주셔서 극 중에 이분들을 거론하는 약 20초 가량의 홍보성 대사가 있습니다. 이게 문제가 될까요?

답변 얼핏 간단한 질문처럼 보입니다만, 몇 가지 유의할 점이 눈에 띕니다. 우선 공연의 영리, 비영리를 따지기에 앞서 저작물의 수정, 증감, 개변 등의 행위는 '부득이한 경우'에 한정되며, 반드시 저작권자의 허락을 받아야 합니다. 그러나 시간상 제약이 미치는 졸업식이라는 여건으로 인해 원작의 일부분을 잘라내어 공연하는 것과 사회상을 반영한다는 구실 하에 원작에 없는 대사나 욕설을 삽입하는 행위는 "저작물의 무단이용자가 거래실정상의 필요만을 이유로 저작자의 동의를 얻지 아니한 채 임의로 저작물의 일부를 절단하여 이용하는 경우까지 여기에 해당한다고 볼 수는 없다."[138]는 우리 법원의 판단에 비추어 동일성유지권 침해에 해당하는 것으로 보입니다.

음악 미리듣기 서비스 사건
(서울고등법원 2008. 9. 23. 선고 2007나70720 판결)

이 사건 원고는 음악의 저작권자로, 인터넷상의 음악사이트를 운영하는 피고가 자신의 음악저작물을 인터넷상에서 이용자들에게 서비스하면서 그 일부를 절단, 발췌, 변환, 저장하여 미리듣기, 통화 연결음, 휴대폰 벨소리 등의 음원 서비스로 제공하였음을 이유로 저작재산권 및 저작인격권 침해를 주장하였다. 이에 대해 법원은 피고가 이 사건 음악저작물을 신탁관리단체(한국음악저작권협회)와의 계약에 의하여 이용하였음을 인정하여 저작재산권 침해는 받아들이지 아니하였지만, 특별한 사정이 없는 한 저작자의 허락 없이 음악저작물의 일부 절단, 발췌, 변화 등의 이용은 저작인격권 중 동일성유지권의 침해가 된다고 판단하였다.

---

138) 서울고등법원, 2008. 9. 23. 선고 2007나70720 판결.

다시 본론으로 돌아가서 우리 「저작권법」 제29조(영리를 목적으로 하지 아니하는 공연·방송)에 해당하기 위해서는 영리, 즉 주최 측이 공연과 관련된 금전적 이익을 취했는가가 중요한 판단의 근거가 됩니다. 구내 복사점에서 의상비로 100만 원을 지원받았고, 돈가스 집에서 금액으로 환산이 가능한 분량의 식사를 제공받았다면, 공연과 관련된 금전적 이익이라는 해석이 가능할 수도 있을 것입니다. 따라서 질문 내용만을 놓고 본다면, 이 공연은 '영리를 목적으로 하지 아니한 공연 방송'에 해당하지 않을 가능성이 높아 보입니다.

또한 「저작권법」 제29조(영리를 목적으로 하지 아니하는 공연·방송) 제2항은 "청중이나 관중으로부터 해당 공연에 대한 대가를 지급받지 아니하는 경우에는 상업용 음반 또는 상업적 목적으로 공표된 영상저작물을 재생하여 공중에게 공연할 수 있다."고 명시하고 있어 영리목적이 아니라면 상업용 음반이나 상업적 목적으로 만들어진 영상저작물을 공중에게 제공하더라도 저작권 사용료(공연권료)를 낼 필요가 없음을 명확히 하고 있다. 다만 "대통령령으로 정하는 경우에는 그러하지 아니하다."라는 단서 조항에 유의할 필요가 있는데, 여기서 말하는 대통령령이란 공연권료[139]를 내야 하는 주체를 대통령령으로 특정했다는 의미이다.

대통령령으로 정해진 공연권료 납부 대상 업종은 단란·유흥주점, 체육시설(골프장, 무도학원 등), 경마장, 경륜장, 항공기, 선박, 열차, 호텔, 휴양 콘도미니엄, 카지노, 유원시설, 대형마트 등이다. 2018년 「저작권법」 개정안 시행으로 주점 및 음료점업(커피숍, 호프집, 비알콜 음료점 등), 체력 단련장(헬스클럽 등), 기존 「유통산업발전법」 상의 대규모 점포(3,000m^2 이상) 중 복합 쇼핑몰, 그 밖의 대규모 점포가 공연권료 납부 대상에 추가 지정되었다. 그러나 소상공인 등 영세한 사업자 보호 취지에서 전통시장과 50m^2(약 15평) 미만 소규모 영업장은 공연권료 납부 대상에서 제외되었다.

이 내용을 좀 더 살펴보면, 대통령령으로 정해진 업종도 음악이나 영상저작물을 감상에 제공하는 직접 대가로 돈을 받는 것은 아니다. 이들 업종은 먹을거리, 휴양, 체력 단련, 이동 편의 등을 제공하며, 음악이나 영상저작물은 고객에게 제공되는 부가서비스에 불과하다. 그러나 어떤 이유로 이러한 업종을 지정하여 공연권료의 납부 의무를 지도록 했는가를 살펴보면 납득이 간다. 시끄러운 실내의 소음을 상쇄하고,[140] 사람들의 흥을 고양시키거나 반대로 심신을 안정하는 효과, 심지어 백화점이나 대형마트 등은 고객이 몰리는 시간대에 템포가 빠른 음악을 틀어 쇼핑에 걸리는 시간을 물리적으로 단축하기도 하는 등 음악의 기능적 효용성을 감안하여, 음악이나 영상저작물 재생으로 간접적 혜택을 입는 업종에 한해 공연권료를 납부하도록 한 것이다.

---

139) 공연권료란 공연사용료와 공연보상금을 포괄하는 용어로서, 공연사용료는 저작자(작사, 작곡, 편곡자)에게 지불하는 저작권 사용에 대한 대가이고 공연보상금은 저작인접권자(연주, 가창, 음반제작자))에게 지불하는 저작인접권 사용에 대한 대가이다. 사용료와 보상금의 차이는 사용료는 사전 허락을 전제로 하는 반면, 보상금은 반드시 사전허락을 요하지는 않지만 권리자와 사용자 간 협의와 지급의 의무를 부과한다.

140) 주파수 음역대가 낮은 음악이 백색소음 역할을 하여 실내 소음에 대한 청각적 인식도를 낮춘다.

Ⅲ. 사적이용(Private use)을 위한 복제

「저작권법」 제30조(사적이용을 위한 복제)

  공표된 저작물을 영리를 목적으로 하지 아니하고 개인적으로 이용하거나 가정 및 이에 준하는 한정된 범위 안에서 이용하는 경우에는 그 이용자는 이를 복제할 수 있다. 다만, 공중의 사용에 제공하기 위하여 설치된 복사기기, 스캐너, 사진기 등 문화체육관광부령으로 정하는 복제기기에 의한 복제는 그러하지 아니하다.

흔히 개인 홈페이지나 블로그, 카페 등을 운영하는 사람들이 타인의 사진, 음악, 영상, 심지어 영화 전편을 업로드 하는 경우가 있다. 이유는 누구의 도움도 없이 순수하게 혼자 사적으로 운영, 이용하는 경우이므로 저작권 침해의 면책 범위에 속한다고 착각하기 때문이다. 그러나 「저작권법」이 정한 사적 이용이라 함은 "공표된 저작물을 영리를 목적으로 하지 않고 개인적으로 이용하거나 가정 및 이에 준하는 한정된 범위 안에서 이용하는 경우"로 한정된다.

그럼에도 사이트 방문자에게 반대급부를 요구하거나 광고 등으로 수익을 창출하지 않기 때문에 영리가 아니며, 특히 가정 내에 있는 컴퓨터로 사이트를 운영하므로 이는 사적 이용에 해당한다. 즉 법을 어기지 않았다는 게 일반적인 주장이다. 그러나 이는 「저작권법」의 자의적 해석이다. 타인의 저작물을 자신의 사이트에 업로드 한 것은 사이트 방문자를 늘리거나 자신의 과시욕을 충족하는 등의 특정한 목적이 있을 것이므로 이는 명백한 영리 목적에 해당하며, 「저작권법」이 정한 개인적인 이용이라는 제한을 벗어나 불특정 다수인 사이트 방문자에게 타인의 저작물에 접근할 수 있도록 했으므로 저작권 침해가 성립한다는 의미이다.

질문 요리 블로그를 운영하는 주부입니다. 블로그의 특성상 요리 강좌의 배경음악으로 제가 좋아하는 샹송을 주로 틀어 놓습니다. 이 블로그는 저의 취미생활일 뿐 돈을 목적으로 하거나 기타 이유는 없습니다. 그런데 저의 요리 강좌 시간에 배경음악으로 음악을 트는 행위가 저작권 위반이라고 하는데 이해가 되지 않습니다. 맞는 말인가요?

답변 저작권자의 허락을 받지 않았다면 저작권 침해가 맞는 것으로 보입니다. 우리 「저작권법」은 "공표된 저작물을 영리를 목적으로 하지 아니하고, 개인적으로 이용하거나 가정 및 이에 준하는 한정된 범위 안에서 이용하는 경우에는 그 이용자는 이를 복제할 수 있다."[141]라고 하여 사적 복제에 대한 범위를 명확하게 설정했습니다.

따라서 귀하가 컴퓨터에 음악 파일을 다운로드 받아 놓고 이를 블로그 요리 강좌 시간에 재생하는 것은 음악 저작권자의 복제, 전송권을 침해하는 것입니다. 또한 귀하의 블로그는 폐쇄형이 아닌 개방형이어서 불특정 다수가 접근할 수 있는 것으로 보임에 따라 「저작권법」 제30조가 정한 사적 이용의 범위를 벗어난다는 해석이 가능합니다.

참고로 법제처의 유권해석[142]에 따르면 "자신이 구입한 음악

---

141) 「저작권법」 제30조(사적이용을 위한 복제).
142) 법제처 생활법령정보 생활법령 백문백답, 사적복제 편.

CD라 하더라도 이를 디지털 파일로 변환하여 블로그 등에서 재생하는 행위는 저작권자의 복제권과 전송권을 침해하는 것이 되며, 카페 등의 회원들만 듣기 위한 것이더라도 회원가입이 일반인에게 개방된 경우, 또는 회원 가입이 폐쇄적이더라도 가입 회원의 수가 다수인 경우에는 음악 파일을 제공해서는 안 되며, 단지 음악 CD를 디지털 파일로 변환하는 것, 이를 자신의 PC에 저장하는 것, MP3 플레이어에 담는 것은 사적 복제에 해당하여 자유롭게 허용된다.”는 점을 기억하시기를 바랍니다.

또한 20219년 「저작권법」 개정 시 반영된 부수적 복제 조항[143]에도 이 경우는 해당되지 않는다는 점을 참고하시기를 바랍니다.

---

143) 「저작권법」 제35조의3(부수적 복제 등) 사진촬영, 녹음 또는 녹화(이하 이 조에서 “촬영등”이라 한다)를 하는 과정에서 보이거나 들리는 저작물이 촬영등의 주된 대상에 부수적으로 포함되는 경우에는 이를 복제·배포·공연·전시 또는 공중송신할 수 있다. 다만, 그 이용된 저작물의 종류 및 용도, 이용의 목적 및 성격 등에 비추어 저작재산권자의 이익을 부당하게 해치는 경우에는 그러하지 아니하다. / 본조신설 2019. 11. 26.

(12) 안무저작권

대중가요 안무도 저작권으로 보호된다. 2011년 봄, 안무가 박 모 씨
는 "자신의 창작물인 걸그룹 시크릿의 〈샤이보이〉 안무를 댄스 교습
학원이 허락 없이 일반인에게 가르치는 등 저작재산권을 침해했다."며
2,500여만 원의 손해 배상금을 청구하는 소송을 제기했다,

'시크릿'의 〈샤이보이〉 안무 저작권 사건
(서울고등법원 2011나104668 판결)

"이 사건 안무에 사용된 각종 동작의 요소를 개별적으로 분석하면
각종 댄스 장르의 전형적인 춤 동작과 이미 공개된 춤에서 발견되는
특징과 유사한 면이 있다. 하지만 이 사건 안무는 ① 특정 노래의 전체
적 흐름, 분위기, 가사 진행에 맞게 종합적으로 재구성한 점 ② 4인조
여성그룹의 구성원의 역할(랩, 노래, 춤 등)에 맞추어 춤의 방식과 동
선을 유기적으로 구성한 점 ③ 기존에 알려진 다양한 춤동작도 여성
그룹과 노래에 맞추어 상당히 창조적으로 변형된 점 ④ 각 춤동작이
노래 흐름에 맞추어 완결 형태를 가진 점 등을 종합하여 안무가가 노
래에 맞추어 그룹 구성원에게 적합한 동작과 조합 배열한 것으로서
안무가의 사상 또는 감정을 표현한 창작물에 해당한다, ~ 중략 ~ 학원
측은 박 씨의 안무가 포함된 사진과 동영상을 모두 폐기하고, 박 씨
에게 484만 원을 배상하라."

이 판결에 대해 피고인 댄스 학원 측은 "교육 목적의 강습 소재로
활용한 것에 불과하다."는 주장을 폈으나 이는 본인들의 일방적 주장
에 불과하다.

「저작권법」 제25조(학교교육 목적 등에의 이용)

③ 다음 각 호의 어느 하나에 해당하는 학교 또는 교육기관이 수업 목적으로 이용하는 경우에는 공표된 저작물의 일부분을 복제·배포·공연·전시 또는 공중송신(이하 이 조에서 "복제등"이라 한다)할 수 있다. 다만, 공표된 저작물의 성질이나 그 이용의 목적 및 형태 등에 비추어 해당 저작물의 전부를 복제등을 하는 것이 부득이한 경우에는 전부 복제등을 할 수 있다.
1. 특별법에 따라 설립된 학교
2. 「유아교육법」, 「초·중등교육법」 또는 「고등교육법」에 따른 학교
3. 국가나 지방자치단체가 운영하는 교육기관

「저작권법」상의 '교육 목적'은 「저작권법」 제25조가 정한 영리를 목적으로 하지 않는 교육기관의 저작물 이용에 한정하여 적용된다. 이에 따라 담당 재판부는 "영리 목적으로 수강생에게 안무를 재현해 강습한 만큼 「저작권법」상의 공정 이용에 해당한다고 볼 수 없다."며 원고의 손해배상 청구를 인용한 것이다.

과거에는 발레나 오페라의 군무, 뮤지컬에서의 안무 등 무보^{舞譜}가 있는 무용이나 안무의 경우만이 저작권으로 보호받을 수 있다는 법 해석이 주를 이루었다. 그러나 2011년에 체계적인 무보가 없는 대중음악의 안무도 저작권으로 보호해야 한다는 판결이 나왔다는 사실은 많은 것을 시사한다. 이 판결은 공정이용에 대한 확고한 해석과 우리 사법부가 저작물의 보호 범위를 점차 넓혀가고 있다는 것을 의미한다고 보는 것이 합리적이다.

(13) 저작(재산)권의 보호기간

「저작권법」 제39조(보호기간의 원칙)

① 저작재산권은 이 관에 특별한 규정이 있는 경우를 제외하고는 저작자가 생존하는 동안과 사망한 후 70년간 존속한다.

② 공동저작물의 저작재산권은 맨 마지막으로 사망한 저작자가 사망한 후 70년간 존속한다.

대부분의 저작물들은 비록 저작자 개인이 창작해 낸 것이지만 과거의 문화유산과 선행 저작물이 존재함으로 현재의 창작물이 만들어질 수 있었다는 태생적 요인을 기초로 하여 저작자 및 저작인접권자의 권리 제한을 법률로 정하고 있다. 제한의 주요 내용은 아이디어와 표현의 이분법, 저작재산권의 제한, 보호기간의 설정 등이며, 이 중 저작권 보호기간의 설정이 저작권의 제한 중 가장 대표적인 제한에 속한다. 저작권 보호기간의 설정은 저작권의 무한정한 보호가 아니라 일정 기간 동안만 보호되도록 하는 것으로, 보호기간이 만료된 저작물[144]은 저작권이 소멸되어 누구나 자유롭게 이용할 수 있다.

'베른협약'의 본 협약은 1886년 스위스 베른에서 체결되었으며, 현재까지 약 100여 년 동안 지식재산권 분야의 가장 기본적인 국제 규범으로 역할하고 있다. 협약은 크게 3가지 조항으로 구성되어 있는

---

144) 저작자가 자신의 의사표시로 저작권을 포기한 경우 및 법령이 특정 저작물에 대한 저작권 소멸을 규정한 경우와 함께 퍼블릭 도메인(Public Domain)이라 불린다.

데 1. 문학 및 예술적 저작물의 보호 기간 연장으로 작가 사후 50년에서 70년으로 연장했고,[145] 2. 무방식주의로 등록 등 별도의 절차 없이 창작물에 대하여 법적 효력이 발생하도록 규정했으며, 3. 내국민 대우 원칙으로 외국인과 내국인 모두 동등한 조건 하에 동일한 혜택을 받을 수 있도록 명시한 것이다. 특히 각국의 법률 체계가 달라서 생기는 분쟁에 대해서는 1999년 4월 1일부터 WIPO[146] 중재조정센터를 통해 분쟁해결절차를 진행할 수 있도록 했다.

'베른협약'의 저작권 보호기간에 관한 규정을 좀 더 자세히 살펴보면, 저작권은 저작자가 살아있는 동안과 저작자 사망 다음 해의 1월 1일부터, 연주 가창 등의 실연자는 실연을 한 다음 해부터, 음반제작자는 음반을 발행한 다음 해부터, 업무상 저작물은 공표한 다음 해부터 각 70년간 권리가 보호된다.

저작권 보호 기간의 변천을 보면 1957년 「저작권법」에서는 저작자 사후 30년 보호가 원칙이었으나, 1986년에는 보호기간이 사후 50년으로 늘어나고 저작인접물을 분리하여 기산일로부터 20년간 보호하는 것으로 했다. 이어 1994년에는 저작인접권(실연, 방송, 음반)도 보호 기간을 50년으로 하여 저작권과 보호 기간을 일치시켰으며, 2006년에는 음반제작자에 대한 보호기간 기산일을 발행일로 개정했다. 아울러 2011년에는 한·EU FTA와 한·미 FTA 체결 이후 저작물과 저작인

---

145) 2013년 7월 1일 발효.

146) 세계 지식 재산 기구(World Intellectual Property Organization), 지적소유권의 국제적 보호와 협력을 위하여 설립된 기구.

접물 모두에 대해 70년으로 보호기간을 연장하되, 적용 시점은 2013. 7. 1.(저작인접권은 2013. 8. 1.)로 하기로 했다.

그러나 일방적인 보호 기간 연장은 예상치 못한 문제에 봉착했다. 처음으로 저작인접권의 개념이 도입된 1986년 개정법(1987. 7. 1. 시행)은 저작인접권의 보호 기간을 20년으로 하고 있었음을 위에서 언급한 바 있다. 이후 1994년 개정법(1994. 7. 1. 시행)에서 저작권 보호 기간을 50년으로 연장하면서 "저작인접권의 보호 기간은 종전의 규정에 의한다."라고 하여 부칙에서 소급 적용을 배제한 결과 1987년 7월 1일부터 1994년 6월 30일 사이에 발행된 음반의 저작인접권 보호기간이 연장 대상에서 제외되었고, 다른 기간에 발행된 음반에 비해 짧은 보호기간(20년)이 적용되는 불평등이 발생한 것이다. 이에 따라 국제 조약 위반 등의 문제가 제기되었고, 결국 2011년 개정 「저작권법」 (2013. 8. 1.시행)에서 부칙(제4조)을 두어 위 기간(1987년 7월 1일부터 1994년 6월 30일) 사이에 발생한 저작인접권에 대하여는 보호기간을 연장하는 특례를 신설하여 이 문제를 해결했다.

1. 고 이중섭 작가는 '황소' 그림으로 유명하다. 그런데 이중섭 작가가 1956년에 사망했으니 그의 '황소' 그림의 저작권은 그의 사망 후 70년인 2026년까지 보호받을 수 있을 것이다. 그러나 실제로는 2033년 12월 31일까지 보호받는다. 그 이유를 알아본다.
저작권 보호기간이 50년에서 70년으로 개정되어 시행된 것은 2013년 7월 1일인데, 1962년에 사망한 저작자의 저작물은 50년의 보호기간을 적용 받아 2012년 12월 31일에 종료되었다. 반면, 1963년에 사망한 저작자의 저작물은 2013년 12월 31일에 보호기간이 종료될 예정이었으나, 2013년 7월 1일부터 개정된 「저작권법」이 적용되어 2033년 12월 31일까지 저작권을 보호받게 되었다. 즉, 1962년에 사망한 저작자는 2013년 7월 1일 이전에 50년의 보호기간이 종료되어 보호기간 연장에 따른 효력이 소급 적용되지 않는다. 그러나 이보다 만 1년 후인 1963년에 사망한 저작자는 2013년 7월 1일까지 50년의 보호기간이 종료되지 않아 당연히 70년으로 연장되는 것이다.

2. 가수 고 김광석 1집 음반 『김광석 1』은 1989년 9월 20일에 발매되었으며, 당시 적용되던 1987년 「저작권법」은 음반의 저작인접권을 20년간 보호되는 것으로 하고 있었다. 이에 따라 해당 음반은 2009년 12월 31일에 보호기간이 만료될 예정이었다. 하지만 '황소' 그림 사례와 마찬가지로 회복되는 보호기간을 대상 저작인접권이 처음 발생한 때의 다음 해부터 기산하여 50년간으로 함에 따라 김광석 1집 음반은 1990년 1월 1일을 기산점으로 하여 50년이 되는 2039년 12월 31일까지 보호기간이 연장되는 것이다.

참고로 실연자의 권리는 실연을 한 때에 발생하고 보호기간은 그 다음해부터 70년간이지만 실연이 이루어진 시점부터 50년 이내에 실연이 고정된 음반이 발행된 경우에는 음반을 발행한 다음 해부터 70년간 존속[147]된다. 즉, 가수가 무대 공연을 했을 때에는 그 공연 시점부터 보호기간이 시작되지만, 해당 공연이 음반으로 발행될 경우에는

---

147) 「저작권법」 제86조 제2항 제1호.

음반을 발행한 다음 해부터 보호기간이 기산된다. 음반은 그 음을 맨처음 음반에 고정한 때부터 권리가 발생하지만 그 권리 보호기간은 음반을 발행한 다음 해부터 기산된다.

저작물별 보호기간

저작물의 유형		만료기간 산정 가산점	존속 기간	저작물 적용 예시
단독 일반저작물		저작자 사망 다음 해부터	70년	개인 1인이 창작한 저작물
공동저작물		최후 사망 저작자 사망 다음해부터	70년	· 2인 이상이 공동 작곡한 음악 · 그림과 스토리 작가가 다른 만화 등
업무상 저작물		공표한 다음해부터	70년	법인의 기획으로 직원이 창작한 저작물
영상저작물		공표한 다음해부터	70년	· 영상제작자가 만든 영상저작물 · 개인 창작 UCC 등
저작인접물	실연	실연을 한 다음 해부터	70년	가수 연주자 등의 공연
	음반	음반을 발행한 다음해부터	70년	음반제작자가 만든 음반
	방송	방송을 한 다음 해부터	70년	지상파 방송사의 방송

저작권 보호기간 설정은 기본적으로 개인의 창의성과 표현의 자유를 존중하고, 공정한 경쟁 환경을 조성함으로써 궁극적으로 인류 문화 발전에 기여한다는 목적 하에 침해로부터 창작물을 보호하기 위해 체결된 '베른협약'의 합의에 의한 결과이다. '베른협약'에는 2023년 12월 현재 총 162개국이 참여하고 있어 사실상 지구상의 거의 모든 나라가 가입했다고 해도 과언이 아니다. 우리나라는 1996년 12월 7일 정식으로 가입했다.

질문 유명한 클래식 음악은 대부분 작곡가가 사망한지 70년이 훨씬 더 지난 음악인데 이런 음악들은 그냥 사용해도 되나요?

답변 현재 저작자는 사망 다음해 1월 1일부터 70년간 저작권이 보호됩니다. 하지만 2013년 7월 1일 이전에는 저작권 보호기간이 사후 50년이었으므로 1962년 이전에 저작자가 사망했다면 그 저작물의 저작권은 소멸했다고 보는 것이 맞습니다.
예를 들어, 1791년 사망한 모차르트의 저작권은 소멸하여 공유 저작물에 해당하므로 누구라도 모차르트의 곡을 직접 연주하고 녹음에 이용하는 등의 자유로운 이용이 가능합니다.
그러나 모차르트의 곡을 연주한 상업용 음반을 공연에 이용하기 위해서는 그 음반을 연주한 실연자와 음을 고정한 음반제작자에게 저작권과는 별개인 저작인접권에 대한 허락을 받아야 비로소 적법한 이용이 됩니다.
또한 「저작권법」 제14조 2항[148]에 따라 "저작자의 사망 후에

---

148) 「저작권법」 제14조(저작인격권의 일신전속성) ① 저작인격권은 저작자 일신에 전속한다.

그의 저작물을 이용하는 사람은 저작자가 생존하였더라도 저
작인격권의 침해가 될 행위를 해서는 아니 된다."는 점을 기억
하시기 바랍니다.

(14) 편집음반

「저작권법」 제52조(상업용 음반의 제작)

상업용 음반[149]이 우리나라에서 처음으로 판매되어 3년이 지난
경우 그 음반에 녹음된 저작물을 녹음하여 다른 상업용 음반을 제
작하려는 자가 그 저작재산권자와 협의가 성립되지 아니하는 때에
는 대통령령으로 정하는 바에 따라 문화체육관광부장관의 승인을
얻은 후 문화체육관광부장관이 정하는 기준에 따른 보상금을 해당
저작재산권자에게 지급하거나 공탁하고 다른 상업용 음반을 제작할
수 있다.

편집음반이란 여러 가수의 앨범 혹은 제목을 달리하는 복수의 음
반에 수록된 곡 중 일부 곡을 한 장의 음반에 모아 재제작하는 것을
말한다. 「저작권법」 제52조는 판매된 지 3년이 지난 상업용 음반에

---

② 저작자의 사망 후에 그의 저작물을 이용하는 자는 저작자가 생존했더라면 그 저작인격권의
침해가 될 행위를 하여서는 아니 된다. 다만, 그 행위의 성질 및 정도에 비추어 사회통념상 그 저
작자의 명예를 훼손하는 것이 아니라고 인정되는 경우에는 그러하지 아니하다.
149) 2016년 「저작권법」 개정 시까지는 판매용 음반이라 했고, "불특정 다수인에게 판매할 목적
으로 제작된 음반뿐만 아니라 어떠한 형태이든 판매를 통해 거래에 제공된 음반이 모두 포함되
는 것" / 현대백화점 사건, 대법원, 2015. 12. 10. 선고 2013다219616 판결.

삽입된 음악을 녹음하여 다른 상업용 음반을 만들고자 하나 저작재산권자가 정당한 이유 없이 이를 거부하고 협의가 불가능한 경우 해당 조항을 적용받을 수 있다. 한국저작권위원회에 이용하고자 하는 음악이 공표되었다는 사실과 협의가 불가능한 사유 등을 기재한 이용승인신청서를 제출하면 당해 권리자의 의견을 청취하고 관보 게재 절차를 필한 후 승인하게 된다. 승인을 받은 신청자는 일정한 보상금을 지급하거나 권리자가 지급받기를 거부 혹은 기타 사유로 지급이 불가능한 때에는 보상금에 준하는 금액을 법원에 공탁하고 저작물을 이용할 수 있다. 일종의 강제 허락이며 2008년에 현재의 내용으로 개정되었다.

그러나 현재의 「저작권법」 제52조(상업용 음반의 제작)는 편집음반과 관련된 다수의 분쟁 사례 이후 개정된 것으로, 향후 발생 가능한 분쟁을 사전 차단하는 데 목적이 있다. 법은 언제나 기술의 발전이나 변화무쌍한 시장의 상황을 뒤따라가는 경향이 있으므로 수긍할 수 있다.

참고로 2007년의 한국음악저작권협회와 ○○기획, ○○○미디어 간 '연가 편집음반' 및 '순애보 편집음반' 사건을 살펴본다. 이 사건은 편집음반과 관련된 대표적인 사건으로 ○○기획과 ○○○미디어가 작사, 작곡, 편곡자의 저작재산권을 양수한 한국음악저작권협회의 허락 없이 '연가 편집음반' 및 '순애보 편집음반'을 제작하고 발매한 사례이다. 음반제작자가 저작인접물인 음반을 복제·배포하기 위하여 음반에 수록된 저작물의 저작재산권자로부터 이용허락을 받아야 하는지 여부에 대한 판단이다.

'연가 편집음반' 및 '순애보 편집음반' 사건
(대법원 2007. 2. 22. 선고 2005다74894 판결)

"음반제작자의 저작인접권은 음을 음반에 맨 처음 고정시키는 행위를 통하여 생성된 음반에 관하여 발생하는 권리로서 작사자나 작곡자 등 저작자의 저작물에 관한 저작재산권과는 별개의 독립된 권리이기는 하나, 저작인접물인 음반의 복제·배포에는 필연적으로 그 음반에 수록된 저작물의 이용이 수반되므로, 음반제작자 자신도 그 저작물의 저작재산권자로부터 이용허락을 받지 않으면 그 음반을 복제·배포할 수 없다."

이를 요약하면 「저작권법」 제62조(저작권과의 관계)[150] "이 장 각 조의 규정은 저작권에 영향을 미치는 것으로 해석되어서는 아니 된다."는 규정을 근거로 별도의 저작인접권을 가진 음반제작자라 할지라도 편집음반을 제작하기 위해서는 저작권자(작사가, 작곡가, 편곡자)의 허락이 필수적이다. 이유는 편집음반이 시장에서 오리지널 음반을 대체할 가능성을 배제하기 어렵고, 그럴 경우 오리지널 음반제작자의 이익을 침해하는 결과로 이어질 것이 자명하므로 애초에 오리지널 음반의 저작물 사용에 대한 저작재산권자의 이용허락을 편집음반에도 확대 적용하는 것은 불가하기 때문이다.

이미 2002년 한국음악저작권협회와 주식회사 ○○디자인 간의

---

150) 「저작권법」 개정에 따라 현재는 「저작권법」 제65조에 규정되어 있다.

소송[151]에서 이와 유사한 판례가 있다. 적어도 우리 법원은 편집음반에 대해서는 오랜 기간 일관된 태도를 견지해 왔음을 알 수 있다.

편집음반의 계약관계 '○○디자인' 사건
(대법원 2002. 9. 24. 선고 2001다60682 판결)

"저작권법 제62조(저작권과의 관계)는 음반제작자 등의 저작인접권에 관한 규정이 저작권에 영향을 미치는 것으로 해석되어서는 아니된다고 규정하고 있고, 같은 법 제42조 제3항은 저작재산권자의 저작물 이용허락에 의하여 저작물을 이용할 수 있는 권리는 저작재산권자의 동의 없이 제3자에게 이를 양도할 수 없다고 규정하고 있는 점에 비추어 볼 때, ~ (중략) ~ 이용권을 제3자에게 양도할 수 있는 권한을 부여하였다는 등의 특별한 사정이 인정되지 않는 한, 음반제작자에 의하여 제작된 원반原盤 등 저작인접물에 수록된 내용 중 일부씩을 발췌하여 이른바 '편집앨범'을 제작하고자 하는 자는 그 음반제작자의 저작인접물에 대한 이용허락 이외에 저작권자로부터도 음악저작물에 대한 이용허락을 얻어야 한다."

이 사건은 주식회사 ○○디자인이 저작재산권자의 허락 없이 '너에게 들려주고 싶은 명곡 Ⅰ' 및 '너에게 들려주고 싶은 명곡 Ⅱ'라는 제목의 CD와 카세트테이프를 제작하여 이를 복제 및 판매한 사건이다.

---

151) 한국음악저작권협회(저작재산권자)의 허락 없이 편집음반을 제작 발매한 사안에서 저작권자의 이익에 대한 침해정지를 구한 소송이다.

이 사건은 이후 다수의 편집음반 관련 소송의 참고 판례로 활용된다.

(15) 저작자와 저작권자

「저작권법」 제45조(저작재산권의 양도)

① 저작재산권은 전부 또는 일부를 양도할 수 있다.

② 저작재산권의 전부를 양도하는 경우에 특약이 없는 때에는 제 22조에 따른 2차적저작물을 작성하여 이용할 권리는 포함되지 아니한 것으로 추정한다. 다만, 프로그램의 경우 특약이 없으면 2차적저작물작성권도 함께 양도된 것으로 추정한다.

창작성이 있는 저작물이 만들어지는 순간 '저작자'와 '저작권자'는 반드시 동일하다. 그러나 저작권의 양도, 상속, 승계, 질권 설정 등의 권리 이전을 통해 '저작자'와 '저작권자'가 달라진다. 또한 업무상저작물, 저작권 양도 조건부 특약이 있는 공모전에서의 당선작, 오로지 자신의 의사에 의하여 신탁관리업체에 저작재산권을 신탁[152]하는 경우 또는 당사자 간의 계약에 의해 저작권의 이전에 대한 약정을 한 경우에도 '저작자'와 '저작권자'는 달라질 수 있다.

'저작자'와 '저작권자'는 실로 엄청난 차이를 가진다. 따라서 '저작자'와 '저작권자'라는 용어를 사용할 때에는 신중을 기할 필요가 있다. '저작권

---

152) 저작권 신탁은 기본적으로 조건부 양도의 성격을 갖는다.

자'와 대비되는 개념으로서의 '저작자'는 실제로 저작물을 창작했으나, 권리가 이전되어 저작재산권을 보유하지 않은 이른바 '무권리자'이다. 이때의 '저작권자'는 실제로 창작을 했는지 여부와는 상관없이 저작권을 행사하여 얻을 수 있는 재산적 이익을 모두 향유할 수 있는 자이다. 하지만 다양한 경로를 통한 저작권의 이동으로 '저작자'와 '저작권자'가 분리되더라도 「저작권법」상 일신전속성인 저작인격권은 여전히 '저작자'에게 남아있다. 통상 '저작권자'는 저작재산권자를 의미하며, 저작재산권의 양도를 약정하는 문서에 '모든 저작재산권' 혹은 '저작재산권 일체' 등의 문구가 포함되었다 하더라도 '2차적저작물 작성권'은 특정하지 않으면 그 권리가 이전되지 않은 것으로 추정한다.

　　노벨문학상 수상자이자 포크음악계의 대부 밥 딜런은 자신이 지금까지 발표한 모든 곡의 판권[153]을 약 2,400억 원에 소니 뮤직에 양도했다. 또한 자신의 음악에 대한 저작권은 유니버설 뮤직에 양도한 바 있으며 양도의 대가는 약 5,000억 원으로 알려졌다. 이에 따라 소니 뮤직은 밥 딜런의 앨범 발매 및 재발매에 대한 복제권을 행사할 수 있게 되었고, 유니버설 뮤직은 광고, 라디오, 영화에 삽입되는 곡들에 대한 복제권과 전 세계 스트리밍을 통해 발생한 수익 등에 대한 저작권사용료의 보수청구권을 취득한 것이다. 이로써 밥 딜런은 저

---

153) 일명 마스터권이라고도 부르며, 레코딩에 대한 권리, 즉 음반제작자의 저작인접권이다. 우리나라와 달리 미국은 가창 및 연주 실연자의 저작인접권인 '실연권'도 '판권'에 포함되는 경우가 대부분이다.

작권 행사를 포기하는 대가로 '저작권자'에서 단순한 '저작자'로 남게 되었으며, 소니 뮤직과 유니버설 뮤직은 새롭게 저작권을 취득함으로 '저작권자'의 지위를 얻게 된 것이다.

이와 마찬가지로 국내에서 저작권자가 신탁관리단체[154]에 권리를 신탁하는 경우 그의 저작권은 저작권 신탁관리단체로 이전되며, 저작자는 저작재산권에 관해서 무권리자가 된다. 이때의 저작재산권자는 저작권 신탁관리단체가 되며, 당연히 보수청구권이나 소권 등을 저작권 신탁관리단체가 행사한다.

그러나 과거에는 이러한 신탁관리제도에 대한 이해 부족으로 신탁관리단체에 신탁으로 권리를 이전한 저작자가 사용자에게 이용허락을 한 사례가 다수 있었다. 또한 저작자의 권리를 이전받은 음악저작(인접)권 신탁관리단체에서 허락을 받지 않고 친분이 있는 저작자나 저작인접권자에게 허락을 받아 사용한 사용자로 인해 다수의 분쟁이 발생하기도 했다.

---

154) 음악 분야에는 (사)한국음악저작권협회, (사)함께하는음악저작인협회, (사)한국음악실연자연합회, (사)한국음반산업협회 등이 있다.

5

예술인 복지법

가. 개요

「예술인 복지법」은 예술인의 직업적 지위와 권리를 법으로 보호하며, 예술인 복지 지원을 통해 예술인들의 창작활동을 증진하고 예술 발전에 이바지하기 위해 2014년 3월 31일에 시행되었다. 예술인의 권리 보호보다는 복지에 초점을 맞춘 법이다.

> 「예술인 복지법」 제1조(목적)
>
> 이 법은 예술인의 직업적 지위와 권리를 법으로 보호하고, 예술인 복지 지원을 통하여 예술인들의 창작활동을 증진하고 예술 발전에 이바지하는 것을 목적으로 한다.

이 법에서 정의하는 예술인이란 "예술 활동을 업業으로 하여 국가를 문화적, 사회적, 경제적, 정치적으로 풍요롭게 만드는 데 공헌하는 사람으로서 문화예술 분야에서 창작, 실연實演, 기술지원 등의 활동을 하는 사람"[155]을 지칭하며, 음악 분야의 예술인도 당연히 포함된다.

「예술인 복지법」은 예술인의 지위와 우리 사회가 예술인에게 부여한 권리를 명시하고 있으며, 예술인의 복지 증진을 위한 근거와 예술인이 불공정한 계약에 노출되는 것을 방지하고자 한다.

「예술인 복지법」 제3조(예술인의 지위와 권리)

① 예술인은 문화국가 실현과 국민의 삶의 질 향상에 중요한 공헌을 하는 존재로서 정당한 존중을 받아야 한다.

② 모든 예술인은 인간의 존엄성 및 신체적·정신적 안정이 보장된 환경에서 예술 활동을 할 권리를 가진다.

③ 모든 예술인은 자유롭게 예술활동에 종사할 수 있는 권리가 있으며 예술활동의 성과를 통하여 정당한 정신적, 물질적 혜택을 누릴 권리가 있다.

④ 모든 예술인은 유형, 무형의 이익 제공이나 불이익의 위협을 통하여 불공정한 계약을 강요당하지 아니할 권리를 가진다.

「예술인 복지법」 제5조(표준계약서의 보급)

① 국가는 문화예술용역 관련 계약의 당사자가 대등한 입장에서 공정하게 계약을 체결할 수 있도록 문화예술 분야에 관한 표준계약서를 개발하고 이를 보급하여야 한다.

② 국가와 지방자치단체는 제1항에 따른 표준계약서를 사용하는 경우 「문화예술진흥법」 제16조에 따른 문화예술진흥기금 지원 등 문화예술 재정 지원에서 우대할 수 있다.

---

155) 「예술인 복지법」 제2조(정의)

③ 제1항에 따른 표준계약서의 내용 및 보급 방법 등에 관하여 필
요한 사항은 문화체육관광부령으로 정한다.

나. 예술인 복지재단

「예술인 복지법」은 예술인의 복지 증진을 위한 법으로 예술 행위 관
련 계약의 공정성 확보와 국가의 지원, 사회 일반의 인식 개선 등에
초점을 맞추고 있으며, 이 법의 목적을 달성하기 위해 예술인 복지재
단(이하 '재단')의 설립을 명시하고 있다.

재단에서는 예술활동증명을 통해 예술인의 복지 증진 제도를 운영
하고 있으며, 예술활동증명은 예술인 복지사업 신청을 위한 기본 절
차로서, 예술활동증명(일반), 신진예술인 예술활동증명, 예술활동증
명 특례 등 세 가지 종류가 있다. 이 중 한 가지를 선택하여 최근 일정
기간의 예술 활동, 혹은 예술 활동으로 얻어진 수입 등을 기준으로 신
청 자격이 주어진다.

총 11개 예술 분야에서 창작·실연·기술지원 및 기획의 형태로 활동
하는 예술인이 대상이며, 구체적으로 문학, 사진, 건축, 미술(미술일반,
디자인·공예, 전통미술), 국악, 무용, 연극, 음악(음악일반, 대중음악),
영화, 만화, 연예(방송, 공연)등이 포함된다. 예술 활동 유형 중 창작,
실연, 기술지원 및 기획 분야가 있다.

예술활동증명을 신청하기 위해서는 먼저 공개 발표된 예술 활동 증
빙 자료로 자신이 예술가임을 증명[156]해야 하며, 이를 토대로 심의를
거쳐야 한다. 심의를 통과하면 비로소 지원을 신청할 수 있는 자격이

주어지는데, 심의의 기준은 첫째, 예술 활동으로 인한 수입이 1년에 120만 원 이상이거나, 최근 3년 동안의 수입이 360만 원 이상이어야 하며, 최근 3년 동안 예술 활동으로 얻은 소득이 전체 소득의 50%를 넘는 경우이다. 둘째, 위의 기준에 미달하더라도 심의위원회의 특별 심의 과정을 거치는 방법이 있다.

공개 발표된 예술 활동 증빙 자료로 음악인이 지원을 신청할 수 있는 세부 기준[157]은 다음과 같다.

156) 「예술인 복지법」 제3조의2(예술 활동의 증명) ① 문화예술 분야에서 활동을 증명할 수 있는 사람은 다음 각 호의 어느 하나에 해당하는 사람으로서 제2항부터 제5항까지에 따른 절차 및 세부 기준 등에 따라 창작, 실연, 기술지원 등의 활동을 증명할 수 있는 사람을 말한다. 1.「저작권법」 제2조제1호 및 제25호에 따라 저작물을 공표한 사람 2. 예술 활동으로 얻은 소득이 있는 사람 3. 그 밖에 제1호 및 제2호에 준하는 예술 활동 실적이 있는 사람 ② 예술 활동 증명을 받으려는 사람은 예술 활동 증명 신청서에 제1항 각 호의 어느 하나에 해당하는 사람임을 입증할 수 있는 자료를 첨부하여 제8조에 따른 한국예술인복지재단 또는 지방자치단체가 출연·출자한 기관 중 대통령령으로 정하는 기관(이하 이 조에서 "기관등"이라 한다)에 제출하여야 한다.
157) 예술인 복지재단, http://www.kawf.kr/social/sub01_2.do

직업별 기준	**가창자, 연주자 아래 중 택 1** – 최근 5년 동안 3편 이상의 음악 · 국악 공연 혹은 텔레비전 · 라디오 프로그램 출연 – 최근 5년 동안 1장 이상의 음반 출반 – 작사(곡), 편곡가 최근 5년 동안 3곡 이상의 악곡을 작사(곡) 또는 편곡하여 음반이나 음악 · 국악 공연을 통해 발표하였거나 1권 이상의 작품집 출간 – 비평가 최근 5년 동안 3편 이상의 음악 · 국악 비평을 매체를 통해 발표하였거나 1권 이상의 비평집 출간 – 지휘자 최근 5년 동안 음악 · 국악 공연에서 3회 이상 지휘 – 기획, 기술지원 스태프 최근 5년 동안 3편 이상 음악 · 국악 공연 참여하였거나 3장 이상의 음반에 참여
세부 기준	**1편 또는 1곡 독립된 작품** – 동일명칭 공연이라도 최소 6개월 시차가 있을 경우 독립된 다른 작품으로 인정 – 경연대회(콩쿠르), 봉사활동, 축제, 행사 등의 공연은 원칙적으로 인정하지 않음 – 길거리 밴드나 직장 동아리 밴드의 활동은 인정하지 않음 – 수정 가능한 형태의 SNS 매체 자료는 인정하지 않음 – 얼굴이 나온 사진, 현장 활동 사진, 비표, 큐시트, 대본, 회의자료 등 임의자료는 인정하지 않음 – 교육 일환, 학위 관련 활동 관련의 경우 인정하지 않음 – 비대면 공연의 경우 선정 내역, 참여확인서, 예술활동 내역 등 증빙서류 추가 제출 – 1장 최소 3곡 이상의 악곡이 포함된 음반 (디지털 음반 포함, 반주 음악은 1곡으로 미인정) 유흥업소 공연은 음악 공연으로 미인정
자료	**공연(일반음악 · 국악)** ※ 자료 제출 시 유의사항 공연정보(공연명 · 세부장르 · 공연기간(연/월/일) · 공연장소 · 공연(프로그램)성격 및 주최 · 주관), 참여정보(신청자명, 신청자 역할 등)이 확인되는 자료가 필요합니다.

① 포스터, ② 리플릿(표지+내지) 등 2개 자료 제출 (출연계약서+수입증빙자료(출연료 등)로 대체 가능)

공연(대중음악)
※ 자료 제출 시 유의사항
공연정보(공연명 · 세부장르 · 공연기간(연/월/일) · 공연장소 · 공연(프로그램)성격 및 주최 · 주관), 참여정보(신청자명, 신청자 역할 등)가 확인되는 자료가 필요합니다.
① 포스터(또는 리플릿(표지+내지)), ② 출연계약서+수입증빙자료(출연료 등) 등 2개 자료 제출
- 공연일(연/월/일), 공연명, 참여자명, 참여자 역할이 확인되는 자료
- 출연계약서는 공연일(연/월/일), 공연명, 참여자명 및 역할이 확인되어야하며 계약주체가 모두 날인한 이미지 파일(JPG) 자료만 인정
- 수입증빙자료는 입금액, 입금자명, 입금날짜(연/월/일)가 기재된 부분의 통장사본 발췌 자료 첨부
- 언론매체 기사는 참고자료로 활용되며 제출할 경우 URL주소 포함하여 첨부
※ 행사, 축제성 자료를 제출하실 경우 출연 여부 확인을 위해 수입증빙자료(출연료 등) 필수 제출.
- 수입증빙자료 미제출 시 보완 요청 및 미완료 처리 될 수 있음.

음반
※ 자료 제출 시 유의사항
앨범정보(앨범명 · 세부장르 · 발표일자(연/월/일) · 발행처(제작사)), 참여정보(신청자명, 신청자 역할 등)이 확인되는 자료가 필요합니다.
① 앨범발행 포털자료(URL 포함)(앨범커버, 발행정보, 크레딧 확인 필요) 자료 제출 (저작권 등록 자료로 대체 가능)
- 음반명, 발매일(연/월/일), 참여자명 및 참여자 역할이 확인되는 자료

악곡(음원)
※ 자료 제출 시 유의사항

음원정보(앨범명 · 세부장르 · 발표일자(연/월/일) · 발행처
(제작사)), 참여정보(신청자명, 신청자 역할 등)이 확인되는
자료가 필요합니다.
① 스트리밍서비스 저작권 확인 캡처본 및 URL 자료 제출 (저
작권 등록 자료로 대체 가능)
- 저작물에 대한 원저작자의 사용 승인 혹은 허가를 입증할 수
  있는 서류* 함께 제출
  * 원저작자의 저작물사용승인서, 유통계약서 및 수입내역,
  저작인격권동의서 등
- 리메이크 제출 시 정량 앨범 실적 및 원저작자의 개작동의서
  등 함께 제출
- 저작물 사용 승인 및 허가 관련 발급 서류 제출이 어려울 경
  우 작품 등록 여부를 확인할 수 있는 발급 서류 등
- 다양한 예술활동 및 지속성 등을 확인할 수 있는 다년도 앨
  범 실적 등

음반
※ 자료 제출 시 유의사항
작품정보(작품명 · 세부장르 · 작품수록면 · 작품분량 · 성
격 등), 발행정보(발행처 · 발행일 · 국제표준자료번호(ISBN/
ISSN) 등), 참여정보(신청자명 · 신청자 역할) 등이 확인되는
자료가 필요합니다
① 표지+목차+발행정보면(발행처 · 발행일 · 국제표준자료번
호(ISBN/ISSN) 등), ② 작품 수록면(작품이 여러 면인 경우 일
부 발췌) 등 2개 자료 제출

**공통
사항**

※ 예명 활동의 경우, 실명과 예명이 병기된 날인된 계약서(확
  인서), 한국음악저작권협회(작사, 작곡, 편곡 등 창작자), 한
  국음악실연자연합회(가창, 실연자) 재적증명서 또는 인터
  넷 포털 인물정보 등 첨부
※ 기획 및 기술지원으로 참여한 경우, 창조력과 숙련도를 전
  제로 저작물 또는 저작물 공표에 상당한 예술적 기여를 하
  고 있음이 제출 자료를 통해 확인되어야 함

지원 사업의 상세 내역이다.

1) 예술인 패스

예술인 패스는 할인이 적용되어있는 전국의 박물관, 미술관, 공연장의 공연 및 전시 등을 할인된 가격으로 관람할 수 있는 예술인만을 위한 카드이다. 이 카드는 한 번이라도 예술활동증명을 완료한 예술인은 유효기간이 종료되더라도 발급이 가능하다.

2) 창작 준비금

창작 준비금 지원 사업은 두 가지로 나누어 시행 중이다. 첫 번째는 신진예술인의 자생력 확보와 전문 문화예술 생태계 진입 촉진을 위한 '신진예술인 창작준비금 지원 사업-창작씨앗'이다. 이 사업은 신청 자격[158]을 갖춘 신진예술인에게 평생 1회에 한하여 1인 200만 원을 지원하며, 2023년 기준 총 3천여 명이 지원받았다. 또 다른 하나는 기성 예술인의 지속적이고 안정적인 창작활동 환경 조성 및 동기 고취를 목적으로 신청 자격[159]을 갖춘 1인당 300만 원씩 격년 단위로 창작준비금을 지원하는 '창작준비금 지원 사업-창작디딤돌' 사업이다. 2023년 기준 총 2만여 명의 예술인이 이 사업에 선정되어 1인당 300만 원의 창작 준비금을 지원받았다.

3) 예술인 파견 지원 사업

재단은 표준계약서를 활용하여 계약을 체결하고 활동하는 예술인

---

158) 신청인(1인) 소득인정액이 120% 이내 예술인(장애 예술인 포함).
159) 신청인(1인) 소득인정액이 120% 이내 예술인(원로 및 장애 예술인 포함).

및 문화예술단체(사업자)를 지원한다. 공모를 통해 선정된 기업이나 기관, 마을 단위에 「예술인 복지법」상 예술활동증명을 완료한 예술인을 파견하여 다양한 예술 활동이 이루어질 수 있도록 돕는다. 리더 예술인에게 계약 기간 동안 월 140만 원을 지급하고, 참여 예술인에게 월 120만 원을 국고에서 지급하며, 주최 측에서는 인건비 부담 없이 프로젝트 진행을 위한 공간이나 재료비 등을 투입하면 된다.

4) 산재보험료 지원

재단은 예술인과 근로계약을 체결한 사업주와 예술인에게 납부의무가 부과된 4대 사회보험 중 예술인 산재보험의 보험료 일부를 지원한다. 산업재해보상보험은 업무상 발생한 근로자의 부상, 질병, 장해 또는 사망 등을 대비하여 국가가 관장하는 사회보험제도이다. 2012년 11월 「예술인 복지법」 시행 및 「산재보상보험법」 개정으로 프리랜서 예술인도 산재보험 가입이 가능하게 되었다.

5) 국민연금 보험료 지원 사업

이 사업은 표준계약서를 활용하여 계약을 체결하고 활동하는 예술인 및 문화예술단체(사업자)가 부담하는 사회 보험료의 일부를 재단이 지원하는 사업으로 표준계약(서면계약) 체결기간 동안 납부한 보험료의 30~50%를 지원한다.

6) 예술인 생활안정자금(융자)

이 사업은 예술인의 생활 향상을 위해 예술인 복지금고와 예술인

공제사업을 관리, 운영하는 예술인복지재단의 취약계층 예술인의 생활안정 지원 사업으로 「예술인 복지법」 제10조6에 근거를 둔다. 생활안정자금 대출은 결혼자금, 의료비, 부모 요양비, 장례비, 긴급 생활자금 등 예술인의 생활안정 기반 마련에 도움을 주기 위한 사업이다.

7) 예술인 전세자금 지원

이 사업은 예술인복지재단이 예술인들의 주거 안정을 위해 펼치는 사업으로 이 사업의 가장 중요한 점은 대출에 따른 1.95%의 낮은 이자율이다. 이 사업이 시작된 2019년 6월 이후 9천여 명이 이 사업의 혜택을 보았다는 사실은 이 사업이 예술인들에게 실질적 도움을 주고 있다는 것을 입증하는 지표가 될 수 있을 것이다. 전세자금 대출은 예술인들의 주거 안정에 도움을 주기 위한 사업으로, 「복권 및 복권 기금법」에 따라 기획재정부 복권위원회 복권기금을 재원으로 하고 있다.

8) 예술인 고용보험 지원

예술인과 예술인 고용 사업장이 공동으로 마련한 기금으로 실직 예술인의 생활 안정과 재취업을 지원하는 사회보험제도가 예술인 고용보험이다. 사업주가 예술인과 문화예술 용역 계약을 체결한 후 대상 예술인을 근로복지공단에 피보험자로 신고하면 예술인 고용보험에 가입되고, 일정 기간 보험료를 납부[160]하여 기준(피보험단위기간)을 충족하면 예술인이 비자발적 실업 상태일 때 '구직급여'를 받을 수 있으

---

160) 사업장과 예술인이 임금 대비 1.6%인 보험료를 각각 0.8%, 즉 반 씩 납부한다.

며, 여성인 경우는 출산(유산·사산 포함)으로 일을 하지 못하는 기간에 대한 급여를 받을 수 있다.

이 외에도 예술인복지재단은 공연예술인 시간제 보육 지원, 예술인 교육이용권 지원, 표준계약서 체결 예술인 사회보험료 지원, 계약 및 저작권 교육지원 사업 등을 시행 중이며, 예술인 신문고, 예술인 상담 컨설팅, 예술인 심리상담 등을 운영하고 있다.

참고로 보건복지부가 시행 중인 긴급복지지원제도와 국세청이 시행 중인 근로장려금 제도 역시 알아둘 필요가 있다. 먼저 보건복지부의 긴급복지지원제도는 갑작스러운 위기 상황으로 생계유지가 곤란한 저소득층에게 생계, 의료, 주거지원 등 필요한 복지서비스를 신속하게 지원하여 위기 상황에서 벗어날 수 있도록 도와주는 국가 차원의 복지서비스이다. 다음으로 국세청의 근로장려금 제도는 열심히 일하지만, 소득이 적어 생활이 어려운 가구에 대하여 가구원 구성과 총급여액 등에 따라 산정된 근로장려금을 지원함으로써, 근로를 장려하고 실질 소득을 지원하는 근로 연계형 소득 지원제도이다. 2015년부터는 예술인도 근로장려금 제도의 혜택을 받을 수 있으며, 거주자를 포함한 1세대의 가구원 구성에 따라 정한 부부 합산 총급여액 등을 기준으로 연간 70만 원에서 최대 210만 원까지 지급받을 수 있다.

6

문화예술진흥법

> 「문화예술진흥법」 제1조(목적)
>
>   이 법은 문화예술의 진흥을 위한 사업과 활동을 지원함으로써 전통문화예술을 계승하고 새로운 문화를 창조하여 민족문화 창달에 이바지함을 목적으로 한다.

「문화예술진흥법」은 2014년 7월 29일 제정되었다. 이 목적에는 문화예술 전반의 진흥, 즉 문화예술 자체와 문화산업에 대한 진흥이 내포되어 있는데, 문화예술의 진흥이란 곧 문화예술인들의 활동 영역이 늘어난다는 것과 같은 의미이다. 따라서 「문화예술진흥법」은 갈수록 그 파이를 키워가고 있는 문화산업의 육성과 지원을 통해 국민의 문화 향수 욕구를 충족하고, 문화예술인의 활동 증진과 더불어 음악과 음악 관련 산업의 동반 성장에도 커다란 기여를 하게 될 것이다. 지자체에서 각종 문화 행사를 치를 수 있도록 국가 예산을 지원하는 것도 바로 이 법이 있기에 가능하며, 현재 전국의 단위 지자체와 비영리

민간단체, 비영리 사단법인이 국가 예산을 지원받아 문화소외지역이나 문화 소외 계층을 대상으로 문화 격차 해소를 위한 각종 문화 행사를 개최하고 있다.

「문화예술진흥법」 제15조의3
(문화소외계층의 문화예술복지 증진 시책 강구)

　국가 및 지방자치단체는 경제적·사회적·지리적 제약 등으로 문화예술을 향유하지 못하고 있는 문화소외계층의 문화예술 향유 기회를 확대하고 문화예술 활동을 장려하기 위하여 필요한 시책을 강구하여야 한다.

아울러 「문화예술진흥법」은 "국가는 문화예술 진흥에 뚜렷한 공적이 있는 자와 대통령령으로 정하는 국제경연대회에서 입상한 자에게 장려금을 지급하거나 시상할 수 있다."[161]를 근거로 국위선양에 공이 있는 예술인들에게 포상을 한다. 포상이란 구체적으로 해외 콩쿠르에서의 입상이나 조수미, BTS 등과 같이 활동 그 자체로 대한민국의 국격 상승과 외화 획득에 기여하는 이들에게 정부가 훈장이나 병역면제 등과 같은 혜택을 부여하는 것이다.

---

161) 「문화예술진흥법」 제11조(장려금의 지급 등).

「문화예술진흥법」 제11조(장려금 지급 등)

① 국가는 문화예술 진흥에 뚜렷한 공적이 있는 자와 대통령령으로 정하는 국제경연대회에서 입상한 자에게 장려금을 지급하거나 시상할 수 있다.

② 제1항에도 불구하고 다음 각 호의 어느 하나에 해당하는 죄를 저지른 사람으로서 형 또는 치료감호를 선고받고 그 형 또는 치료감호가 확정된 사람에게는 제1항에 따른 장려금을 지급하거나 시상할 수 없다.

  1. 「성폭력범죄의 처벌 등에 관한 특례법」 제2조에 따른 성폭력범죄
  2. 「아동·청소년의 성보호에 관한 법률」 제2조제2호에 따른 아동·청소년대상 성범죄

7

문화산업진흥 기본법
(약칭: 문화산업법)

「문화산업진흥 기본법」(약칭: 문화산업법)은 "문화산업의 지원 및 육성에 필요한 사항을 정하여 문화산업 발전의 기반을 조성하고 경쟁력을 강화함으로써 국민의 문화적 삶의 질 향상과 국민경제의 발전에 이바지함을 목적"[162]으로 한 법률이다. 법률이 정의하는 문화산업의 범위와 문화산업 관련 종사자의 성질을 살펴본다.

「문화산업진흥 기본법」(약칭: 문화산업법) 제2조(정의)

이 법에서 사용하는 용어의 뜻은 다음과 같다.

1. "문화산업"이란 문화상품의 기획·개발·제작·생산·유통·소비 등과 이에 관련된 서비스를 하는 산업을 말하며, 다음 각 목의 어느 하나에 해당하는 것을 포함한다.

   가. 영화·비디오물과 관련된 산업

---

162) 「문화산업진흥 기본법」 제1조(목적).

나. 음악·게임과 관련된 산업

다. 출판·인쇄·정기간행물과 관련된 산업

라. 방송영상물과 관련된 산업

마. 「국가유산기본법」제3조에 따른 국가유산과 관련된 산업

바. 만화·캐릭터·애니메이션·에듀테인먼트·모바일문화콘
텐츠·디자인(산업디자인은 제외한다)·광고·공연·미술
품·공예품과 관련된 산업

사. 디지털문화콘텐츠, 사용자제작문화콘텐츠 및 멀티미디어
문화콘텐츠의 수집·가공·개발·제작·생산·저장·검색·유
통 등과 이에 관련된 서비스를 하는 산업

아. 대중문화예술산업

자. 전통적인 소재와 기법을 활용하여 상품의 생산과 유통이
이루어지는 산업으로서 의상, 조형물, 장식용품, 소품 및
생활용품 등과 관련된 산업

차. 문화상품을 대상으로 하는 전시회·박람회·견본시장 및 축
제 등과 관련된 산업. 다만, 「전시산업발전법」제2조제2호
의 전시회·박람회·견본시장과 관련된 산업은 제외한다.

카. 가목부터 차목까지의 규정에 해당하는 각 문화산업 중 둘
이상이 혼합된 산업

2. "문화상품"이란 예술성·창의성·오락성·여가성·대중성(이하
"문화적 요소"라 한다)이 내재되어 경제적 부가가치를 창출하
는 유형·무형의 재화(문화콘텐츠, 디지털문화콘텐츠 및 멀티
미디어문화콘텐츠를 포함한다)와 그 서비스 및 이들의 복합체
를 말한다.

(생략)

이 법은 「저작권법」을 비롯하여 「문화예술 진흥법」, 「공연법」, 「대중
문화예술산업발전법」(약칭: 대중문화산업법), 「콘텐츠산업 진흥법」

(약칭: 콘텐츠산업법) 등의 법률에 분산되어 있는 '문화산업'의 육성,
지원, 보호를 집약적으로 담고 있다.

8

대중문화예술산업발전법
(약칭: 대중문화산업법)

가. 개요

이 법은 대중문화예술산업의 육성, 진흥과 보호를 목적으로 2014년 7월 29일 정부 입법으로 제정된 법률로서 관련 사업자와 연예 지망생을 포함한 문화예술인의 인격적 및 경제적 보호, 그리고 국민의 삶의 질 향상 등을 위해 대중문화예술산업의 건강한 생태계 구축과 유지에 관한 내용을 담고 있다.

> 「대중문화예술산업발전법」 제1조(목적)
>
> 이 법은 대중문화예술산업의 기반을 조성하고 관련 사업자, 대중문화예술인 등에 관한 사항을 정함으로써 건전한 대중문화를 확립하고 국민의 문화적 삶의 질 향상에 이바지함을 목적으로 한다.

이 법은 대중문화의 특정 분야에 국한되지 않고, 대중문화예술산업계와 대중문화예술인의 지위에 관한 균형 유지와 국민의 생활 속에서 대중문화예술의 역할을 규정한다. 또한 대중문화산업계 내부에서의 계약의 중요성을 강조하고, 이를 위해 표준계약서 제정 및 보급을 국가의 의무로 하고 있다.

「대중문화예술산업발전법」 제7조(대중문화예술용역 관련 계약)

① 대중문화예술용역과 관련된 계약의 당사자는 대등한 입장에서 공정하게 계약을 체결하고, 신의에 따라 성실하게 계약을 이행하여야 한다.

② 제1항에 따른 계약의 당사자는 다음 각 호의 사항을 계약서에 명시하여야 하며, 서명 또는 기명·날인한 계약서를 서로 주고받아야 한다.

1. 계약 기간·갱신·변경 및 해제에 관한 사항
2. 계약 당사자의 권한 및 의무에 관한 사항
3. 대중문화예술용역의 범위 및 매체에 관한 사항
4. 대중문화예술인의 인성교육 및 정신건강 지원에 관한 사항
5. 상표권, 초상권, 콘텐츠 귀속에 관한 사항
6. 수익의 분배에 관한 사항
7. 분쟁해결에 관한 사항
8. 아동·청소년 대중문화예술인 보호에 관한 사항
9. 부속 합의에 관한 사항

③ 제8조에 따른 표준계약서를 사용하는 경우에는 제1항 및 제2항에 따라 계약을 체결한 것으로 본다.

「대중문화예술산업발전법」 제8조(표준계약서의 제정·보급)

① 문화체육관광부장관은 공정거래위원회와 협의하여 대중문화예술인과 대중문화예술사업자 사이 또는 서로 다른 대중문화예술사업자 사이의 대중문화예술용역과 관련된 표준계약서를 마련하고 사업자 및 사업자단체에 대하여 이를 보급하여야 한다.

> ② 문화체육관광부장관은 제1항에 따른 표준계약서를 사용하는
> 사업자 및 사업자단체에 대하여 대중문화예술산업에 관한 재
> 정지원(「문화산업진흥 기본법」 제8조 및 제9조에 따라 같은 법
> 상의 지원을 받은 투자조합의 문화산업에 관한 투자를 포함한
> 다)을 하는 경우 우대할 수 있다. 〈신설 2024. 10. 22.〉
> ③ 문화체육관광부장관은 제1항에 따른 표준계약서를 제정 또는
> 개정하는 경우에 관련 사업자단체 등 이해관계자와 전문가의
> 의견을 들어야 한다. 〈개정 2024. 10. 22.〉

특히 이 법에서 눈에 띠는 것은 제16조(금지행위)[163]로 한때 사회적 물의를 빚었던 일부 연예기획사의 부적절한 행위가 이 법의 제정에 적지 않은 영향을 끼쳤음을 미루어 짐작할 수 있으며, 청소년의 정신적, 육체적 발달을 위한 조치를 계약에 명시할 것을 강제한다.

> 「대중문화예술산업발전법」 제21조(청소년의 대중문화예술용역 제공)
> ① 대중문화예술사업자가 청소년 대중문화예술인과 계약을 체결

---

163) 「대중문화예술산업발전법」 제16조(금지행위) ① 대중문화예술사업자 또는 대중문화예술제작물 스태프는 그 직위를 이용하여 대중문화예술인에게 대중문화예술용역과 관련된 이익의 제공이나 약속 또는 불이익의 위협을 통하여 「성매매알선 등 행위의 처벌에 관한 법률」 제2조제1항제1호 각 목의 어느 하나에 해당하는 행위를 알선·권유 또는 유인하는 행위를 하여서는 아니 된다. ② 대중문화예술사업자 또는 대중문화예술제작물 스태프는 업무관계에서 폭행이나 협박으로 대중문화예술인에게 「성매매알선 등 행위의 처벌에 관한 법률」 제2조제1항제1호 각 목의 어느 하나에 해당하는 행위를 강요하여서는 아니 된다.

하는 경우 그 대중문화예술인의 신체적·정신적 건강, 학습권,
인격권, 수면권, 휴식권, 자유선택권 등 기본적 인권을 보장하
는 조치를 계약에 포함하여야 한다.
② 대중문화예술사업자는 청소년 대중문화예술인에게 과다한 노
출행위나 지나치게 선정적인 표현행위를 강요하여서는 아니 된다.

나. 대중문화예술기획업

이 법은 과거 일부 연예기획사의 부적절한 행위의 재연 방지 목적으
로 40시간의 교육만 이수하면 기획사를 차릴 수 있던 종래의 관행을
바꾸어 대중문화예술기획업의 등록을 의무화했다.

「대중문화예술산업발전법」 제26조(대중문화예술기획업의 등록)
① 대중문화예술기획업을 하려는 자는 문화체육관광부장관에게
등록하여야 한다. 이 경우 등록한 사항을 변경할 경우에도 또
한 같다.
② 제1항에 따른 등록을 하려는 자는 다음 각 호의 요건을 갖추어
야 한다.
1. 다음 각 목의 어느 하나에 해당하는 요건을 갖출 것. 다만,
법인의 경우에는 임원 1명 이상이 이에 해당하여야 한다.
가. 대중문화예술기획업에서 2년 이상 종사한 경력
나. 문화체육관광부령으로 정하는 시설에서 실시하는 대중
문화예술 기획업 관련 교육과정의 이수
2. 독립한 사무소

③ 제1항에 따른 등록 또는 변경등록을 하려는 자는 다음 각 호의
  서류를 제출하여야 한다.
  1. 문화체육관광부령으로 정하는 등록신청서 또는 변경등록신
     청서
  2. 법인등기부등본(법인인 경우에 한정한다)
  3. 사업자 등록증 사본
  4. 제2항에서 정한 사항을 증빙하는 서류

이 법은 대중문화를 견인하는 대중문화산업에 특화된 법률로서 대중문화예술기획업, 대중문화예술제작업 및 대중문화예술산업의 공정한 영업질서 조성 등을 위한 산업 관련 조항을 담고 있다. 특히 이 법을 근거로 설립된 대중문화예술지원센터는 한국콘텐츠진흥원 소속기관으로 대중문화예술산업 종사자들의 권익과 활동을 지원하기 위한 사업을 수행한다. 구체적으로는 대중문화예술인과 기획사의 연습생, 아역배우 등 청소년 대중문화예술인의 보호, 대중문화예술기획업의 등록 및 운영, 지원센터 운영을 통한 대중문화예술인과 대중문화예술제작물스태프 및 기타 대중문화예술기획업 종사자의 권익 보호를 담당하고 있다.

"「대중문화예술산업발전법」(약칭: 대중문화산업법) 제17조(지원센터)

① 문화체육관광부장관은 대중문화예술인, 대중문화예술제작물 스태프 및 대중문화예술기획업 종사자의 권익보호를 위한 지원센터(이하 "지원센터"라 한다)를 설치할 수 있다.

② 지원센터는 다음 각 호의 업무를 한다. 〈개정 2021. 6. 15.〉

1. 실태 및 권익보호를 위한 국내외 제도조사

2. 불공정거래, 폭력 등 피해 상담 및 법률적 지원

3. 성폭력 등의 방지를 위한 긴급전화센터 연계 및 지원

4. 권익보호를 위한 교육 프로그램 운영

4의2. 자살 예방 및 정신건강 교육 지원

한편 이 법은 대중문화예술인이 제공하는 예술용역에 의해 영위되는 대중문화예술산업을 구체적으로 열거하고 있다.

「대중문화예술산업발전법」(약칭: 대중문화산업법) 제2조(정의)

이 법에서 사용하는 용어의 뜻은 다음과 같다.

1. "대중문화예술산업"이란 대중문화예술인이 제공하는 대중문화예술용역을 이용하여 방송영상물·영화·비디오물·공연물·음반·음악파일·음악영상물·음악 영상파일 등(이하 "대중문화예술제작물"이라 한다)을 제작하거나 대중문화예술제작물의 제작을 위하여 대중문화예술인의 대중문화예술용역 제공을 알선·기획·관리 등을 하는 산업으로서 대통령령으로 정하는 산업을 말한다.

2. "대중문화예술용역"이란 대중문화예술산업에서 연기·무
   용·연주·가창·낭독, 그 밖의 예능과 관련한 용역을 말한다.

3. "대중문화예술인"이란 대중문화예술용역을 제공하는 사람 또
   는 대중문화예술용역을 제공할 의사를 가지고 대중문화예술
   사업자와 대중문화예술용역과 관련된 계약을 맺은 사람을 말
   한다.

4. "대중문화예술제작업"이란 대중문화예술용역을 이용하여 대
   중문화예술제작물을 제작하는 영업을 말한다. 이 경우 대중문
   화예술제작물이 1회 이상의 도급에 따라 제작되는 경우에는
   상위 수급인(도급인을 포함한다)의 영업을 포함한다.

5. "대중문화예술제작업자"란 대중문화예술제작업을 하는 자를
   말한다.

6. "대중문화예술기획업"이란 대중문화예술인의 대중문화예술용
   역을 제공 또는 알선하거나 이를 위하여 대중문화예술인에 대
   한 훈련·지도·상담 등을 하는 영업을 말한다.

7. "대중문화예술기획업자"란 대중문화예술기획업을 하기 위하여
   제26조제1항에 따라 등록을 한 자를 말한다.

8. "대중문화예술사업자"란 대중문화예술제작업 또는 대중문화
   예술기획업을 하는 자를 말한다.

특히 이 법은 국무회의 의결과 시행규칙이 2015년 7월 29일부터 발
효됨에 따라 대중문화예술기획업(연예기획사, 매니지먼트사, 캐스팅디
렉터, 공연알선업자 등)을 하려는 자는 반드시 법에서 정한 요건에 따
라 등록요건을 갖추어 정부에 등록할 것을 의무화하고 있다.[164] 만약
이 법의 제26조(대중문화예술기획업의 등록) 제1항을 위반하여 미등
록 기획사를 운영하는 경우, 2년 이하의 징역 또는 2천만 원 이하의

벌금에 처해질 수 있고 동조 제2항이 정한 등록 기준을 갖추지 않고
영업을 한 경우는 1천만 원 이하의 과태료를 부과하도록 하고 있다.
이 경우 처벌은 미등록 기획사의 대표에게 해당될 뿐 소속 예술인에
게는 해당되지 않지만 이로 인한 예술인의 활동에 지장이 초래될 것
은 자명하다.

---

164) 「대중문화예술산업발전법」(약칭:대중문화산업법) 제26조(대중문화예술기획업의 등록) 대
중문화예술기획업을 하려는 자는 문화체육관광부장관에게 등록하여야 한다.

음악산업진흥에 관한 법률
(약칭: 음악산업법)

「음악산업진흥에 관한 법률」(약칭: 음악산업법)은 다양한 문화산업 가운데에서 음악산업만을 위해 제정된 법률이다.

「음악산업진흥에 관한 법률」(약칭: 음악산업법) 제1조(목적)

이 법은 음악산업의 진흥에 필요한 사항을 정하여 관련 산업의 발전을 촉진함으로써 국민의 문화적 삶의 질을 높이고 국민경제의 발전에 이바지함을 목적으로 한다.

이 법의 제2조는 '음악'을 비롯하여 '창작·공연·교육'에서부터 '노래연습장업'까지 이 법에서 사용하고 있는 용어의 정의를 명시하고 있다. 용어의 정의만 보더라도 이 법이 다수의 문화예술 관련 법 중 음악산업을 가장 집중적으로 다루고 있는 법률이라는 점을 알 수 있다.

「음악산업진흥에 관한 법률」(약칭: 음악산업법) 제2조(정의)

이 법에서 사용하는 용어의 정의는 다음과 같다.

1. "음악"이라 함은 소리를 소재로 박자·선율·화성·음색 등을 일정한 법칙과 형식으로 종합하여 사상과 감정을 나타낸 것을 말한다.

2. "음악산업"이라 함은 음악의 창작·공연·교육, 음반·음악파일·음악영상물·음악영상파일의 제작·유통·수출·수입, 악기·음향기기 제조 및 노래연습장업 등과 이와 관련된 산업을 말한다.

3. "음원"이라 함은 음 또는 음의 표현으로서 유형물에 고정시킬 수 있거나 전자적 형태로 수록할 수 있는 것을 말한다.

4. "음반"이라 함은 음원이 유형물에 고정되어 재생하여 들을 수 있도록 제작된 것을 말한다.

5. "음악파일"이라 함은 음원이 복제·전송·송신·수신될 수 있도록 전자적 형태로 제작되거나 전자적 기기에 수록된 것을 말한다.

6. "음악영상물"이라 함은 음원의 내용을 표현하기 위하여 해당 음원에 영상이 포함되어 제작된 것을 말하며 음악의 실연實演에 대한 영상물을 포함한다.

7. "음악영상파일"이라 함은 음악영상물이 복제·전송·송신·수신될 수 있도록 전자적 형태로 제작되거나 전자적 기기에 수록된 것을 말한다.

8. "음반·음악영상물제작업"이라 함은 음반, 음악파일, 음악영상물, 음악영상파일(이하 "음반등"이라 한다)을 기획제작하거나 복제제작하는 영업을 말한다.

9. "음반·음악영상물배급업"이라 함은 음반 등을 수입(원판수입을 포함한다)하거나 그 저작권을 소유·관리하여 음반·음악영상물판매업자 또는 온라인음악서비스제공업자에게 공급하는 영업을 말한다.

10. "음반·음악영상물판매업"이라 함은 음반 및 음악영상물을 소
비자에게 직접 판매하는 영업을 말한다.
11. "온라인음악서비스제공업"이라 함은 「정보통신망 이용촉진
및 정보보호 등에 관한 법률」 제2조제1항제1호의 규정에 따른
정보통신망을 이용하여 음악파일·음악영상파일을 소비자의
이용에 제공하는 영업을 말한다.
12. "식별표시"라 함은 음반등의 유통통계·검색·검증 등에 활용
하기 위하여 「콘텐츠산업 진흥법」 제23조에 따라 문화체육관
광부장관이 음반 등에 부여한 식별번호·기호 등을 말한다.
13. "노래연습장업"이라 함은 연주자를 두지 아니하고 반주에 맞
추어 노래를 부를 수 있도록 하는 영상 또는 무영상 반주장치
등의 시설을 갖추고 공중의 이용에 제공하는 영업을 말한다.
14. "청소년"이라 함은 18세 미만의 사람(「초·중등교육법」 제2조
에 따른 고등학교에 재학 중인 학생을 포함한다)을 말한다.

문화체육관광부는 음악산업을 아래와 같이 구체적으로 구분 및 정
의한다.

음악 제작업 : 음악 기획 및 제작업, 음반녹음시설 운영업

음악 및 오디오물 출판업 : 음악 오디오물 출판업, 기타 오디오물 제
작업

음악복제 및 배급업 : 음반 복제업, 음반 배급업

음반 도소매업 : 음반 도매업, 음반 소매업

온라인 음악 유통업 : 인터넷/모바일 음악 서비스업, 음원 대리 중개
업, 인터넷/모바일 음악 콘텐츠 제작 및 제공업(CP)

음악 공연업 : 음악 공연 기획 및 제작업, 기타 음악 공연 서비스업

및 노래연습장 운영업

　문화체육관광부의 음악산업에 대한 정의는 음악과 관련한 시설, 시설 운영, 제작, 유통, 서비스 등 기능적 직종은 모두 포함하고 있지만 「음악산업법」에서는 '음악의 창작'으로 발생하는 저작권 시장은 산업의 범위에 포함하지 않는다. 다만 "문화체육관광부 장관은 음반 등의 창작활동을 보호하고 육성하기 위하여 음반 등의 지식재산권 보호시책을 강구하여야 한다."[165]는 포괄적인 표현을 사용한다. 이는 저작권을 산업으로 보는 대신 저작권자 개개인의 권리행사로 보는 경향이 짙은 것으로 추정된다. 이 같은 사실은 기획, 제작, 유통 등의 형태에 따른 중분류 7개와 소분류 16개로 구성된 국내 음악산업 분류표에서도 확인이 가능하다.

　이는 저작(인접)권자가 음악산업 내의 수익선, 즉 권리가 미치는 업종 군##으로부터 저작권 사용료에 해당하는 수익을 창출하는데도 불구하고 음악산업의 범주 안에 포함하고 있지 않은 것이다. 더욱이 음악 저작(인접)권자를 대리하여 권리를 행사하는 수단, 즉 저작권신탁관리단체 역시 음악산업에 포함되어 있지 않아 국내의 음악산업 전체에서 저작권자가 차지하는 기여도 및 저작권 사용료의 적정성 여부를 따질 수 있는 구체적 지표가 존재하지 않는다.

---

165) 「음악산업진흥에 관한 법률」(약칭: 음악산업법) 제14조(지식재산권의 보호).

「음악산업진흥에 관한 법률」(약칭: 음악산업법) 제4조
(창업 및 제작 등의 지원)

① 문화체육관광부장관은 음악산업에 관한 창업을 활성화하고 창업자의 안정적인 성장·발전을 위하여 필요한 지원을 할 수 있다.

② 문화체육관광부장관은 음악산업의 경쟁력을 강화하고 우수 음악상품의 개발을 촉진하기 위하여 음악창작자 및 음반·음악영상물제작자에게 필요한 재원의 전부 또는 일부를 융자하거나 그 밖의 지원을 할 수 있다.

이 법은 문화체육관광부 장관으로 하여금 음악산업의 경쟁력 강화 및 우수 음악상품의 개발 촉진을 위하여 다양한 지원을 할 수 있도록 했다. 음악 창작자를 비롯한 음반·음악 영상물 제작자에게 필요한 재원의 전부 또는 일부를 융자하거나 필요한 지원, 특히 음악산업에 관한 창업 활성화 및 창업자의 안정적인 성장·발전을 위하여 필요한 지원을 할 수 있도록 했으며, 아울러 음악 공연 및 음반 등의 해외시장 진출 활성화, 음반 등의 지식재산권 보호와 이용자의 권익 보호를 위한 시책 강구, 노래연습장업을 비롯한 음악 영상물 제작업 등의 관리 감독 등의 의무를 담고 있다.

콘텐츠산업 진흥법

「콘텐츠산업 진흥법」은 "콘텐츠산업의 진흥에 필요한 사항을 정함으로써 콘텐츠산업의 기반을 조성하고, 그 경쟁력을 강화하여 국민생활의 향상과 국민경제의 건전한 발전에 이바지함을 목적"[166]으로 한다. 그렇다면 '콘텐츠'는 과연 무엇을 지칭하는 용어인가?

표준국어대사전에서 '콘텐츠'는 "정보·통신 인터넷이나 컴퓨터 통신 등을 통하여 제공되는 각종 정보나 그 내용물. 유·무선 전기 통신망에서 사용하기 위하여 문자·부호·음성·음향·이미지·영상 등을 디지털 방식으로 제작해 처리·유통하는 각종 정보 또는 그 내용물을 통틀어 이른다."[167]로 풀이한다. '문화 콘텐츠산업'은 "매체를 통하여 제공되는 각종 문화 정보나 그 내용물을 생산하고 유통하는 산업을 통틀어 이르는 말"이며, '디지털 콘텐츠산업'은 "영화나 광고 따위에 이용할 특수 편집 영상이나 컴퓨터 그래픽, 디지털 영화, 애니메이션,

---

166) 「콘텐츠산업 진흥법」 제1조(목적).
167) 국립국어원, 표준국어대사전, "콘텐츠", https://stdict.korean.go.kr/

컴퓨터, 비디오, 모바일, 온라인 등 다양한 플랫폼을 위한 게임 콘텐츠, 사이버 캐릭터, 전시 영상, 웹 콘텐츠 따위를 생산하는 산업"이라한다.

또한 「콘텐츠산업 진흥법」 제2조(정의)에 의하면 '콘텐츠산업'이란 이른바 '문화 산업'과 유사한 개념일 뿐 아니라 특히 용어에 있어 「저작권법」의 기준을 상당 부분 수용하는 것으로 보여 '콘텐츠산업'을 '저작권 산업'으로 더 나아가 '문화 산업'으로 불러도 큰 오해는 없을 듯하다. 특히 동조 1항 4호 "콘텐츠 제작'이란 창작·기획·개발·생산 등을 통하여 콘텐츠를 만드는 것을 말하며, 이를 전자적인 형태로 변환하거나 처리하는 것을 포함한다."라는 조항은 「저작권법」 상 음반제작자의 정의와도 그 맥이 통한다.

「콘텐츠산업 진흥법」 제2조(정의)

① 이 법에서 사용하는 용어의 뜻은 다음과 같다.

  1. "콘텐츠"란 부호·문자·도형·색채·음성·음향·이미지 및 영상 등(이들의 복합체를 포함한다)의 자료 또는 정보를 말한다.

  2. "콘텐츠산업"이란 경제적 부가가치를 창출하는 콘텐츠 또는 이를 제공하는 서비스(이들의 복합체를 포함한다)의 제작·유통·이용 등과 관련한 산업을 말한다.

  3. "콘텐츠제작"이란 창작·기획·개발·생산 등을 통하여 콘텐츠를 만드는 것을 말하며, 이를 전자적인 형태로 변환하거나 처리하는 것을 포함한다.

  4. "콘텐츠제작자"란 콘텐츠의 제작에 있어 그 과정의 전체를

기획하고 책임을 지는 자(이 자로부터 적법하게 그 지위를
양수한 자를 포함한다)를 말한다.
5. "콘텐츠사업자"란 콘텐츠의 제작·유통 등과 관련된 경제활
동을 영위하는 자를 말한다.
6. "이용자"란 콘텐츠사업자가 제공하는 콘텐츠를 이용하는
자를 말한다.
7. "기술적보호조치"란 콘텐츠제작자의 이익의 침해를 효과적
으로 방지하기 위하여 콘텐츠에 적용하는 기술 또는 장치를
말한다.
② 이 법에서 사용하는 용어의 뜻은 제1항에서 정하는 것을 제외
하고는 「저작권법」에서 정하는 바에 따른다. 이 경우 "저작물"
은 "콘텐츠"로 본다.

이 법은 겉보기에는 「문화산업진흥 기본법」이나 「대중문화산업발전
법」과도 유사한 면이 있는 것으로 보인다.

「콘텐츠산업 진흥법」 제4조(다른 법률과의 관계)
① 이 법은 콘텐츠산업 진흥에 관하여 「문화산업진흥 기본법」에
우선하여 적용한다.
② 콘텐츠제작자가 「저작권법」의 보호를 받는 경우에는 같은 법을
이 법에 우선하여 적용한다.

결과적으로 이 법은 시대 변화에 따른 최근의 문화적 흐름을 반영
한 것으로 보이며 「저작권법」과는 상호 보완적 기능을 하는 법으로
이해된다.

11

계약법

가. 개요

「계약법」은 「민법」을 구성하는 다섯 가지 요소 중 하나로 계약의 기본 원칙은 '계약 체결의 자유', '상대방 선택의 자유', '내용 결정의 자유', '방식의 자유'이다. '소유권 절대의 원칙', '과실 책임의 원칙'과 함께 근대 사법의 3대 원칙을 이루는 '계약 자유의 원칙'을 구성한다.

그러나 상호간에 주고받는 약속은 반드시 지켜져야 한다는 「계약법」의 기본에도 불구하고 1. 계약을 만들었을 당시부터 불법인 계약, 2. 처음에는 합법적인 계약이었으나 근본적으로 공정하지 않거나 공공정책에 어긋나는 등 근본적인 원칙에 반하여 법원이 무효를 선언한 경우, 3. 법이 바뀌었거나 정부정책이 바뀌어 무효가 된 경우는 계약 체결 이후 어느 일방이 계약의 무효를 선언할 수 있다.

또한 1. 계약의 전제가 되는 중요한 사항을 미리 밝히지 않았을 경우, 2. 의도적으로 거짓을 통해서 계약을 하게 된 경우, 3. 상호간에 실수가 있었을 경우, 4. 계약이 자유의지에 따라 이루어지지 않았거나, 한쪽 계약 당사자의 부당한 영향력을 이용하여 계약이 이루어졌을 경우,

5. 한쪽의 계약 당사자가 계약조건의 중대한 위반을 했을 경우에는 계약 자체는 무효가 아니고 법적인 효력은 있으나 후에 취소될 수 있도록 하고 있다.

계약이 체결되면 양 당사자는 권리와 의무를 나누어지게 되며, 이를 채권과 채무로 해석하기도 한다. 계약은 둘 이상의 당사자의 합의에 의해 성립하는 것이다. 그러나 우리 「계약법」은 기존 계약의 효과를 소급하여 무효화하는 '해제'와 기존 계약은 유효한 상태에서 장래의 계약을 소멸시키는 '해지'의 경우를 적시하고 있다. 이유는 계약으로 인해 당사자가 입을 수 있는 손해를 예방하기 위함이다.

문화예술계의 대표적 불공정 계약 사례로는 만화 '검정 고무신' 사건이 있다. 이 사건은 만화 작가가 스스로 세상을 등진 사건으로, 문화체육관광부가 직권으로 특별조사팀을 꾸려 작가와 출판사 간 계약[168]에 대해 면밀한 검토를 했다. 그 결과 신고인(작가 측)이 2008년 사업권 설정계약서 제6조에 근거하여 모호한 계약 내용의 변경을 수차례 피신고인(출판사 측)에게 요구했으나, 피신고인이 협의에 전혀 응하지 않은 사실도 확인했다. 이에 따라 신고인은 지속해서 불리한 수익 배분을 받게 되었으므로 문체부는 협의에 전혀 응하지 않은 피신고인의 행위가 "거래조건의 이행 과정에서 신고인에게 그 밖에 불이익을 주는 행위"[169]에 해당하여 「예술인의 지위와 권리의 보장에 관한 법률」(약칭 예술인권리보장법)이 금지한 불공정행위에 해당한다."라고 결론

---

168) 2008년 당사자 간 사적으로 체결한 '사업권 설정계약서'.
169) 「예술인권리보장법」 제13조(불공정행위의 금지) 제1항 제5호.

지었다. 예술인이 스스로를 지키기 위한 최소한의 상식이 여기에 있음을 확인할 수 있다.

계약의 일반적 구성

- 계약의 목적
- 계약의 대상
- 양도/이용허락 기간
- 양도인·양수인/권리자·이용자의 의무
- 확인 및 보증
- 계약내용의 변경
- 계약의 해지 및 해제
- 비용의 부담
- 분쟁해결
- 비밀유지
- 기타 부속 합의
- 계약의 해석 및 보완
- 계약 효력 발생일

계약이 분쟁의 예방 혹은 해결의 가이드라인 역할을 하려면 제3자가 봐도 이해할 수 있게 작성되어야 한다. 스스로 이해할 수 있는 계약서가 가장 좋은 계약서이고, 간단한 계약서는 법적 해석이 어려울 수 있으므로 자세할수록 좋은 계약서라 할 수 있다. 계약서가 중요한 이유는 분쟁을 예방할 수 있기 때문이다.

또한 본 계약서 외에도 발생할 수 있는 분쟁에 대비해 계약서 체결 전후 스케줄, 관련 메모, 일기장, 증빙서류, 특히 주고받은 이메일이나 문자 등을 잘 보관하고 계약 기간 중 계약 내용의 이행과 관련한 입금증, 영수증, 일정표 등을 꼼꼼이 챙겨야 한다. 부속계약서 혹은 부속합의서를 작성했다면 작성하게 된 동기 및 이유, 양자 간 나눈 대화의 내용 및 동의 여부에 대한 증빙 등 관련 서류를 잘 보관해야 한다. "진짜 잘 쓴 계약서는 내게 유리한 계약서다. 공평한 계약서[Fair Contract]는 없다."는 경고를 기억하기 바란다.

나. 계약자유의 원칙

"「대한민국헌법」 제10조는 행복을 추구할 권리를 보장하고 있는 바, 행복추구권 속에는 일반적 행동자유권이 들어 있고 이 일반적 행동자유권으로부터 계약의 자유가 파생된다."[170] 따라서 계약의 자유 원칙에 입각하여 계약 당사자 간 계약의 자유의 원칙에 따라 계약의 체결, 계약의 방식, 계약의 내용을 자유롭게 정할 수 있다.

다. 불공정약관조항에 대한 심사청구

만화 '검정 고무신' 사건조사를 담당한 문체부 특별조사 결과를 예로 든다. 문체부는 "피신고인, 즉 작가의 반대편에 있는 출판사가 만화 검정고무신 저작권자와 2008년 6월 체결한 사업권 설정계약서의 해석을 근거로 신고인에게 투자 수익을 배분하지 않았음을 확인했다."며 "애니메이션에서 파생되는 투자 수익도 저작권자들 간 배분되어야 할 수익으로 보는 것이 사업권 설정계약서의 합리적 해석"이라며, "피신

---

170) 헌법재판소, 1991. 6. 3. 선고 89헌마204; 헌법재판소, 1998. 10. 29. 선고 97헌마345.

고인이 지속해서 투자 수익 배분을 거부한 것은 「예술인권리보장법」 제13조 제1항 제2호[171]를 위반한 불공정행위에 해당한다."고 판단했다. 이처럼 표준계약서를 사용하지 않은 일반계약서에 불공정 약관 조항이 포함된 경우 계약 당사자의 어느 일방은 공정거래위원회에 불공정 약관 심사청구를 할 수 있다.[172]

라. 거래상 지위 남용에 대한 구제

"거래상 우월적 지위를 가진 사업자가 그 지위를 남용하여 거래상대방의 자유로운 의사결정을 침해해 거래상 불이익을 주는 행위"[173]를 말하며 사업자의 거래상 지위 남용이 있다고 인정될 때에는 당사자를 비롯하여 누구든지 그 사실을 공정거래위원회에 신고하여 부당함을 호소할 수 있다. 또한 "사업자 또는 사업자단체는 공정거래위원회에 공정경쟁규약이 제1항 제4호를 위반하는지에 대한 심사를 요청할 수 있다."[174]

우리나라의 국민 정서는 대개 문서로서 상호간의 권리와 의무에 대한 범위를 정하는 계약에 약하다는 특성을 보인다. 계약서를 작성하는 행위가 서로 간 얼굴을 붉혀야 하는 것으로 인식하고 설사 계약서를 작성한다 하더라도 자기의 주관을 분명히 밝히지 못하는 경우가

---

171) "예술인에게 적정한 수익배분을 거부·지연·제한하는 행위".

172) 「약관의 규제에 관한 법률」 제19조.

173) 「독점규제 및 공정거래에 관한 법률」 제45조 제1항 제6호.

174) 「독점규제 및 공정거래에 관한 법률」 제45조 제8항.

다반사다. 심지어 어느 일방이 현저히 낮은 지위에 있거나 피치 못할 사정이 있는 경우는 대개 불공정한 합의로서 계약을 체결하는 경우가 많다. 특히 논리적 사고가 뒷받침되어야 하는 계약에 있어서는 예술인들의 감성적 사고방식이 때때로 치명적 약점으로 작용하기도 한다.

마. 음악인과 계약

문화산업은 계약의 중요성이 대단히 강조되는 영역으로 흔히 문서 집약적 업무Document Intensive Business라고도 한다. 문화산업에서 계약이 중요시되는 이유는 음악의 전달 매체가 LP, 카세트테이프에서 CD로 이전되듯, 기술 발달로 인해 문화의 소비 수단이 오프라인에서 온라인 및 모바일 등으로 옮겨가는 등 환경 변화에 대한 사전 대비가 쉽지 않기 때문이다. 또한, 다양한 이용 형태에 따른 권리행사의 가변성 및 불공정 계약과 성문법 방식의 계약 형태로 인한 용어나 단어의 해석 차이 등이 상존하는 것도 계약의 중요성을 더한다.

계약을 통해 음악인이 가질 수 있는 권리는 해당 계약의 목적에 따라 다양한 형태로 구분된다. 방송, 광고, 공연 등에 출연하는 경우는 대부분 음악인이 '을'의 위치에 놓이지만 집중관리단체에 권리를 신탁하거나 개별적으로 사용허락을 하는 경우에는 '갑'의 지위를 갖게 된다. 따라서 계약은 음악인에게 매우 중대한 경제 활동의 근거와 권리를 부여하는 절차인 만큼 신중한 접근과 검토를 필요로 한다. 계약이란 상호 간의 협의를 통해 상생을 도모하고 궁극적으로 이익의 극대화와 지속 가능한 이익 구조를 담보하기 위한 수단이 되어야 비로소 양자 간의 관계를 지속시킬 수 있으며, 아름다운 결말을 기대할 수도 있기 때문이다.

계약을 체결하기 위해서는 살펴보아야 할 부분이 의외로 많다. 다행히 문화체육관광부와 법무부, 공정거래위원회가 중심이 되어 「약관[175]의 규제에 관한 법률」을 근거로 대중문화예술인의 권리 보호를 위한 표준계약서를 제정 및 공시하고 사용을 권장하고 있어 예술인들이 안심하고 계약을 체결할 수 있도록 도움을 주고 있다. 다만 표준계약서가 큰 틀의 가이드라인 역할을 하고 있기는 하지만, 문화예술계의 다양한 요구를 모두 담아내기에는 한계가 있고, 특히 문화예술인에게만 특화된 민감성을 문서로 담아낸다는 것이 그리 용이한 것만은 아니다.

음악 분야 계약의 유형(예시)

- 저작재산권(전부, 일부) 양도계약
- 저작재산권(독점적, 비 독점적) 이용허락계약
- 대중문화예술인(가수중심) 표준전속계약
- 대중문화예술분야 연습생 표준계약서
  - 매니지먼트Management 계약(일명 관리계약)
- 대중문화예술인(가수, 배우) 방송출연 표준계약
- 기타 출연계약(공연, 행사, 광고 등)
- 용역계약(연주, 녹음 등)
- 신탁관리계약(저작권 및 저작인접권)

---

175) 그 명칭이나 형태 또는 범위에 상관없이 한쪽 당사자가 여러 명의 상대방과 계약을 체결하기 위하여 일정한 형식으로 미리 마련한 계약의 내용.

- 음반유통계약
- 조건부양도계약(신탁관리단체 대 음악출판사)
- 출판계약
- 부출판계약

음악 분야에서 계약의 중요성에 관해 논할 때 빠지지 않고 거론되는 '조○○, 지구레코드 사건'[176]을 살펴본다.

1986년 조○○은 당시 소속사이던 ○○레코드와 음반 계약과 함께 레코드사에 저작권 일부를 양도하는 내용의 계약을 체결한다. 내용은 "방송권과 공연권은 조○○이 갖고, 배포권과 복제권은 레코드사가 갖는다."는 것이었다. 이 계약에 따라 방송과 공연에서 이 곡들이 사용되면 조○○이 저작권 사용료를 받았지만 조○○이 이 곡들을 재녹음하여 음반이나 DVD 등으로 발매를 할 때에는 오히려 조○○이 레코드사에 저작권 사용료를 지불해야만 했다.

80년대 후반이면 저작권에 대한 인식이 거의 전무하던 시절이라 정작 계약의 당사자인 조○○도 이 계약으로 인한 미래의 일에 대해서는 예상을 못했을 것으로 짐작된다. 약 10여년 후인 1997년, 조○○은 당시의 계약은 잘못된 것이라며 해당 권리를 되돌려달라는 소송을 제기했지만 2004년 대법원은 계약의 정당성을 인정하며 음반사의 권리를 인정했다.

---

176) 서울지방법원 제12민사부, 1998. 10. 16. 선고 97가합178 판결.

후일 사회 일반의 요구에 따라 레코드사의 상속인이 조○○에게 저작권을 되돌려 주는 것으로 사태는 일단락됐지만 현재까지도 이 사건은 저작권 계약의 중요성을 환기시켜주는 사례로 회자되곤 한다.

「예술인 복지법」 상 문화예술인 용역제공 관련 계약에 대한 조항이다.

「예술인 복지법」 제4조의4(문화예술용역 관련 계약)

① 문화예술용역과 관련된 계약의 당사자는 대등한 입장에서 공정하게 계약을 체결하고, 신의에 따라 성실하게 계약을 이행하여야 한다.

② 제1항에 따른 계약의 당사자는 다음 각 호의 사항을 계약서에 명시하여야 하며, 서명 또는 기명날인한 계약서를 서로 주고받아야 한다.

1. 계약 금액
2. 계약 기간·갱신·변경 및 해지에 관한 사항
3. 계약 당사자의 권리 및 의무에 관한 사항
4. 업무·과업의 내용, 시간 및 장소 등 용역의 범위에 관한 사항
5. 수익의 배분에 관한 사항
6. 분쟁해결에 관한 사항

「예술인 복지법」 제4조의4는 1. 계약체결 의무, 2. 계약서 상 반드시 적시해야 할 상호 간의 책임과 의무, 3. 표준계약서 사용 시 면책조항, 4. 정부의 관리 감독 의무 등에 관한 조항으로 만일 제4조의4 제2항을 위반하여 문화예술용역 관련 서면계약을 작성하지 않은 문화예술기획업자 등과 제4조의4 제4항에 따른 시정명령을 위반한 자 및 제5조의2[177)]가 정한 계약서를 보존하지 않은 문화예술기획업자 등에

대해서는 문화체육관광부 장관으로 하여금 500만 원 이하의 과태료를 부과할 수 있도록 했다.[178] 이는 국가가 문화예술인에 대한 보호 의무를 준수하겠다는 의지의 소산인 것이며, 강제력을 띤 조항으로 예술인의 권익 보호에 실제로 큰 도움이 될 것으로 보인다.

바. 전속계약

음악 분야에 있어 '전속계약'이란 주로 가수나 특정 연주자 등 실연자에게 해당하는 계약으로 볼 수 있지만, 최근 들어서는 이른바 송캠프에 소속된 작사, 작곡가에게도 적용 가능한 계약이다. 기획사[179] 또는 기획자가 이들의 방송, 공연의 출연에 따른 출연료 등 제반 조건에 관한 협상을 포함하여 연예 활동 전반에 관련된 서비스를 제공하기 위해 체결하는 계약을 의미한다. 이 계약은 다시 "일정한 예능적 활동으로서의 노무를 제공하는 자가 특정의 사업자에게 전속하는 전속계약에는 다른 곳에 노무 제공하는 것을 일체 인정하지 않는 완전 전속계약, 사업자의 허락을 받은 경우에만 다른 곳에 노무를 제공할 수 있는 준전속계약, 사업자로부터 노무 제공의 요청이 있으면 반드시 해야 하는 계약 관계, 즉 당해 사업자의 사업에 지장이 없으면 다른 곳에 노무

---

177) 「예술인복지법」 제5조의2(계약서의 보존) 문화예술기획업자등은 제4조의4제2항에 따라 서명 또는 기명날인한 계약서를 3년간 보존하여야 한다.
178) 「예술인복지법」 제18조(과태료) ① 다음 각 호의 어느 하나에 해당하는 자에게는 500만원 이하의 과태료를 부과한다. 1의2. 제4조의4제2항을 위반하여 문화예술용역 관련 서면계약을 작성하지 아니한 문화예술기획업자등. 1의3. 제4조의4제4항에 따른 시정명령을 위반한 자. 1의4. 제5조의2를 위반하여 문화예술용역과 관련된 계약서를 보존하지 아니한 자.
179) 매니지먼트사를 지칭하며 통칭 연예기획사로 부른다.

제공이 가능한 우선전속(출연)계약, 일정계약기간 내에 제공하여야 할 노무 제공의 회수를 특약하는 회수전속(출연)계약 등"[180]으로 구분된다.

국내에서의 전속계약 체결에 있어 한쪽 당사자는 음악인이고, 상대방은 음악 작품의 창작 및 이용 촉진을 주 업무로 하는 음악 출판사^퍼블리셔, Publisher 또는 투자와 기획을 통하여 유망주를 직접 발굴·육성하고 음반 등의 제작·유통을 주관하며 가수의 일정 관리, 출연 계약 대리는 물론 적극적인 홍보와 관리로 소속 가수의 인기를 형성·유지하는 역할까지 하는 연예기획사[181] 및 연예기획자들이다. 이들은 사업주의 성격을 띤다.

일반적인 '대중문화예술인 전속계약'을 '기획사에 독점적으로 소속하여 계약에 정한 바에 따라 활동하고 그에 상응하는 대가를 받는 일종의 고용 계약에 준하는 성질'로 본다면 또 다른 전속계약은 가수가 관리인을 전속하는 형태로, 이는 특정 사업자나 개인에게 매니지먼트, 즉 관리에 대한 권한을 위임하고 그 위임 계약에 따라 급여를 지급하거나 수익을 분배하는 위임 계약적인 성질로 보는 것이 맞다. 그러나 우리 사회에서 일반적으로 사용되는 전속계약이라는 용어는 '예술인이 기획사에 소속되는 개념'이고, 또한 공정거래위원회에서 마련한 '대중문화예술인(가수중심) 표준전속계약서'에서도 이 같은 구조를 인정하면서 전속계약이라는 표현을 쓰고 있다.

---

180) 대법원, 1993. 2. 9. 선고 92다33176 판결 [전속료].
181) 하이브, SM, YG, JYP 엔터테인먼트 등.

1) 전속계약의 효력

전속계약은 계약 기간의 종료와 함께 효력이 소멸된다. 또한 사회 일반이 납득하기 곤란한 수준의 과다한 전속계약 기간과 손해배상 예정 조항은 법원의 판단으로 그 적절성이 가려진다. 또한 계약의 어느 한쪽 당사자가 계약의 내용을 고의 또는 과실에 의하여 위배한 경우는 물론, 선량한 풍속 내지 기타 사회질서에 반한 사항을 내용으로 하는 계약을 강요했거나 위력을 사용하여 계약의 동의를 강제한 점 등이 드러나면 그 계약 내용의 전부 또는 일부는 무효가 되어 효력이 소멸된다.

그러나 반사회적 법률행위 여부는 "선량한 풍속 기타 사회질서에 위반한 사항을 내용으로 하는 법률행위는 무효로 한다."[182]는 「민법」 조항을 근거로 법원의 판단을 필요로 한다. 법원의 판단 결과 반사회적 법률행위로 인정되면 이 계약은 당연히 무효가 된다. 기타 전속계약에서 정한 전속계약의 해지사유가 발생하거나 연예기획사와의 신뢰 관계가 깨진 경우, 가수는 법원의 판단을 거쳐 전속계약을 해지할 수 있고, 전속계약의 종료와 관련한 분쟁이 발생한 경우 가수는 법원에 전속계약 효력 부존재 확인의 소를 제기하거나 중재 제도를 이용할 수 있다.

연예인 전속계약과 관련한 대표적인 사례로 동방○○ 사건을 들 수 있다. 다섯 명 멤버로 구성된 동방신기는 2003년에 메이저 음반 기획사인 ○○엔터테인먼트와 전속계약을 체결했고, 당시 계약 기간은

---

182) 「민법」 제103조(반사회질서의 법률행위).

13년으로 알려졌다. 이후 2009년 동방○○는 다섯 명의 멤버 가운데 김○○, 박○○, 김○○ 3인이 전속계약의 기간 종료에 따른 효력 여부에 관해 소송을 제기하여 승소했으며, 이후 2011년에 들어 ○○엔터테인먼트가 김○○, 박○○, 김○○ 3인을 상대로 가처분에 대한 이의신청 및 전속계약 효력 정지 가처분 신청을 했으나 법원은 이를 받아들이지 않았다.

가요그룹 '동방○○'사건(전속계약효력정지가처분)
(서울중앙지방법원 2009. 10. 27.자 2009카합2869 결정)

"장기간의 계약기간과 과다한 손해배상액 예정 조항 등을 주된 내용으로 하는 위 전속계약은, 연예기획사가 우월한 지위를 이용하여 부당한 지배력을 행사하고 소속 연예인들에게는 지나친 반대급부나 부당한 부담을 지워 그 경제적 자유와 기본권을 과도하게 침해하는 것으로, 선량한 풍속 기타 사회질서에 위반한 사항을 내용으로 하는 법률행위로서 그 계약 내용의 전부 또는 일부가 무효이거나 합리적 존속기간의 도과를 이유로 그 효력이 소멸되었다고 볼 여지가 있고, 본안소송에서 권리관계의 다툼이 최종적으로 가려지기 전까지 위 신청인들이 독자적인 연예활동을 할 수 있도록 하는 임시의 지위를 정할 보전의 필요성도 소명되므로, 피신청인에 대하여 본안판단시까지 신청인들의 의사에 반하는 연예활동에 관한 제3자와의 계약 교섭·체결행위를 금지하고, 시장지배력을 이용하여 신청인들의 독자적 연예활동을 방해하는 행위를 금지한다."

이와 달리 전속계약 기간의 만료와는 별도로 전속기간 동안 일정 수량의 앨범 제작에 가수가 동의했다 하더라도 양자의 합의가 전제되지 않았다면 전속기간의 만료가 계약의 효력을 결정하는 절대적 근거가 된다는 법원의 판결에 주목할 필요가 있다.

전속계약 종료 확인 사례
(서울중앙법원 2005. 10. 13. 선고 2005가합315 판결)

"전속계약 기간과 함께 총 5집의 음반의 발매 수를 계약종료 조건으로 정한 경우 계약기간이 만료가 되더라도 총 5집의 음반이 발매되지 아니하는 한 계약이 종료하지 않는다고 해석하면, 음반의 발매 여부 및 출시 시점을 피고(기획사)가 결정하게 되어 있어서 피고의 의사에 따라 이 사건 전속계약의 존속기간이 좌우되어 원고(연예인)의 지위가 몹시 불안정할 뿐 아니라 36개월로 정한 계약기간 규정이 무의미하게 되므로 비록 위 기간 내에 5집 앨범이 모두 제작되지 아니하였다 하더라도 당사자 사이에 계약 갱신의 의사의 합치가 없는 한 계약은 종료된다."

이 사건은 가수와 기획사가 3년의 전속 기간을 정하고 이 기간에 총 다섯 장의 음반을 발매하는 것을 조건으로 전속계약을 체결했으나 3년의 전속 기간이 종료될 때까지 음반을 발매하지 못하여 발생한 사건이다. 피고 기획사는 "음반 시장의 침체 등 부득이한 사정으로 인해 음반 발매가 지연되었으므로 음반 다섯 장의 발매가 종료되는 시점이 전속 기간의 실질적 종료 시점이 되어야 한다."고 주장했다. 그러나 재판부는 이러한 피고 기획사의 주장을 배척하고 원고 가수의 손을 들어 주었다. 그 이유는 "피고 기획사가 부득이한 사정을 구실로 음반 발매를 지연할 경우 이 사건의 전속 기간은 언제 종료될지 가늠하기 힘들고, 가수에게는 상상하기 곤란한 피해가 발생할 수도 있을 것이기 때문"이라고 했다.

2) 전속인의 구분

국내 매니지먼트 회사는 연예기획사, 음반기획사, 프로덕션, 엔터테인먼트사 등 다양한 명칭으로 불린다. 우리나라의 매니지먼트 회사는 매니지먼트와 에이전시가 구분되어 있는 미국 등과 다르게 연예인과의 계약을 통해 활동 관리라는 본연의 역할 외에 다양한 에이전시 역할을 함께 수행하고 있다. 가수의 경우 과거에는 방송 출연이나 광고, 음반 판매 등을 매니지먼트 회사의 주된 영역으로 간주했지만 최근에는 음원과 아티스트를 활용한 사업이 다각화되면서 MD, 도서 출판, DVD, 캐릭터 상품 등의 모든 부가 사업이 매니지먼트 회사의 영역에 속하게 되었다.

▲ 참고 사례(미국)

미국은 에이전트[183]가 연예인의 고용을 알선하려면 노동위원회로부터 면허를 취득해야 한다. 또 매니저는 고용 알선 행위를 할 수 없

---

183) 에이전시(법인 등)에 고용된 직원 혹은 에이전시의 대리인.

으므로 면허의 대상이 아니며 활동 범위는 연예인의 제반 활동 보조
와 관리, 경력을 키우는 것으로 국한되어 있다. 면허를 취득한 에이
전트는 연예인과 계약을 체결할 때 사전에 반드시 노동위원회로부터
승인받은 계약서를 사용해야 하며, 연예인에게는 절대 10% 이상의
수수료를 받을 수 없다. 연예인을 위험에 노출해서는 안되고 미성년
연예인을 주점 등에 가게 하거나 성매매 등으로 노출이나 인종 혹은
장애인을 차별하게 놓아두어서도 안 된다. 만약 이같은 규제를 위반
할 경우 연예인에게 손해배상의 책임을 지는 것은 물론 면허가 취소
되거나 정지될 수도 있다.

또한, 가수를 위한 미국 음악 아티스트 조합[AGMA]과 미국 방송 예술
인 조합[AFTRA]이 있어 연기자의 보호 정책에 앞장서며 연예인이 제작
자나 에이전트와 계약을 맺을 때 적극 개입해 연예인이 보장받아야
할 권리가 침해되지 않도록 중재하는 등 실제로 연예인의 권익 보호
에 최선을 다한다.

▲ 참고 사례(유럽)

영국은 기업혁신부의 지침에 따라 '에이전시 피고용인에 관한 규
정'을 두어 연예인 노동조합의 규약을 존중하도록 하고 있다. 독일은
연방노동청의 직업 중개를 통해 연예인들을 지망생 단계부터 지원하
며, 연예인 협회 등에서 소속 연예인을 위한 별도의 보호 조치를 취
하고 있다.

3) 전속 매니지먼트 계약

"'전속 매니지먼트 계약'이란 일반적으로 매니지먼트 회사가 연예인의 활동과 관련된 서비스를 제공한다. 연예인은 그 매니지먼트 회사 또는 회사의 대리인을 통해서만 연예 활동을 해야 하며, 이를 통하지 않고 직접 또는 제3자를 통해서는 연예 활동을 하지 않을 의무를 부담하는 계약을 말한다."[184]

이러한 유형의 계약은 주로 미국에서 취하고 있는 방식이다. 미국은 우리나라와 다르게 연예기획사라는 개념 대신 가수의 음반 제작이나 홍보 등 수익에 관한 사항을 전담하는 에이전시 시스템[185]이 발달해 있어, 매니지먼트를 담당하는 이는 가수 개인 혹은 에이전시에 고용된 경우가 대부분이다.

우리나라에서는 연예인의 매니지먼트를 담당하는 사업자를 주로 '연예기획사'라고 부르며, "연예기획사의 기본적 업무는 드라마, 영화, 공연, CF 등에 대한 소속 연예인의 출연 계약 등을 대리하여 주는 에이전트 용역과 연예인의 활동을 위해 필요한 용역 모두를 제공하는 매니지먼트 용역으로 이루어져 있다."[186] 이 같은 시스템은 시장의 협소성과 외국과 달리 정부의 적극적인 개입이 못 미치는 현실적 한계가 만들어 낸 우리나라만의 독특한 구조이다. 매니저와 에이전트의 업무가 독립적으로 분리되어 영역의 간섭이 적은 미국과 달리, 우리나라의

---

184) 서울고등법원, 2006. 2. 8. 선고 2004나78754 판결.
185) 퍼블리싱(Publishing)이라고도 하며 우리말로는 음악 출판사라 한다.
186) 공정거래위원회 의결, 2007, 488호.

매니지먼트사는 모든 일의 전권을 가지고 연예인의 사생활까지 개입하는 것이 일반화되어 있다.

그러나 가수의 경우, 연예기획사가 음반 제작의 기획과 비용을 투자하고 가수의 일정 및 생활 전반의 관리를 약정했다면 이는 전속계약에 해당한다. 반면 투자를 하지 않고 가수의 일정이나 출연에 관한 관리 역할만을 하기로 약정했다면 가수에게 단순 용역을 제공하는 '매니지먼트 용역 계약'이라 할 수 있다. 또한 음반의 기획과 제작에 소요되는 비용을 가수가 전적으로 부담했다면 「저작권법」 제2조(정의) 6에 따라 실연자의 저작인접권에 더해 음반제작자의 저작인접권까지 갖게 되므로 계약상 양자의 역할을 명확히 할 필요가 있다. 과거에는 법률 지식이 부족하여 자신의 기획과 비용으로 음반을 제작했음에도 음반제작자의 저작인접권을 자신이 고용한 매니저에게 빼앗긴(?) 경우를 주변에서 흔히 볼 수 있었기 때문이다.

김광석 음반 사건(음반제작자 지위 확인 소송)
(서울중앙지법 2006.10.10. 선고 2003가합66177 판결)[187]

　"「저작권법」상의 음반제작자는 음반제작자로서의 저작인접권을 자신에게 귀속시킬 의사로 유형물인 음반에 음을 맨 처음 고정한 자라고

---

187) 이 사건 음반은 그 수록곡에 대한 연주 악기별 연주와 고 김광석의 가창을 각 트랙을 나누어 멀티테이프에 녹음하고, 위 멀티테이프에 녹음된 음원 중 일부를 골라 가창과 연주의 음의 강약이나 소리의 조화를 꾀하는 편집 과정을 통해 마스터테이프를 제작하는 방식으로 제작되었다. 이

할 것인 바, 가수가 음반에 수록될 곡을 직접 선정하고 스스로 비용
을 지출하여 녹음 작업 및 편집 과정을 거쳐 음반의 마스터테이프를
제작한 점 등에 비추어 볼 때 위 음반의 음반제작자는 각 곡의 음원
을 유형물인 음반에 고정하는 주된 작업을 직접 담당한 가수라고 보
아, 음반 계약상 판매용 음반의 제작·판매업자의 음반제작자로서의
권리를 부정."한 사례.

사. 표준계약서(표준약관)

문화예술인과 관련된 표준계약서(표준약관)는 건전한 거래질서를
확립하고 불공정한 내용의 계약이 통용되는 것을 방지하기 위해 공
정거래위원회가 제정, 공시하거나 문화체육관광부의 고시에 의한 일
종의 약관으로 거래 분야의 표준이 되는 것을 말한다. 이러한 문화
예술인 관련 표준계약서 가운데 음악인과 관련해서는 '대중문화예
술인(가수) 표준전속계약서', '대중문화예술인(가수) 방송출연 표준
계약서', '공연예술 출연 표준계약서', '대중예술분야 연습생 표준계약
서', '청소년 대중문화예술인 표준부속합의서', '애니메이션 음악 개발
표준계약서' 등이 있다.

공정거래위원회가 전체 예술인 관련 분쟁 사건을 조사한 결과, 가수
와 소속사 간 분쟁이 가장 많았으며, 분쟁의 유형으로는 첫째, 전속 기

마스터테이프는 원고 신나라뮤직이 보관했고, 멀티테이프는 김광석이 보관하다가 그의 사후에
는 부인이 보관했다.

간에 대한 분쟁, 둘째, 정산에 관한 분쟁, 셋째로 업무 내용에 관한 분쟁 순이었다. 이에 전체 예술 분야 중 첫 번째로 가수를 대상으로 한 대중문화예술인(가수중심) 표준전속계약서를 2008년 제정에 착수하여 공시했으며, 이를 계기로 문화체육관광부도 대중문화예술인을 위한 다양한 표준계약서를 고시했다.

한편 표준계약서와 다른 계약서를 사용하고자 하는 경우에는 「약관의 규제에 관한 법률」 제19조의3(표준약관) 제6항[188]에 따라야 하며, 사업자가 이를 위배하여 표준약관과 다르게 정한 주요 내용을 가수가 알기 쉽게 표시하지 않은 경우 5천만 원 이하의 과태료를 부과 받을 수 있다. 따라서 대중문화예술사업자는 표준계약서의 주요 내용과 다르게 가수와 전속계약을 체결할 경우, 반드시 가수가 그 내용을 알기 쉽게 표시하거나 고지를 해야 한다.

「대중문화예술산업발전법」 제8조(표준계약서의 제정·보급)

① 문화체육관광부장관은 공정거래위원회와 협의하여 대중문화예술인과 대중문화예술사업자 사이 또는 서로 다른 대중문화예술사업자 사이의 대중문화예술용역과 관련된 표준계약서를 마련하고 사업자 및 사업자단체에 대하여 이를 보급하여야 한다.

---

188) 「약관의 규제에 관한 법률」 제19조의 3(표준약관) ⑥ 공정거래위원회로부터 표준약관의 사용을 권장받은 사업자 및 사업자단체는 표준약관과 다른 약관을 사용하는 경우 표준약관과 다르게 정한 주요 내용을 고객이 알기 쉽게 표시하여야 한다.

② 문화체육관광부장관은 제1항에 따른 표준계약서를 제정 또는
개정하는 경우에 관련 사업자단체 등 이해관계자와 전문가의
의견을 들어야 한다.

정부가 표준계약서를 제정하고 보급하게 된 이유는 법률적 지식이 부족한 예술인들이 계약으로 인한 피해로부터 벗어나게 하기 위한 목적에서이다. 그러나 표준계약서 작성의 한 축인 대중문화예술사업자들 사이에서는 표준계약서가 예술인의 권리 보호에만 치우치고 있다는 불만 여론이 있는 것이 현실이다.

1) 대중문화예술인(가수) 표준전속계약서

공정한 창작 환경 기반을 마련하기 위해 2016년 5월 4일부터 시행된 개정 「예술인 복지법」은 「저작권법」의 적용 분야 중 문학, 미술(응용미술을 포함한다), 음악, 무용, 연극, 영화, 연예, 국악, 사진, 건축, 어문, 출판 및 만화와 관련된 용역에 대한 서면계약 체결을 의무화했다. 특히 문화예술용역을 수행하는 문화예술인의 입장에서 계약 금액, 계약의 변경, 용역의 범위 등에 관한 사항을 계약서에 필수적으로 포함하도록 규정했다. 그리고 서면계약서를 작성하지 않은 문화예술 기획업자 등에 대해서는 500만 원 이하의 과태료를 부과할 수 있도록 법적 제재 수단도 마련되어 있어 법적인 실효성을 보장하고 있다.

┌───┐

「예술인 복지법」 제4조의4(문화예술용역 관련 계약)

① 문화예술 창작·실연·기술지원 등의 용역(이하 "문화예술용역"
  이라 한다)과 관련된 계약의 당사자는 대등한 입장에서 공정하
  게 계약을 체결하고, 신의에 따라 성실하게 계약을 이행하여야
  한다.
② 제1항에 따른 계약의 당사자는 다음 각 호의 사항을 계약서에
  명시하여야 하며, 서명 또는 기명, 날인한 계약서를 서로 주고
  받아야 한다.
  1. 계약금액
  2. 계약기간·갱신·변경 및 해지에 관한 사항
  3. 계약당사자의 권리 및 의무에 관한 사항
  4. 업무·과업의 내용, 시간 및 장소 등 용역의 범위에 관한 사항
  5. 수익의 배분에 관한 사항
  6. 분쟁해결에 관한 사항
② 제5조에 따른 표준계약서를 사용하는 경우에는 제1항 및 제2
  항에 따라 계약을 체결한 것으로 본다.

└───┘

공정거래위원회는 「예술인 복지법」에서 정한 내용을 바탕으로 대중
문화예술인(가수중심) 표준전속계약서를 제정하여 사업자 및 사업자
단체[189]에 사용을 권장하고 있다.[190] 만일 표준계약서가 아닌 전속계약

---

189) 연예기획사 및 연예기획사들로 구성된 한국연예제작자협회, 한국매니지먼트 연합 등의 사
단법인.
190) 2018년도 기준 채택률이 94.9%에 해당하여 이미 표준계약서 사용이 일반화된 것으로 보
인다.

서에 불공정한약관 조항이 포함되어 있다면 가수와 기획업자 모두 공정거래위원회에 불공정 약관 심사청구를 할 수 있고, 가수는 계약 체결에 사업자의 거래상 지위 남용이 있다고 판단할 때, 그 사실을 공정거래위원회에 신고할 수 있다.

대중문화예술인(가수중심) 표준전속계약서 제1조(목적)

　이 계약은 '대중문화예술기획업자'와 '가수'가 서로의 이익과 발전을 위하여 적극적으로 협력하는 것을 전제로, '가수'는 최선의 노력을 통해 자신의 재능과 자질을 발휘하여 자기 발전을 도모함은 물론, 대중문화예술인으로서 명예와 명성을 소중히 하며, '기획업자'는 '가수'의 재능과 자질이 최대한 발휘될 수 있도록 매니지먼트 서비스를 충실히 이행하고 '가수'의 이익이 극대화되도록 최선을 다함으로써 상호 이익을 도모함에 그 목적이 있다.

　(문화체육관광부고시 제2018-0047호(2018. 11. 28. 제정). 공정거래위원회 표준약관 제10062호)

　표준계약서가 제정되고 시행되기 전인 2007년 가수의 전속계약 관련 사건을 살펴본다.

서울남부지방법원 2007.10.25. 선고 2007가합2351

　"계약기간이 6년으로 되어 있는 전속계약에서 계약기간이 부당히 과다한 것인가에 대해 이 사건의 전속계약은 무명의 원고를 피고가 기획, 관리, 홍보하여 유명한 연예인으로 육성함에 그 목적이 있는데 무명의 신인을 발굴하여 전속계약을 체결하고 연예인 활동을 지원하는 경우 유명연예인이 되기까지는 많은 노력과 비용이 들 뿐 만 아니라 연예인을 통해 매니지먼트사가 수익을 올리게 되기까지 어느 정도의 시간이 걸리게 될 것인지도 예상하기 어려워 상당한 정도의 계약기간을 정하지 아니하면 피고가 수익을 거둘 시점에 계약이 끝나 투자한 돈을 회수하기 어려워질 우려가 큰 점, 이 사건 전속계약은 원고와 피고 사이의 수익금 배분 비율을 50:50으로 정하고 있으나 전속계약 기간이 2년이 경과한 후부터는 원고로 인한 수익금의 규모에 따라 60:40 또는 70:30으로 정하고 있는 점 등을 고려하여 볼 때 이 사건 전속계약에서 정한 계약기간이 원고의 경제적 활동에 관한 자유를 침해할 정도로 장기간이라고 보기 어렵다.”

이 사건 이전인 2004년에도 “계약 당사자 상호 간의 고도의 신뢰 관계가 깨어진 경우까지 연예인에게 그 자유의사에 반하는 전속 활동 의무를 강제하는 것은 연예인의 인격권을 지나치게 강압하는 것으로서, 문화 관념과 인격 존중 이념에 반한다고 보아 신뢰 관계가 깨어지면 전속 매니지먼트 계약을 해지할 수 있다.”[191]고 한 판례에 주목한다.

2018년 제정 및 시행된 대중문화예술인(가수중심) 표준전속계약서[192]는 전속계약 기간이 7년이 경과하면 가수는 언제든지 전속계약 해지를

---

191) 서울고등법원, 2004라143 결정.
192) 공정거래위원회 표준약관 제10062호, 2014. 9. 19. 발령·시행.

연예기획사에 통보할 수 있고, 기획사가 그 통보를 받은 날로부터 6개월이 경과하면 전속계약은 종료되는 것으로 하고 있다.[193] 또한 가수와 기획업자의 책임과 의무 및 전속 기간을 명확히 하고 있는데, 그 내용을 살펴보면 "가수는 기획업자에게 독점적인 매니지먼트 권한을 위임"[194]하고, 1. 계약 기간 중 군복무를 하는 경우, 2. 임신·출산 및 육아, 대학원에 진학하는 경우, 3. 대중문화예술용역과 무관한 사유로 인하여 병원 등에 연속으로 30일 이상 입원하는 경우, 4. 기타 '가수'의 책임 있는 사유로 대중문화예술용역을 제공할 수 없게 된 경우 등은 기획업자와 가수 간 합의로 연장 여부를 정할 수 있게 하고 있다.

그런가 하면 제5조 제7항 "기획업자는 가수의 사전 서면 동의를 얻은 후, 이 계약상 권리 또는 지위의 전부 또는 일부를 제3자에게 양도할 수 있다."는 조항으로 인해 또 다른 분쟁이 발생하기도 한다. 기획업자가 계약상 권리의 전부 또는 일부를 제3자에게 양도했을 경우인데, 이때 양 당사자 간에 동의 여부에 대한 다툼이 발생하기도 한다. 설령 기획업자가 가수에게 설명을 충실하게 하지 않았거나 가수가 이 조항에 대해 이해가 부족한 상태에서 잘 모르고 서명을 했다고 주장해도 이를 명확하게 입증하지 못하는 한 계약의 효력은 달라지지 않는다고 보아야 한다.

---

193) 대중문화예술인(가수) 표준전속계약서 제3조 제2항.
194) 대중문화예술인(가수) 표준전속계약서 제2조 (매니지먼트 권한의 부여 등).

2) 대중문화예술분야 연습생 표준계약서

문화체육관광부는 2019년 9월, 기획사의 오디션을 통과한 연습생을 대상으로 기존 대중문화예술인(가수·연기자) 표준전속계약서와 별도의 연습생 표준계약서를 제정했다. 계약의 주된 내용은 연습생 계약 기간이 3년을 초과하지 않도록 하여 데뷔 또는 다른 기획사 이동이 용이하도록 하고(제2조 제2항), 기획업자가 연습생 훈련 활동 직접 비용을 원칙적으로 부담하도록(제5조) 하는 등 연습생의 권익을 보호하기 위한 내용을 담고 있다. 아울러 연습생에게는 기획업자가 제공하는 훈련에 충실히 임해야 할 의무가 있으며, 법적 또는 사회 상규 상 문제가 되는 행위를 금지하는 의무 등을 부여함으로써 기획업자와 연습생이 상호 발전과 이익을 도모할 수 있도록 하는 근거를 마련했다.

> **대중문화예술분야 연습생 표준계약서 제1조 (목적 및 정의)**
>
> ① 이 계약의 목적은 기획업자와 연습생이 상호 발전을 위해 적극적으로 협력하는 것을 전제로, 기획업자는 연습생의 재능과 자질이 최대한 발휘될 수 있도록 훈련제공 등의 투자를 하며, 연습생은 기획업자가 제공하는 훈련 등에 충실히 임하고 자기개발을 위해 노력함으로써 상호 발전과 이익을 도모하는 데 있다.

공정위는 2017년에 일부 기획사와 연습생 간의 불공정 계약을 방지하기 위한 정책을 발표한 바 있다. 그동안 일부 대형 기획사들이 연습생에게 책임 있는 사유로 계약이 해지되면 실제 투자한 비용보다 2~3배 이상에 해당하는 금액을 위약금으로 요구했던 사례가 있었기 때문이다.

이에 공정위는 기획사가 연습생과 계약을 해지할 경우 트레이닝에 실제 소요된 비용만큼만 위약금으로 청구할 수 있도록 하는 대신, 연습생의 계약 기간 만료 시 속해 있던 연예기획사에 재계약 또는 전속계약 우선적 협상권을 부여했다.

3) 청소년 대중문화예술인(또는 연습생) 표준 부속합의서

대중문화예술분야 연습생 표준계약서의 연습생 및 청소년 표준 부속합의서는 대중문화예술분야 연습생 표준계약서에 부속하는 계약서로 효력은 주계약보다 상위에 있다. 「대중문화예술산업발전법」 제23조 제1항에 따라 15세 이상의 대중문화예술인의 용역 제공 시간제한과 동법 제22조 제3항에 따른 청소년 대중문화예술인의 학습권, 휴식권, 수면권 등의 보장 외 청소년의 건전성을 보장하도록 하고 있다. 다만 이 부속합의서는 권고사항이므로 계약에 해당 내용이 없을 경우 참조할 수 있으나 작성에 대한 강제력은 없다.

> **청소년 대중문화예술인(또는 연습생) 표준 부속합의서 제2조 (적용)**
>
> 이 부속 합의서는 별도의 계약을 구성하고 있으며, 주계약 보다 우선 적용된다.

4) 대중문화예술인 방송출연표준계약서(가수)

「콘텐츠산업진흥법」(약칭: 콘텐츠산업법) 제25조(표준계약서)

① 문화체육관광부장관은 콘텐츠의 합리적 유통 및 공정한 거래를 위하여 공정거래위원회와 방송통신위원회 및 미래창조과학부와의 협의를 거쳐 표준계약서를 마련하고, 콘텐츠사업자에게 이를 사용하도록 권고할 수 있다.

② 문화체육관광부장관은 제1항에 따른 표준계약서에 관한 업무를 대통령령으로 정하는 바에 따라 「문화산업진흥기본법」 제31조에 따른 한국콘텐츠진흥원, 콘텐츠 관련 기관 또는 단체 및 제20조에 따른 협회에 위탁할 수 있다.

문화체육관광부는 2021년 9월 「콘텐츠산업진흥법」 제25조에 의거하여 방송사 또는 제작사와 대중문화예술인, 그리고 소속 기획사(매니지먼트) 간의 권리와 의무 관계를 규정함으로써 대중문화예술산업의 지속가능한 발전과 공정한 산업생태계 조성에 기여하는 것을 목적으로 한 '대중문화예술인 방송출연표준계약서(가수)'를 제정하고 시행했다.

대중문화예술인 방송출연표준계약서(가수) 제1조(계약의 목적)

본 계약은 '방송사 또는 제작사'가 제작하는 프로그램에 '가수'가 출연하여 가창하기로 합의하고 이에 필요한 당사자 간의 권리와 의무를 정함을 목적으로 한다.

계약의 주된 내용은 방송 출연과 관련하여 방송사(또는 제작사)와 대중문화예술인(가수) 및 그 소속 기획사(매니지먼트) 간 공정한 거래 환경 조성을 위한 각각의 권리와 의무 등이다. 주요 내용은 1. 출연료 지급 시기는 익월 15일 이내, 2. 촬영시간은 일 최대 12시간, 1일 최대 시간은 3일을 초과할 수 없으며, 3. 사고 시 적극적인 조치, 4.「청소년 보호법」,「아동·청소년의 성보호에 관한 법률」에 따른 미성년자 보호 조치 등이며, 당사자들은 표준계약서에 따른 계약을 신의성실의 원칙에 의거하여 이행하되 개별 계약의 특수성을 고려하여 당사자 간 협의를 통해 표준계약서의 내용을 수정, 추가, 삭제할 수 있도록 했다.

5) 공연예술출연계약서

이 계약서는 공연예술 분야 종사자 등 이해관계자의 권익 향상 및 공정한 환경 조성을 지원하기 위한 목적에서 문화체육관광부고시 제2022-20호를 근거로 제정된 공연예술 분야 표준계약서 5종 가운데 하나이며, 시행 일자는 2021년 10월 13일이다.

이 계약의 목적은 공연 제작과 관련하여 사용자와 실연자 사이의 권리와 의무를 명확히 하는 것이다. 그러나 실제 내용은 사용자와 실연자의 필요 최소 요건을 명시한 선언적 의미가 강한 것으로 보인다. 미국이나 유럽의 경우 출연계약서를 테크니컬 라이더Technical Rider 195)로 대체하기도 하는데, 이는 아티스트와 관련자들이 공연이나 이벤트를

---

195) 공연이나 이벤트를 위해 필요한 기술적인 요구 사항을 담고 있는 문서로 일반적으로 아티스트와 매니저, 공연 기술자 등이 작성한다.

성공적으로 진행할 수 있도록 아티스트와 관련자들의 대우에 관한 사항을 사전에 협의하여 작성한 것이다. 이로써 사용자와 실연자의 권리와 의무가 명확해지고 불필요한 다툼을 사전 차단하는 효과를 갖는다.

6) 애니메이션 음악 개발 표준계약서

이 계약은 애니메이션에 삽입되는 주제가나 배경음악 제작과 관련하여 애니메이션 제작사와 저작자인 음악 감독 간 권리와 의무에 관한 내용을 담고 있다. 계약서 제9조(지식재산권)에 따르면 "본 건 음악의 저작권은 음악감독에게 귀속되지만 '음악감독'이 신탁관리단체 등에 저작재산권을 신탁한 경우 별도로 협의할 수 있다."는 단서 조항은 제작사에 대한 음악 감독의 협상력 약화로 작용할 수도 있을 것이다. 아울러 이 계약서의 특징은 제작사가 업무상 저작물임을 주장할 수 있는 가능성을 사전에 차단했다는 점과 제10조(크레딧 표기)를 통해 저작자인 음악 감독의 성명 표시권을 명확히 했다는 점이다.

12

가. 개요

> 「공연법」 제1조(목적)
>
> 　이 법은 예술의 자유를 보장하고, 공연자 및 공연예술 작업자의 안전한 창작환경 조성과 건전한 공연활동의 진흥을 위하여 공연에 관한 사항을 규정함을 목적으로 한다.

2000년 들어 디지털 기술의 비약적인 발달로 LP와 카세트의 시대가 가고 CD를 넘어 이른바 '음원'이라고 불리는 파일 형태로 음악이 유통되기 시작하며 음악의 이용 형태 역시 '소유'에서 '소비'로 바뀌게 되었다. 언제든지 접속만 하면 충분한 만족도를 얻을 수 있는 스트리밍이 대세가 된 현재의 모습이다. 2000년대 초반 "디지털 기술이 음반 업계를 고사시킬 것."이라는 위기감에도 불구하고, 오히려 이 시기를 기점으로 우리 음악의 해외 진출과 국내의 공연 시장이 급팽창했다는 사실은 음악을 소유하는데 따른 부담이 해소되면서 전체 음악

시장의 규모가 커진 것이 이유라는 분석을 가능케 한다. 따라서 1966년 제정된 이 법의 효용성은 현재에 이르러 정점을 구가하고 있다.

나. 공연 안전

팬데믹 시기를 제외하고 전국의 축제는 무려 1천 개가 넘는다. 이들 축제에는 대중 공연이나 노래자랑이 한 차례 이상 열리므로 가수들의 단독 콘서트를 제외하고라도 전국의 축제에서 펼쳐지는 공연이 연간 약 1천 번 이상 된다는 의미이다. 이에 따라 가수들이 무대에 설 기회가 과거에 비해 크게 늘었고, 그만큼 안전에 대한 대책과 점검이 우선 과제로 떠올랐으나, 아직도 공연 무대에 오르는 가수들에 대한 안전 대책은 빈약한 실정이다.

신체가 바로 상품인 가수들에게는 무엇보다 안전이 최우선으로 고려되어야 하며, 그로 인해 더 나은 공연의 질을 보장할 수 있다. 공연 시의 사고는 우리의 생활 주변에서 누구나 당할 수 있는 보편적인 사고와는 다르다. 무대에서 감전을 당하거나 무대의 붕괴, 추락, 조명 등의 낙하물에 의한 사고, 부주의에 의한 낙상 사고 등이 무대에서 빈번히 발생하는 사고인 점을 감안하면 안전에 대한 인식 개선만으로도 상당수 사고를 미연에 방지할 수 있을 것으로 보인다.

> - 1983년, 송골매의 기타리스트 배철수가 생방송 도중 감전되어 쓰러지며 뒷머리가 깨어지고 척추 부상을 입은 채 병원으로 긴급 후송되었다

- 1999년, H.O.T 문희준이 무대에서 빗물에 미끄러져 3m 아래로 추락했다. 당시 이 사고는 단순한 허리 부상이라고 했지만 사고를 목격한 200여명의 팬들이 실신하는 사건 때문에 진실이 밝혀지게 되었다.
- 2011년, 가수 김범수가 서울 방이동 올림픽공원 체조경기장에서 자신의 첫 전국 투어 콘서트 '겟올라잇 쇼'의 첫 무대를 진행하던 도중 갑자기 1.5m 높이의 무대에서 바닥으로 추락했다.
- 2015년, 그룹 엑소의 멤버 카이가 올림픽공원 체조경기장에서 두 번째 단독 콘서트 공연 중 무대에서 추락했다.
- 2017년, 그룹 빅뱅의 지드래곤이 태국 방콕 월드투어 무대 중 리프트 장치 안으로 추락. 지디는 '빅뱅 재팬 돔투어 2014-2015 X' 오사카 돔 콘서트에서도 무대에서 관객석으로 추락한 사고가 있었다.
- 2019년, 그룹 '레드벨벳' 웬디가 SBS 가요대전' 리허설 중 무대에서 추락해 안면 부상, 골반 골절 등 전치 6주 이상의 부상을 당함.
- 2023년, NCT 텐이 SBS 가요대전' 무대를 마치고 다음 무대로 이동하던 중 리프트를 발견하지 못하고 추락했다.

「공연법」은 명시적으로 "'공연'이란 음악·무용·연극·연예·국악·곡예 등 예술적 관람물을 실연實演에 의하여 공중公衆에게 관람하도록 하는 행위를 말한다. 다만, 상품 판매나 선전에 부수附隨한 공연은 제외한다."[196]라고 하여 공연의 주체가 실연자라는 사실을 명확히 했다. 또한 이 법에서는 공연장 안전에 대한 책임이 공연장 운영자에게 있음을

---

196) 「공연법」 제2조(정의) 1.

분명히 하고 있다.

「공연법」 제12조(무대시설의 안전진단 등)

① 공연장을 설치하여 운영하려는 자는 제12조의2제1항에 따라 지정받은 무대시설 안전진단 전문기관(이하 "무대시설 안전진단 전문기관"이라 한다)으로부터 다음 각 호의 검토 및 검사를 받아야 한다. 다만, 제1호에 따른 설계검토는 대통령령으로 정하는 규모 이상의 공연장에 한정한다.

1. 공연장 설치 공사 시작 전 무대시설(방화막을 포함한다. 이하 같다)에 대한 설계검토
2. 공연장 등록 전 무대시설에 대한 안전검사(이하 "등록 전 안전검사"라 한다)

이 밖에도 「공연법」은 예측이 불가한 재해의 사태에 대해서도 공연장 운영자의 책임 범위를 명확히 했다.

「공연법」 제11조(재해예방조치)

① 공연장운영자는 화재나 그 밖의 재해를 예방하기 위하여 그 공연장 종업원의 임무·배치 등 재해대처계획을 수립하여 매년 관할 특별자치시장·특별자치도지사·시장·군수·구청장에게 신고하여야 한다. 이 경우 특별자치시장·특별자치도지사·시장·군수·구청장은 신고받은 재해대처계획을 관할 소방서장에게 통보하여야 한다.

② 관할 특별자치시장·특별자치도지사·시장·군수·구청장은 제1항 전단에 따라 신고를 받은 재해대처계획을 검토하여 적합하다고 인정하는 경우에는 신고를 수리하여야 한다. 이 경우 신고

된 재해대처계획의 내용이 미흡하다고 인정할 때에는 보완을
요구할 수 있다.

(중략)

⑤ 제1항 및 제4항에 따른 재해대처계획에는 제11조의2부터 제
11조의5까지에 해당하는 안전관리비, 안전관리조직, 안전교육
및 피난안내에 관한 사항이 포함되어야 한다.

예술인 중에서도 무대 활동을 주로 하는 가수 등의 실연자는 무대 위에서의 사고 외에 교통사고 등의 위험에도 상시 노출되어 있지만, 공연 시의 위험 요인을 제거하는 것만으로도 상당 부분 안전을 확보할 수 있을 것이다.

다. 소비자 편의(암표)

「공연법」은 공연의 실질 행위자인 실연자의 안전을 최우선으로 하고 있으나 이 밖에도 공연 소비자를 위하여 암표 근절 등 공연 시장의 질서와 생태계 보호를 위한 조항을 2024년 3월 22일부로 개정했다. 개정 전 후의 조항을 비교한다.

구. 「공연법」 제4조의 2(입장권등의 부정판매 방지 노력)

문화체육관광부장관은 공연의 입장권·관람권 또는 할인권·교환권 등(이하 "입장권등"이라 한다)의 부정판매(입장권등을 판매하거나 그 판매를 위탁받은 자의 동의를 받지 아니한 자가 다른 사람에게

입장권등을 상습 또는 영업으로 자신이 구입한 가격을 넘은 금액으로 판매하거나 이를 알선하는 행위를 말한다)를 방지하기 위하여 노력하여야 한다.

기존의 「공연법」에서 '암표'에 관한 조항이 공연 산업의 관리 주체인 정부, 즉 문화체육관광부의 '암표 방지를 위한 노력'에 그쳤지만, 개정 안은 정부의 권한을 대폭 강화하여 매크로 등을 이용한 티켓 부정 판매를 범죄로 보고 이를 위반하면 1년 이하 징역이나 1,000만 원 이하의 벌금을 부과하도록 했다.[197]

개정 「공연법」 제4조의2(입장권등의 부정판매 금지 등)

① 문화체육관광부장관은 공연의 입장권·관람권 또는 할인권·교환권 등(이하 "입장권등"이라 한다)의 부정판매(입장권등을 판매하거나 그 판매를 위탁받은 자의 동의를 받지 아니한 자가 다른 사람에게 입장권등을 상습 또는 영업으로 자신이 구입한 가격을 넘은 금액으로 판매하거나 이를 알선하는 행위를 말한다. 이하 같다)를 방지하기 위하여 노력하여야 한다.

② 누구든지 「정보통신망 이용촉진 및 정보보호 등에 관한 법률」 제2조제1항제1호에 따른 정보통신망에 지정된 명령을 자동으로 반복 입력하는 프로그램을 이용하여 입장권등을 부정판매 하여서는 아니 된다.

---

197) 「공연법」 제41조(벌칙).

이와 같이 「공연법」이 개정된 데에는 디지털 기술을 활용한 조직적 암표상의 폐해가 갈수록 커지고 있다는 위기감이 작용했으리라 본다. 암표는 공연 시장의 거래 질서를 파괴하고 궁극적으로 스타와 팬 사이를 멀어지게 만든다. 공연 기획사를 비롯하여 인터파크, 예스24 등의 예매처가 회원사인 한국대중음악공연산업협회[198]는 암표를 "산업 전반에 큰 피해를 양산하고, 관객의 공연 관람을 방해하며, 아티스트 이미지를 실추시키는 존재"로 규정한다.

---

198) 암표 근절을 위해 활동하는 비영리단체이다.

13

상표법

가. 개요

「상표법」은 상표 등을 등록한 사람에게 그 지정 상품에 관한 상표의 독점적·배타적 사용권을 부여한다. 따라서 가수 개인이나 연예기획사가 이미 구축된 가수의 인기나 명성을 기반으로 별도의 수익을 올리고자 할 때 상표 등록을 통해 보유한 권리를 활용하는 것이 유리하다.

상표권은 지식재산권을 구성하는 산업재산권의 일부로 저작권과 같이 무체재산권에 속하지만, 저작권과는 달리 특허청에 등록을 함으로 권리를 취득하는 선출원주의 적용 대상이다. 권리의 존속 기간은 등록으로부터 10년이지만, 10년마다 갱신이 가능하여 갱신을 지속적으로 하면 영구적으로 사용이 가능하다. 상표권자가 지정한 상품에 독점적으로 그 등록상표를 사용할 권리를 갖는다. "상표권자 또는 전용사용권자는 자기의 권리를 침해한 자 또는 침해할 우려가 있는 자에 대하여 그 침해의 금지 또는 예방을 청구"[199]할 수 있으며, "상표권 및 전용사용권의 침해행위를 한 자는 7년 이하의 징역 또는 1억 원

이하의 벌금에 처한다."[200]

대중문화예술인(가수중심) 표준전속계약서 제8조(상표권 등)

'기획업자'는 계약기간 중 본명, 예명, 애칭을 포함하여 '가수'의 모든 성명, 사진, 초상, 필적, 기타 '가수'의 동일성(identity)을 나타내는 일체의 것을 사용하여 상표 및 디자인을 개발할 수 있으며, 이를 '기획업자'의 업무 또는 '가수'의 대중문화예술용역에 이용(제3자에 대한 라이선스 포함)하기 위해 '기획업자'의 이름으로 상표등록 또는 디자인등록을 할 수 있다. 다만 계약기간이 종료된 이후에 '기획업자'는 전단에 따라 등록한 상표권 및 디자인권을 '가수'에게 이전하여야 하며,'기획업자'가 상표 및 디자인 개발에 상당한 비용을 투자하는 등 특별한 기여를 한 경우에는 '가수'에게 정당한 대가를 요구할 수 있다.

대중문화예술인(가수중심) 표준전속계약서 제8조(상표권 등)는 피전속인, 즉 가수의 전속 기간 종료와 함께 기획업자가 스스로의 의사에 기해 가수에게 상표권을 이전할 것인지, 단서에 따라 별도의 대가를 요구할 것인가이다. 또한 전속계약 체결 시 이면 합의서나 부속계약서로 원계약서의 효력을 무력화했는지 여부가 쟁점이 될 수도 있다.

---

199) 「상표법」 제107조(권리침해에 대한 금지청구권 등) ① 상표권자 또는 전용사용권자는 자기의 권리를 침해한 자 또는 침해할 우려가 있는 자에 대하여 그 침해의 금지 또는 예방을 청구할 수 있다.
200) 「상표법」 제230조(침해죄).

현재 아이돌 그룹을 전속시키고 있는, 이른바 국내 빅 4 기획사를
비롯하여 대형 기획사는 대부분 자사 소속 가수들의 예명이나 그룹
명을 상표권으로 등록하는 것으로 알려져 있다.

나. 상표권 관련 사례

6명으로 구성된 그룹 '신○'의 상표권은 ○○엔터테인먼트가 보유하고
있었으나, 2003년 전속계약이 만료된 후 '○이엠지'라는 회사가 그룹
명 '신○'의 사용을 허락할 수 있는 계약을 '신○'와 체결하여 2005년
상표 등록을 마친 뒤 이를 J미디어에 위탁했다. 이후 J미디어는 상표권
자로서 '신○'의 이름으로 발표되는 앨범과 음원에 대한 권리를 모두 확
보하게 되었다. 멤버들은 '신○컴퍼니'라는 회사를 설립하여 J미디어와
상표권 사용에 관한 계약을 맺었으나 양측 간 분쟁이 생기며 소송으
로 이어졌고, 2013년 정규 11집부터는 앨범 재킷에 '신○'라는 이름을
사용하지 못했다.

결국 길고 지루한 소송이 이어지는 와중에도 양측이 이견을 좁히지
못하자 재판부는 강제 조정 결정을 내렸고, 2015년 양측은 서울고등
법원에서 열린 조정기일에 참석해 상표권 양도 합의에 대한 재판부의
조정안을 받아들이기에 이르렀다. 이에 따라 '신○'는 무려 17년 만에
자신들이 데뷔할 때 사용했던 그룹명을 다시 사용할 수 있게 되었다.

그런가 하면 5인조로 활동하던 '동방○○'에서 탈퇴한 김○○, 박○○,
김○○은 자신들이 '동방○○' 시절 사용하던 '영웅○○', '믹키○○', '시아
○○'라는 애칭을 대외적으로 쓸 수 없게 되었다. 이유는 이 세 명의
멤버가 2009년 전속계약의 기간 종료에 따른 효력 여부에 관한 소송

에서 승소하여 자유로운 신분이 된 것과는 별개로 애칭에 대한 상표권은 여전히 ○○엔터테인먼트가 갖고 있기 때문이다. ○○엔터테인먼트는 '동방○○'라는 팀 이름과 함께 멤버들의 애칭인 '영웅○○', '믹키○○', '시아○○'를 상표권으로 등록했고, 이에 따라 애칭의 당사자인 이들도 공개적인 자리에서는 이를 사용할 수 없는 것이다.

2014년, 12년 만에 5인조로 컴백한 go○ 역시 상표권 분쟁을 겪은 바 있다. go○의 상표권은 싸이○○HQ가 갖고 있었으나, 이 회사에 속한 go○ 멤버는 박○○ 혼자뿐이었기 때문에 멤버들의 개별 활동은 각자의 소속사에서 진행하되 멤버 중 두 명 이상이 모이면 팀(go○) 활동으로 간주되어 싸이○○HQ의 관리 범위에 놓이게 되는 것이다. 따라서 개인이 아닌 팀으로 공연 등 활동을 하기 위해서는 앨범 프로듀서를 담당했던 싸이○○HQ가 나서 멤버 간 의견을 조율하고 최종 활동을 결정하는 등의 역할을 해야 했다.

우리나라에서 밴드의 명칭에 대한 상표권 분쟁으로 법원의 판단을 받은 최초의 사례는 '○○ THE MAX' 사건[201]이다. '○○ THE MAX'는 3명의 멤버로 구성된 음악 밴드이고 상표권자는 그들의 소속사였다. 당시 이들은 전 소속사와의 전속계약 만료로 다른 기획사와 새로운 전속계약을 체결하고 제5집 앨범을 출시했다. 이에 전 소속사가 상표권 침해를 이유로 상표 서비스표 사용금지 가처분 소송을 제기한 것에

---

201) 서울중앙지방법원, 2006. 11. 30.자 2006카합3471 결정; 서울고등법원, 2007. 5. 2. 1006라1773 상표서비스표 사용금지가처분 결정(이 사건은 재항고되었으나 심리불속행으로 기각); 특허법원, 2007. 12. 26. 선고 2007허7808 판결.

대해 법원은 "‘○○ THE MAX’ 라는 그룹 사운드 명칭을 밴드 멤버들이 제5집 앨범에 표시한 행위는 「상표법」 제51조 제1항 제1호 본문 규정인 ‘자기의 명칭을 보통으로 사용하는 방법으로 표시하는 행위’에 해당되어 상표권 침해행위를 구성하지 않는다."고 ‘○○ THE MAX’의 손을 들어 주었다.

또한 ‘○○ THE MAX’는 전 소속사의 상표권이 상품 및 서비스의 출처를 오인하게 할 염려가 있다는 등의 이유로 전 소속사의 등록 상표에 대해 등록 무효 심판을 청구했다. 이에 대해 특허심판원은 "위 등록 상표가 상품 및 서비스의 품질이나 출처를 오인하게 함으로써 수요자를 기만할 염려가 있어, 「상표법」 제7조 제1항 제11호에 해당한다."는 ‘○○ THE MAX’의 청구를 받아들여 상표권의 무효를 결정했다.

그러자 이들의 전 소속사는 이에 불복하고 특허법원의 판단을 받게 되었는데 특허법원 역시 "이 사건 등록상표의 표장은 선사용 표장과 동일하고, 그 지정상품 및 서비스업도 선사용 표장이 사용된 음악이 녹음된 콤팩트디스크, 음악공연업과 동일하거나 유사하거나 최소한 밀접한 경제적 견련관계에 있는 것들로서, 이 사건 등록 상표가 그 지정상품 및 서비스업에 사용될 경우 일반 수요자나 거래자로 하여금 피고들과 관련이 있는 것처럼 출처의 오인·혼동을 일으켜 수요자를 기만할 염려가 있다."고 판시하여 ‘○○ THE MAX’의 손을 들어 주었다. 결국 이 사건은 모두 ‘○○ THE MAX’의 승소로 끝이 났다.

또 다른 사건으로 ‘○○앤제이’ 사건[202]이 있다. 이 사건은 2005년

데뷔한 여성 3인조 그룹 '○○엔제이'(Gavy NJ)가 소속사와의 전속계약
이 종료된 후 전 소속사를 상대로 전속계약 해지에 따른 음원 수익금
미지급분 분배와 전 소속사가 그룹 명칭인 '○○엔제이', 또는 '○○'를
사용할 수 없도록 사용금지를 청구한 사건이다.

멤버들은 "그룹 '○○엔제이', 또는 '○○'이 일반적으로 자신들을 지
칭하는 명칭으로 인식되어 있으므로 성명권 및 퍼블리시티권은 자신
들에게 귀속되어야 하는데, 전 소속사가 새로운 멤버로 구성된 여성 3
인조 그룹을 조직하여 '○○엔제이 2'라는 명칭을 사용하여 음반을 출
시하고 있으므로 이는 자신들의 '○○엔제이' 및 '○○'라는 성명권 및
퍼블리시티권을 침해하거나 「부정경쟁방지 및 영업비밀보호에 관한
법률」이 금지한 부정경쟁행위에 해당한다."고 주장했다.

이에 대해 담당 재판부는 "연예인의 예명 또는 그룹명은 실명 못지
않게 중요하고, 대중들에게 예명 또는 그룹명으로 인식되며 다른 연
예인과 구별하는 기능을 가지고 있으므로 이러한 연예인의 예명 또
는 그룹명 역시 성명권의 대상이 된다."고 판시했다. 이어서 "○○엔제
이(Gavy NJ)'의 N과 J가 멤버들의 성(노씨 및 정씨, 장씨)의 이니셜인
점, 멤버들이 '○○엔제이'라는 그룹명을 사용하여 가수 활동을 시작
한 점, '○○엔제이'의 명칭으로 이미 2장의 앨범을 발표하고 공중파
음악 프로그램에 출연하면서 '○○엔제이'라는 그룹이 일반인에게
널리 알려지기 시작한 점, 골든디스크 신인상을 수상한 점 등을 종합
하여 '○○엔제이'라는 명칭은 그룹 멤버들로 구성된 여성 3인조 그룹을

---

202) 서울중앙지방법원, 2008. 1. 18. 선고 2007가합10059 손해배상.

지칭하며, 성명권과 퍼블리시티권이 멤버들에게 귀속된다."고 판시했다.

이는 연예인의 예명 또는 그룹명을 당초 기획사가 만들었거나, 기획사가 예명 중 일부, 즉 '○○'를 가지고 상표권을 등록했더라도 '○○엔제이'(Gavy NJ)에 대한 성명권 및 퍼블리시티권은 멤버들에게 귀속된다는 점을 명확히 한 것이다.

위의 사례와는 다르게 밴드 멤버들 간의 이견이나 이해관계로 인해 그룹명에 대한 소유권의 향방이 달라지기도 한다. 그 대표적인 사례가 바로 '○○과 ○○'라는 그룹명을 둘러싼 '○○과 ○○'의 신구 멤버들 간 갈등이다.

이들을 1978년에 최○○, 김○○, 이○○, 이○○, 김○○을 멤버로 하여 〈한 동안 뜸했었지〉, 〈장미〉, 〈울고 싶어라〉 등의 히트곡으로 대단한 인기를 누렸으나, 1995년 발매된 6집 앨범을 마지막으로 사실상 활동을 종료하였다. 그러자 5집 앨범부터 이 그룹에 참여한 이○○, 이○○ 등이 '○○과 ○○'를 새로이 결성하고, '○○과 ○○'의 상표권을 이○○, 이○○, 송○○, 이○○, 이○○ 등 5명의 이름으로 등록하여 현재 '○○과 ○○'의 상표권은 이○○ 외 4인이 공동으로 보유하고 있다. 따라서 비록 그룹을 결성한 원년 멤버이긴 하지만 최○○이 '○○과 ○○'라는 이름을 다시 쓰기 위해서는 법적 판단을 구하거나 상호간의 협의를 전제로 해야 하는 것이 현실이다.

방송인 '하리○'는 '하리○'라는 이름을 두고 전속계약이 끝난 전 소속사와 분쟁을 겪은 바 있다. '하리○'는 "전 소속사가 비록 '하리○'라는 이름을 상표권으로 등록했다 하더라도, 본인을 지칭하는 것이고,

또 다른 연예인이 사용할 개연성이 현저히 떨어지므로 상표권 등록여부와 관계없이 자유롭게 사용할 것이다."라고 주장하며 어떤 일이 있어도 자신의 예명을 고수할 것임을 밝힌 바 있다. 이 사건은 결국 극적으로 합의에 이르러 '하리○'라는 이름을 지킬 수 있었다.

다. 전속계약과 상표권

대중문화예술인(가수중심) 표준전속계약서에 따르면 전속계약 기간 중 기획업자가 가수의 이름을 상표권으로 등록했을 경우, 전속계약의 종료와 함께 상표권을 가수에게 이전할 의무가 있다. 그러나 법적 강제가 아닌 권고에 불과한 표준계약서에 대해 우리 법원은 걸그룹 '○○○피프티'가 자신들이 소속되었던 연예기획사를 상대로 한 '○○○피프티 사건'에서 "공정위 표준 약관을 기초로 작성한 전속계약서의 법적 효력을 인정"[203]한 바 있다. 따라서 대중문화예술인(가수) 표준전속계약서의 합의에 따라 기획업자는 전속계약의 종료와 함께 상표권을 가수에게 이전해야 하지만, 상표 및 디자인 개발에 상당한 비용을 투자했다는 것을 핑계로 상표권 이전을 거부한다면 이 역시 소송 이외의 해결책은 없어 보인다.

가수는 전속계약 종료와 함께 기획사가 가지고 있던 상표권을 되돌려받을 수 있을지 여부에 따라 계약 종료 이후의 활동이 결정된다. 상표권의 유무에 따라 활동 방식도 달라질 수밖에 없기 때문이다. 그러나

---

203) 서울중앙지방법원, 2015가합19327 판결.

전속계약의 종료가 곧 상표권을 조건 없이 돌려받는 것과 동일한 의미는 아니므로 기획사가 선의로 상표권을 이전해 주거나 일종의 합의를 통해 이전받는 경우가 아니라면 재판을 통해 상표권의 소유를 다툴 수밖에 없다.

상표권 보유 여부에 따라 달라지는 가수의 활동 형태를 살펴보면, 가장 바람직한 경우는 보이 그룹 '인피니트'의 사례처럼 전속계약의 종료와 함께 기획사가 가수에게 조건 없이 무상으로 상표권을 이전하는 경우이다. '인피니트'는 13년간 사용해 온 팀 이름으로 새로운 소속사에서 열세 번째 앨범을 발표했다.

다음으로는 가수와 기획사가 원만한 합의를 하는 경우이다. 2인조 남성 그룹 '○○○ 투 더 스카이'는 1999년 데뷔해 2004년 원 소속사 ○○엔터테인먼트와 전속계약이 종료된 후, 재결합 과정에서 상표권을 보유하고 있던 ○○엔터테인먼트로부터 상표권 사용 허락을 받아 성공적인 컴백 무대를 가질 수 있었다. 그러나 ○○엔터테인먼트가 '○○○ 투 더 스카이' 측에 일시적인 상표권 사용 허락을 한 것인지, 상표권 자체를 이전한 것인지에 관해서는 확인이 불가하다.

그리고 '○라', '○○시대', '○od'의 경우처럼 기획사가 상표권을 보유하되, 공연이나 앨범 콘텐츠 제작이 있을 때 공동 제작 방식으로 수익을 나누는 방식도 있다. 보이 그룹 '○키스'처럼 기획사와 가수의 상호 합의로 일정 대가를 지불하고 상표권을 아예 넘겨받는 경우도 있다.

그런가 하면 2002년 해체한 '○○○꼬꼬'와 2007년 해체한 5인조 아이돌 그룹 '○즈'는 소속사가 이미 팀명으로 상표권을 출원해 불가피하게 해체할 수밖에 없었다는 사실을 후일 밝힌 바 있다. 또한 월드스타

비는 미국 활동에 앞서 '레인'이라는 이름을 두고 미국 네바다 주에 위치한 레인 코퍼레이션과 2년여 간의 법적 공방을 벌인 끝에 결국은 '더 레인(The Rain)'이란 이름으로 활동하기로 합의한 바 있다.

상표권 이전의 대가로 너무 큰 금액을 요구하거나 계약 연장 거부 등의 이유로 상표권에 대한 합의조차 거절당하는 경우도 있었다. 실제 '○○○○걸스'는 어떤 이유에서인지 상표권에 대한 합의가 무산되었고, 이후에는 '○브걸'이라는 다소 어색한 이름으로 활동을 이어갈 수밖에 없었다.

음악 밴드 명칭에 대한 권리의 귀속 주체에 관하여 계약의 당사자 간에 명확한 약정이 있다면 그 약정에 따라 권리 귀속 관계를 정하면 된다. 하지만 약정이 없거나 있다고 해도 불명확한 내용이 포함되어 해석상 이견이 존재하는 경우에는, 먼저 밴드의 탄생 과정부터 현재와 미래의 활동 상황을 살펴 그에 상응하는 법 적용으로 음악 밴드 명칭의 귀속 여부를 정하는 것이 하나의 방법일 수 있을 것이다. 또한 밴드 명칭의 귀속에 관해서는 「상표법」 및 기타 개별 「재산권법」 상 명확한 기준을 설정하여 소모적 분쟁으로 사회적 비용이 증가하는 것을 방지할 필요가 있다.

예를 들어 그룹으로 활동하던 멤버가 그룹 해체 혹은 전속계약이 종료되어 다른 기획사에서 그룹을 재결성하거나 활동을 이어가려 해도, 상표권을 보유하고 있는 원 기획사의 허락이 없다면 과거의 밴드명으로는 그룹 재결성이 원칙적으로 불가능하다. 이러한 상황은 어렵게 구축한 유명 그룹의 브랜드를 일거에 소멸시키고, 소중한 인적, 물적 자원의 낭비로 이어진다. 따라서 상표권 등 구체적 권리를 둘러싼 다툼이 빈번해지고 첨예한 대립으로 이어져 사회적 비용이 증가하는 것을 방지하기 위한 사회적, 법적 해결방안 마련이 시급하다.

부정경쟁방지 및 영업비밀보호에 관한 법률
(약칭: 부정경쟁방지법)

> 「부정경쟁방지법」 제1조(목적)
>
> 　이 법은 국내에 널리 알려진 타인의 상표·상호(商號) 등을 부정하게 사용하는 등의 부정경쟁행위와 타인의 영업비밀을 침해하는 행위를 방지하여 건전한 거래질서를 유지함을 목적으로 한다.

이 법은 널리 알려진 타인의 상표나 상호를 허락 없이 영리 목적으로 이용하는 것을 방지하기 위한 법이다. 이때 널리 알려진 타인의 상표나 상호는 등록 여부에 관계없이 같거나 비슷한 경우를 의미한다.

> 「부정경쟁방지법」 제2조(정의)
>
> 이 법에서 사용하는 용어의 뜻은 다음과 같다.
> 1. "부정경쟁행위"란 다음 각 목의 어느 하나에 해당하는 행위를 말한다.

타. 국내에 널리 인식되고 경제적 가치를 가지는 타인의 성명,
　　초상, 음성, 서명 등 그 타인을 식별할 수 있는 표지를 공정
　　한 상거래 관행이나 경쟁질서에 반하는 방법으로 자신의
　　영업을 위하여 무단으로 사용함으로써 타인의 경제적 이
　　익을 침해하는 행위

부정경쟁 행위를 판단하기 위해서는 주지성[204]이 판단의 근거가 된다. 즉, 사회 일반에 널리 알려진 타인의 상표나 상호를 무단으로 사용하는 행위는 법 위반에 해당하며, 이로 인해 타인의 경제적 이익을 침해한 경우 3년 이하의 징역 또는 3천만 원 이하의 벌금에 처하도록 되어 있다. 또한 이 법은 고소나 고발이 없어도 처벌이 가능하며, 제3자의 부정경쟁 행위로 인해 자신의 경제적 이익이 침해되거나 침해될 우려가 있는 경우에는 「부정경쟁방지법」 제4조 부정경쟁행위 등의 금지청구권을 행사 할 수 있다.

「부정경쟁방지법」 제4조(부정경쟁행위 등의 금지청구권 등)
　① 부정경쟁행위나 제3조의2제1항 또는 제2항을 위반하는 행위로
　　자신의 영업상의 이익이 침해되거나 침해될 우려가 있는 자는

---

204) 국어사전은 명사로서 "여러 사람이 두루 앎"이라 정의하고, 법률적으로는 "상표가 특정인의 상품에 사용되는 것임이 수요자 또는 거래자간에 널리 인식되어 있는지 여부가 주지성의 판단기준"이라 한다(대법원, 1994. 1. 25. 선고 93후268 판결).

부정경쟁행위나 제3조의2제1항 또는 제2항을 위반하는 행위를 하거나 하려는 자에 대하여 법원에 그 행위의 금지 또는 예방을 청구할 수 있다.

대중가수가 「부정경쟁방지 및 영업비밀보호에 관한 법률」에 의해 본인의 권리를 지켜낸 대표적인 사례로 '박상민 모방 공연 사건'이 있다. 이 사건은 '이미테이션 가수'인 '갑'이 널리 알려진 직업 가수 '을'의 '소 자 모양 수염 등 특징적인 외양과 독특한 행동을 의도적으로 모방하여 마치 '을'인 것처럼 그의 성명을 사용하여 나이트클럽 등에서 공연한 사건이다. 법원은 "'을'의 성명은 구 「부정경쟁방지 및 영업비밀보호 등에 관한 법률」상 '국내에 널리 알려진 영업표지'에 해당하지만 '을'의 특징적인 외양 등은 위 '영업표지'에 해당한다고 보기 어렵다."고 판단했다. 즉, 외양과 행동을 단순히 모방한 것은 무죄이나, 의도적으로 모방하여 마치 자신이 '을'인 것처럼 그의 성명을 사용해 관객을 속였다는 부분만이 법률 위반죄가 성립한다는 것이다.

(1) 가수 박상민은 1993년경부터 이 사건 당시까지 〈해바라기〉, 〈무기여 잘 있거라〉 등 일반인들이 많이 알고 즐겨 부르는 노래인 소위 '히트곡'을 발표하고, 가수로서 방송에 출연하거나 전국적으로 콘서트를 개최하는 등의 활동을 해왔다. 이 사건 무렵에 가수 박상민이 나이트클럽에 출연할 경우에 통상적으로 1회당 10,000,000원 정도의 공연료를 나이트 클럽 측으로부터 지급

받았다.[205]

(2) 가수 박상민은 방송 등에 출연할 때 머리에 모자를 쓰고, 선글라스를 끼었으며, 독특하게 기른 수염으로 외양을 꾸미며 다른 가수들과 구분되는 외양으로 국내의 일반인들에게 인식되어 왔다.[206]

(3) 피고인 1은 2004. 9.경 피고인 2로부터 가수 박상민과 외모가 닮았으니 가수 박상민을 모방하여 그 외양을 꾸미고 모창을 하는 것을 주로 하는 소위 '이미테이션 가수'를 해보라는 제의를 받고, 2004. 9. 21.경 피고인 2와 사이에 전속기간을 2004. 10. 30.부터 2007. 12. 30.까지로 하되, 피고인 1이 출연하는 나이트클럽 등으로부터 받는 출연료를 절반씩 나누기로 정하는 등으로 '야간 업소에 관한 전속계약'을 체결하였는데, 피고인들은 서로 상의하여 피고인 1이 가수 박상민인 것처럼 행동하고, 피고인 1이 박상민이 부른 노래를 실제 하지 않고 입 모양만으로 노래를 부르는 것으로 보이게 하는 소위 '립싱크' 방법으로 공연하기로 하였다.[207]

(4) 위 전속계약에 따라 피고인 2는 이 사건 공소사실 기재의 각 나이트클럽의 담당자들과 각 30회의 출연을 기준으로 하여 150만 원 정도의 출연료를 받기로 하고 피고인 1을 위 나이트클럽에 출연시키기로 합의하였는데, 위 나이트클럽 중 일부는 가수 박상민이 이 사건 이전에 출연한 적이 있는 곳이었다.[208]

---

205) 공판기록 53쪽; 수사기록 58쪽, 223쪽.
206) 수사기록 223쪽.
207) 수사기록 223쪽.
208) 공판기록 59쪽; 수사기록 52쪽, 108쪽, 109쪽, 246쪽.

(5) 피고인 1은 가수 박상민의 몸짓, 억양, 걸음걸이 등을 미리 방송 등을 통하여 보고 그와 비슷하게 흉내를 내는 연습을 한 다음 2005. 12. 중순경부터 2006. 12. 하순경까지 사이에 이 사건 나이트클럽에서 각 30회씩 공연을 하였다.[209]

(6) 특히, ①2006. 2. 13. 22:00경 성남시 분당구 야탑동 (지번 생략)에 있는 '○○ 나이트클럽'에서 무대 사회자가 피고인 1을 지칭하여 "해바라기를 부르는 가수 박상민입니다"라고 소개하고, ②2006. 4. 중순 22:00경 고양시 일산구 마두동에 있는 '△△ 나이트클럽'에서 무대 사회자가 손님들에게 피고인 1이 박상민을 모방하는 이미테이션 가수임을 밝히지 않은 채 마치 위 박상민이 출연한 것처럼 "특별출연 인기가수, 특별히 △△에 왔습니다. 유명 히트곡이 많은 가수, 해바라기의 주인공 박상민을 소개합니다"라고 소개하였으며, ③2006. 7. 31. 02:00경 서울 관악구 신림5동 (지번 생략)에 있는 '×× 나이트클럽'에서 그곳의 운영자는 업소 내 전광판에 '특별출연, 인기가수 박상민'이라고 광고하였는데, 피고인 1은 각 그 당시 자신이 가수 박상민이 아니라는 사실은 밝히지 않은 채, 박상민의 공연 시 외양과 똑같다고 할 수 있을 정도로 유사한 모습이 되도록 모자와 선글라스를 착용하고 독특한 모양의 수염을 기른 다음, 미리 연습해 둔 대로 박상민의 행동 등을 흉내 내면서 박상민이 부른 노래인 '해바라기' 등 4곡을 틀어놓고 립싱크 방식으로 공연을 하였다.[210]

(7) 피고인 1은 2006. 2. 13. 22:00경에는 이 사건 '○○ 나이트클럽'에서 공연이 끝난 뒤 가수 박상민의 팬인 공소외 5가 서명을 부탁하자 공소외 5의 수첩에 가수 박상민의 서명과 거의 똑같은

---

209) 수사기록 64쪽, 75쪽, 87쪽, 108쪽, 109쪽, 245쪽, 246쪽.
210) 수사기록 12쪽, 13쪽, 68쪽, 69쪽, 23쪽, 24쪽 및 149쪽, 246쪽, 249쪽.

모양으로 서명을 해주기도 하였다.[211]

(8) 또한, 피고인 1이 나이트클럽에서 행한 공연 모습을 본 사람이 2006. 2. 15. 22:51경 생방송 라디오를 진행하고 있던 가수 박상민에게 "어~~나 지금 분당 나이트에서 오빠 보구 왔는데 뭐야 뭐야~뭐가 진짠가요~~"라는 문자메시지를 보내기도 하는 등으로 그 공연을 본 손님들은 피고인 1을 가수 박상민으로 오인하기도 하였다.[212]

(9) 한편, 가수 박상민은 피고인 1에게 2004년경부터 가수 박상민을 흉내내는 방식으로 공연을 하는 것을 그만 둘 것을 경고하였고, 피고인 1이 나이트클럽에 출연한 기간 동안 가수 박상민에 대한 나이트클럽 출연 제의는 현저히 줄어 가수 박상민의 수입도 상당히 감소하였다.[213]

흡사 한 편의 소설과도 같은 수사 기록을 통해 본 이 사건의 피해자는 분명 박상민이다. 박상민은 자신을 단순히 흉내 낸 것이 아니라, 자신을 빙자하여 무대에서 이익을 챙기는 자와 출연료를 적게 주기 위해 가짜 박상민이라는 사실을 알면서도 마치 진짜 박상민이 자신의 업소에 출연하는 것처럼 거짓 광고를 한 업주를 고소했고, 범죄 행위가 소명됨에 따라 가짜 박상민과 업주는 각 7백만 원의 벌금형에 처했다.

이 판결을 살펴보면 해당 재판부는 이 사건이 '국내에 널리 인식된 영업

---

211) 수사기록 12쪽 내지 16쪽.
212) 수사기록 11쪽.
213) 공판기록 54쪽, 59쪽, 61쪽.

표지'와 '국내에 널리 인식된 타인의 영업임을 표시하는 표지'를 피고가 침해한 것이라는 판단 하에, 양형 이유로 "피고인들은 이 사건 범행 이전에 가수 박상민 측으로부터 모방하여 공연을 하는 행동에 대하여 그만두라는 경고를 몇 차례 받았다. 그러나 가수 박상민인 것처럼 행세하며 돈을 받고 나이트클럽에서 공연함으로써 가수 박상민에게 금전적 손해와 함께 이미지 실추 등의 많은 무형적인 고통을 준 것으로 보인다. 당심에 이르기까지 피고인들이 가수 박상민에게 사과하는 등으로 합의하지 않았으며, 진정으로 이 사건 범행을 반성하고 있는 것으로는 보이지 않는다. 피고인 1이 현재는 '박성민'이라는 예명으로 공연 활동을 하는 것으로 보이고, 이 사건에서 피고인 1이 가수 박상민의 성명을 사용하여 공연한 범행은 3회인 점 등 피고인들이 이 사건 범행에 이르게 된 경위, 수단과 결과, 범행 후의 정황, 그 외 피고인들의 연령, 성행, 지능과 환경 등 이 사건 기록에 나타난 양형의 조건이 되는 여러 사정을 참작한다."라고 했다.

양형 이유 중 흥미로운 부분을 발견할 수 있다. 바로 "피고인 1이 현재는 '박성민'이라는 예명으로 공연 활동을 하는 것으로 보이고"라는 부분이다. 만일 피고인 1이 처음부터 '박상민'이 아닌 '박성민'이라는 이름을 사용했다면 이 사건은 성립하지 않을 것이다. 그 이유는 박성민의 행위는 「부정경쟁방지 및 영업비밀보호에 관한 법률」의 적용 대상이 아니고, 패러디나 공정이용으로 「저작권법」상 면책 범위에 해당하기 때문이다.

우리 「저작권법」이 정한 공정 이용에 해당하는 패러디의 예를 준용하면, 대표적 이미테이션 가수들인 너훈아, 패튀김, 조영필 등은 「부정경쟁방지 및 영업비밀보호에 관한 법률」 적용에서 예외로 인정된다. 유명 음악가의 초상·성명을 허락받지 않고 상업적으로 이용할 경우에는 퍼블리시티권에 근거해 침해자에게 손해배상을 청구할 수 있으나, 유명 가수를 흉내 내 모창을 하는 가수는 유명인의 명성만 이용했을 뿐 초상이나 성명을 이용한 것이 아니기 때문에 퍼블리시티권 침해가 성립되지 않는다. 하지만 이 사건은 가수 박상민을 사칭하여 박상민이 얻을 수 있는 실제의 이익을 가로챈 자에 대해 퍼블리시티권 침해가 아닌 「부정경쟁방지법」을 적용한 경우로, 단순 이미테이션 가수들과는 명백히 다른 경우이다.

이미테이션 가수들은 흉내를 낼뿐 오리지널 가수와는 다르다는 점을 분명히 하고, 자신을 희화화함으로써 오인 혼동의 가능성을 방지하며 그 행위로 또 다른 저작권(일종의 콘텐츠)을 생성해 이미테이션 가수로서의 경제활동을 이어가고 있다. 단, 이 경우도 인용 대상을 지나치게 희화화하고 조소하는 등 명예를 훼손하는 경우, 인용 대상인 가수의 문제 제기로 인해 저작권과는 또 다른 명예훼손에 따른 법적 제재를 받을 가능성이 있다.

우리나라 「저작권법」은 저작물의 사용이 공정 이용에 해당하는 경우를 명시하고 있다.

「저작권법」 제35조의5(저작물의 공정한 이용)

① 제23조부터 제35조의4까지, 제101조의3부터 제101조의5까지의 경우 외에 저작물의 일반적인 이용 방법과 충돌하지 아니

하고 저작자의 정당한 이익을 부당하게 해치지 아니하는 경우
에는 저작물을 이용할 수 있다.
② 저작물 이용 행위가 제1항에 해당하는지를 판단할 때에는 다
음 각 호의 사항등을 고려하여야 한다.
1. 이용의 목적 및 성격
2. 저작물의 종류 및 용도
3. 이용된 부분이 저작물 전체에서 차지하는 비중과 그 중요성
4. 저작물의 이용이 그 저작물의 현재 시장 또는 가치나 잠재적
  인 시장 또는 가치에 미치는 영향

부정경쟁행위로 인해 발생하는 피해를 미연에 방지하기 위해 「부정
경쟁방지법」은 1. 국내에 널리 인식된 타인의 성명, 상호, 상표, 상품의
용기·포장, 그 밖에 타인의 상품임을 표시한 표지標識와 동일하거나 유
사한 것을 사용하거나 이러한 것을 사용한 상품을 판매·반포 또는 수
입·수출하여 타인의 상품과 혼동하게 하는 행위, 2. 국내에 널리 인식
된 타인의 성명, 상호, 표장標章, 그 밖에 타인의 영업임을 표시하는 표
지와 동일하거나 유사한 것을 사용하여 타인의 영업상의 시설 또는
활동과 혼동하게 하는 행위[214]를 금지한다.

---

214) 「부정경쟁방지법」 제2조(정의).

음악인을 위한
권리 해설서

제3장

저작권 관리

저작권과 저작인접권

「저작권법」은 "저작자는 저작물을 창작한 자를 말한다."[215]라고 정의하여, 저작물을 창작하는 자를 저작자로 통칭한다. 구체적으로는 음악이나 소설, 시, 사진 등의 원시적 저작물을 창작하는 자를 말하며, 음악의 경우는 작사, 작곡, 편곡자가 이에 해당한다. 노래와 연주를 하는 실연자, 음반제작자, 방송사업자는 저작인접권자라 한다. 따라서 대한민국에서 음악인이라고 불릴 수 있는 사람은 엄격한 의미로 저작자이거나 저작인접권자 중 실연자일 수밖에 없다.

실연자에 대한 정의는 "저작물을 연기·무용·연주·가창·구연·낭독 그 밖의 예능적 방법으로 표현하거나 저작물이 아닌 것을 이와 유사한 방법으로 표현하는 실연을 하는 자를 말하며, 실연을 지휘, 연출 또는 감독하는 자를 포함한다."[216]라고 하며, 음악의 경우는 연주, 가창, 낭독, 지휘, 연출 등이 실연의 분야에 포함되는 것으로 이해할 수 있다.

---

215) 「저작권법」 제2조(정의) 2.
216) 「저작권법」 제2조(정의) 4.

　　음반제작자와 방송사업자는 「저작권법」이 요구하는 "사상이나 감정을 표현한 창작물일 것"이라는 저작권 발생 요건을 충족하는 것과는 별개로, 저작권에 인접한 저작인접권자의 지위를 갖는다. 「저작권법」의 음반제작자는 "음반을 최초로 제작하는 데 있어 전체적으로 기획하고 책임을 지는 자"[217]라는 정의에 따라 음반을 제작하는 개인이나 법인이 음반제작자이고, 방송사업자는 "방송을 업으로 하는 자"[218]로, 음악의 본질과는 일정 거리가 있는 이들이다.

　　저작인접권Neighboring rights은 저작물을 직접 창작한 자는 아니지만, 저작물의 해석자이거나 전달자로서 창작에 준하는 활동을 통하여 저작물의 가치를 증진시키는 역할을 한 자에 대해 주어지는 '저작권에 준하여 보호되는 권리'이다. 다시 말해 음악의 경우 작사, 작곡, 편곡자 등 원시적 창작물의 저작자에게 발생하는 저작권과 이를 해석하고 예술성을 가미하여 음악으로 완성하는 실연자(가수나 연주자)의 저작인접권이 음악의 본질에 해당한다. 반면, 음반을 제작하여 유통하는 음반제작자와 제작이 완료된 음반을 방송에 활용하여 음악저작물의 종국적인 가치를 상승시키는 방송사업자의 행위는 앞서 말한 바와 같이 창작에는 해당하지 않지만 그 기능적 역할을 인정하여 '저작권에 인접한' 또 하나의 권리로 보호하는 것이다.

---

217) 「저작권법」 제2조(정의) 6.
218) 「저작권법」 제2조(정의) 9.

저작권 집중관리제도
(Collective Copyright Management System)

저작권은 사권私權이므로 권리자 개개인이 권리 행사를 하는 것이 원칙이다. 그러나 저작권은 제3자의 이용을 전제로 하지 않으면 의미를 갖기 어려운 특징을 가지고 있으며, 그 이용 형태 또한 매우 다양하여 권리자 스스로 자신의 권리를 지켜내기가 쉽지 않다.

저작물은 창작되어 공표되면 무수한 매체 및 장소에서 이용되는데, 저작권자는 자신의 저작물이 언제 어디서 이용되는지 파악하기 쉽지 않다. 또한 저작물 이용자도 저작권자의 소재를 파악하여 이용 허락을 받고 적법하게 사용하려고 해도 이 또한 만만치 않다. 이러한 점에 착안해 만들어 진 제도가 저작권 집중관리제도로 이 제도는 현재 전 세계에서 보편적으로 활용되고 있다. 나라마다 관리·감독, 운영 형태 등에 다소의 차이는 있지만 큰 틀에서의 시스템 구성에는 많은 공통점이 있다.

예를 들어 방송에서 음악저작물을 이용하기 위해서는 이용 허락권[219]

---

219) 저작권자가 자신의 저작물을 이용할 수 있도록 하는 일체의 권리를 말한다. 이용허락권은

을 가진 작사, 작곡, 편곡자에게 저작권 사용에 대한 대가 지불을 조건으로 사전 허락을 받아야 한다. 또한 보상청구권[220]을 가진 가수, 연주자, 음반제작자에게는 사용 후 협상을 통해 상업용 음반을 방송에 사용한 대가를 지불해야 하는데, 그 대상이 적게는 곡 당 4~5명에서 많게는 십 수 명에 이를 수 있다. 이 경우 저작권자나 저작인접권자가 이용자들의 허락 요청에 일일이 대응을 한다는 것은 거의 불가능에 가깝다. 따라서 권리자를 대신할 기구나 기관이 있다면 권리의 체계적인 보호, 이용에 대한 편의, 관리 비용의 절감 등의 장점이 있을 것이다. 이러한 요구에 의해 탄생한 것이 바로 저작권 집중관리제도이다.

이 제도는 저작권자와 저작인접권자를 포함한 저작재산권자들이 그들의 권리를 특정한 집중 관리 기구에 위탁하여 관리하도록 한다. 위탁의 조건에는 저작물이 사용되는 상황에 대한 모니터링뿐 아니라 이용자들과의 협상, 더 나아가 라이선스 부여, 권리 침해에 대한 예방 및 구제에 관한 권한까지도 집중 관리 기구에 이전하는 것이 포함된다. 이러한 집중 관리 기구는 수익자인 저작재산권자, 즉 위탁자로부터 수수료를 받고 법이 정한 바에 따라 위탁자의 저작물을 관리한다. 이러한 집중 관리 업무를 수행하는 곳이 바로 현재의 신탁관리단체인 것이다.

현행 「저작권법」상 저작권 집중 관리제도를 운용하는 저작권 위탁 관리업은 저작권 신탁관리업과 저작권 대리중개업으로 나뉜다.[221]

물권적 권리로 형사소송의 대상이 된다.

220) 보상청구권은 채권적 권리로 흔히 저작인접권자의 방송사용보상금, 저작자의 교과서 및 도서관 보상금 등을 들 수 있으며 민사소송의 대상이 된다.

이 둘의 차이는 수탁자가 저작권자의 권리를 '인수'하는가의 여부에 있다. 저작권 신탁관리업은 조건부 양도 절차에 따라 권리를 '인수'하는 반면, 저작권 대리중개업은 저작권의 귀속에는 아무런 변동이 없고, 단지 권리를 가진 자를 위하여 그 권리의 이용에 관한 '대리 또는 중개행위'[222]만을 할 수 있다. 또한, 저작권 대리중개업은 영리가 목적인 반면, 저작권 신탁관리업은 「신탁법」 본법 제36조[223]가 정한 바에 따라 「저작권법」 제105조(저작권위탁관리업의 허가 등) 제2항 제2호가 규정한 비영리 요건을 충족해야만 허가를 받을 수 있다는 차이가 있다.

「저작권법」 제105조(저작권위탁관리업의 허가 등)

① 저작권신탁관리업을 하고자 하는 자는 대통령령으로 정하는 바에 따라 문화체육관광부장관의 허가를 받아야 하며, 저작권대리중개업을 하고자 하는 자는 대통령령으로 정하는 바에 따라 문화체육관광부장관에게 신고하여야 한다. 다만, 문화체육관광부장관은 「공공기관의 운영에 관한 법률」에 따른 공공기관을 저작권신탁관리단체로 지정할 수 있다.

---

221) 「저작권법」 제105조(저작권위탁관리업의 허가 등) ① 저작권신탁관리업을 하고자 하는 자는 대통령령으로 정하는 바에 따라 문화체육관광부장관의 허가를 받아야 하며, 저작권대리중개업을 하고자 하는 자는 대통령령으로 정하는 바에 따라 문화체육관광부장관에게 신고하여야 한다.

222) 「저작권법」 제2조(정의) 27. '저작권대리중개업'은 저작재산권자, 배타적발행권자, 출판권자, 저작인접권자 또는 데이터베이스제작자의 권리를 가진 자를 위하여 그 권리의 이용에 관한 대리 또는 중개행위를 하는 업을 말한다.

223) 「신탁법」 제36조(수탁자의 이익향수금지) 수탁자는 누구의 명의로도 신탁의 이익을 누리지 못한다. 다만, 수탁자가 공동수익자의 1인인 경우에는 그러하지 아니하다.

② 제1항에 따라 저작권신탁관리업을 하고자 하는 자는 다음 각
　 호의 요건을 갖추어야 하며, 대통령령으로 정하는 바에 따라
　 저작권신탁관리업무규정을 작성하여 (중략) 이를 저작권신탁
　 관리허가신청서와 함께 문화체육관광부장관에게 제출하여야
　 한다. 다만, 제1항 단서에 따른 공공기관의 경우에는 제1호의
　 요건을 적용하지 아니한다.
　 1. 저작물등에 관한 권리자로 구성된 단체일 것
　 2. 영리를 목적으로 하지 아니할 것
　 3. 사용료의 징수 및 분배 등의 업무를 수행하기에 충분한 능
　 　 력이 있을 것

2015년 사진 에이전시인 ○○이미지 사건을 통해 저작권신탁관리업과 저작권대리중개업의 법적 구분을 살펴본다.

○○이미지 포괄대리 사건
(대법원 2019. 7. 24. 선고 2015도1885 판결)

"현행 저작권법의 저작권위탁관리제도는 저작권신탁관리업과 저작권대리중개업으로 구분되는데, 저작권신탁관리업은 문화체육관광부장관의 허가사항, 저작권대리중개업은 신고사항이고(저작권법 제105조 제1항), 허가를 받지 아니하고 저작권신탁관리업을 한 자는 1년 이하의 징역 또는 1천만 원 이하의 벌금에 처하도록 규정하고 있다(저작권법 제137조 제1항 제4호). ~ (중략) ~ 신탁관리업자는 신탁의 본지에 반하지 않는 범위에서 스스로 신탁받은 저작재산권 등을 지속적으로 관리하며 저작재산권 등이 침해된 경우 권리자로서 스스로 민·형사상 조치 등을 할 수 있다. 따라서 저작권대리중개업

자가 저작재산권 등을 신탁받지 않았음에도 사실상 신탁관리업자와
같은 행위로 운영함으로써 저작물 등의 이용에 관하여 포괄적 대리
를 하였는지를 판단함에 있어서는, 저작권대리중개업자의 저작물 등
의 이용에 관한 행위 가운데 위와 같은 저작권신탁관리의 실질이 있
는지를 참작하여야 한다.

피고인 6 회사는 다수의 권리자로부터 저작물에 대한 이용허락뿐
만 아니라 침해에 대한 민·형사상 조치에 대해서도 일체의 권한을
위임받았고, 나아가 '독점적 이용허락'에 기대어 저작물에 대한 홍보
·판매 및 가격 등을 스스로 결정하고 다수의 고객들로부터 사용료
를 징수하며, 스스로 다수의 저작권침해자들을 상대로 민·형사상
법적조치를 취하고 합의금을 받아 사진공급업체나 저작권자에게 각
일정 부분을 송금하였다. 따라서 피고인 6 회사의 이러한 행위는 저
작권법 제2조 제26호의 '저작물 등의 이용과 관련하여 포괄적으로
대리하는 경우'에 해당한다.

법원은 위 사건에 대해 "피고 1 저작권 대리중개업자의 행위가 '포
괄 대리'에 해당하며, 이는 무허가 저작권신탁관리업을 영위한 것이므
로 유죄로 판단한다."라고 판결했다. 즉, 저작물 대리중개업은 권리를
가진 자를 위해 그 권리의 이용에 관한 '대리 또는 중개행위'만을 할
수 있음에도 불구하고, 이 사건의 저작물 대리중개업자는 독단적으로
저작물의 가격 결정, 사용료 징수, 저작권 침해자 상대 민·형사상 소
제기, 합의금 수수 등의 행위를 했고, 이 같은 행위가 '포괄 대리'에 해
당한다는 의미이다.

저작권 신탁관리업

저작권 신탁 관리제도는 대한민국의 「저작권법」과 대한민국이 가입한 국제 조약에 기초해 운용되며, 저작권자를 비롯해 인류의 문화 자산인 저작권의 체계적인 보호와 저작물 이용자의 이용 편의 도모를 위한 제도이다. 이러한 목적의 일환으로 저작자와 저작인접권자에게 독점적·배타적 성격의 권리를 부여한 것에 더해 저작물의 이용 촉진을 위한 필요성에 의해 저작권 집중관리제도가 창안되었으며, 이 제도의 운영 주체가 바로 저작권 신탁관리업자인 것이다. '신탁'信託의 한자 풀이대로 저작권을 '믿고 맡기는' 제도이므로 저작권 신탁관리업자는 저작권자가 '믿고 맡긴' 저작권을 운용하여 수익을 되돌려주어야 할 의무를 부담한다.

「신탁법」[224]은 '신탁'에 대해 "신탁 설정자(이하 '위탁자'라 한다)와 신탁의

---

224) 신탁에 관한 일반적인 사법적 법률관계를 규율하기 위하여 제정된 법률로, 전문 8장 72조와 부칙으로 구성되어 있으며 총칙, 신탁관계인, 신탁재산, 수탁자의 권리의무, 수익자의 권리의무, 신탁의 종료, 신탁의 감독, 공익신탁 등에 대하여 규정하고 있다.

인수하는 자(이하 '수탁자'라 한다)간의 특별한 신임 관계에 기초하여 위임자가 특정의 재산권을 수탁자에게 이전하거나 기타의 처분을 하고, 수탁자로 하여금 일정한 자(이하 수익자라 한다)의 이익을 위해 또는 특정의 목적을 위해 그 재산권을 관리, 처분하게 되는 법률 관계를 말한다."라고 정의하고 있다. 이에 따라 저작권 신탁 관리단체는 철저히 「신탁법」의 규율 내에서 운용된다. 단, 「신탁법」에서 정한 유체 재산의 신탁과 달리 저작권 신탁은 관리권만 인수될 뿐, 처분 권한은 제외된다.

저작권 신탁관리업은 무체재산권인 저작권을 동산^{動産}화하여 반환한다는 특성에서 금융업으로 분류된다. 따라서 저작권 신탁관리업 종사자에게는 고도의 도덕성과 청렴성이 요구된다. 허가권자인 문화체육관광부는 저작권 신탁관리업을 영위하는 모든 단체의 정관 및 신탁계약약관, 이용계약약관, 저작권사용료 징수 규정, 저작권사용료 분배규정과 집중관리단체의 수입이 되는 관리 수수료율에 대한 제어 및 통제로서 규정의 승인을 통해 저작권 신탁관리단체를 엄격하게 관리, 감독하고 있다.

질문 저는 현재까지 힙합 R&B 곡을 네 번째 곡을 발표한 신인 뮤지션입니다. 네 번째 곡을 발매하고 반응이 커지던 중, S 업체에서 홍보 계약 제안을 받았습니다. 제 음악을 다른 유튜버나 크리에이터들에게 홍보하여 영상에 삽입해 주고 수익을 나누는 조건이었습니다. 저는 조건이 마음에 들어 당연히 승인을 했습니다. 한 달 후 지금, 저는 제 음악이 여러 곳에 쓰이는

것을 확인했고, 그래서 저작권협회에 전화해 이 경우 저작권이 어떻게 징수되는지와 소요 시간을 문의했습니다. 근데 놀랍게도 저작권협회에서는 저의 이 홍보 계약이 제 권리를 넘어서는 행동이고 저작권협회와의 계약 위반이라는 답변을 들었습니다. 제가 저의 곡으로 홍보 계약을 맺는 것이 무단인가요? 정말 이해가 가지 않습니다.

답변 귀하가 곡을 신탁한 곳이 한국음악저작권협회인지 함께하는 음악저작인협회인지를 표시하지 않아 한국음악저작권협회, 즉 음저협의 신탁계약약관을 토대로 답변하는 것임을 양지하시기 바랍니다. 질문의 내용을 살펴보면, 귀하는 S 업체와 단순 홍보 계약을 넘어 사용료를 징수하고 이를 분배하는 것까지를 허용하는 포괄 계약을 체결한 것으로 보입니다. 따라서 저작권협회의 "홍보 계약이 귀하의 권리를 넘어서는 행동이고 저작권협회와의 계약 위반이라는 답변"은 매우 타당합니다. 결론적으로 귀하와 저작권협회 간 체결한 신탁계약약관 제3조(저작재산권의 신탁) 1항[225]과 4항[226]에 따라, 귀하의 저작재산권은 계약체결과 동시에 저작권협회에 이전이 되었으므로 귀하는 무권리자 신분으로 S 업체와 권리 행사에 대한 포괄

---

225) 한국음악저작권협회 신탁계약약관 제3조(저작재산권의 신탁) ① 위탁자는 현재 소유하고 있는 저작권 및 장차 취득하게 되는 저작권을 본 계약기간 중 신탁재산으로 수탁자에게 저작권을 이전하고, 수탁자는 위탁자를 위하여 신탁저작권을 관리하여 이로 인하여 얻어진 저작물 사용료 등을 위탁자에게 분배한다.

226) 한국음악저작권협회 신탁계약약관 제3조(저작재산권의 신탁) ④ 제1항에 의거 위탁자가 수탁자에게 신탁한 저작물에 대하여 위탁자는 어떠한 경우에도 제3자에게 이용허락 및 권리행사를 할 수 없다.

계약을 한 것입니다. 이는 저작권협회와의 계약 위반과 동시에 A 업체에 대해서도 '저작권이 없는 자가 저작권을 행사한 경우'에 해당할 것입니다(S 업체의 포괄 대리행위에 대한 판단 생략).

질문 작곡가이자 제작자입니다. 8년 전쯤 좋은 뜻으로 부탁을 받아 아주 저렴한 가격에 곡을 제작해서 어떤 분께 드렸습니다. 대신 마스터권과 저작권은 모두 제가 가지고 러닝 개런티로나마 보상을 받기로 했지만, 금액적으로 의미는 거의 없는 수준입니다. 그런데 그 가수분이 다큐멘터리 영화 제작진의 요청으로 영화에 출연하시면서 저와는 상의 없이 그 곡을 영화 콘텐츠로 활용을 하셨습니다. 곡을 제작할 당시엔 그분의 자금 사정이 어렵다는 점에 제가 협조를 해드렸지만, 충분한 자본이 동원된 영화로 사용 범위가 넓어진 상황이라면 저는 영화 제작사에서 제 몫을 보상받을 필요가 있다고 생각합니다. 단, 가수분은 본업이 가수도 아니신 데다가 저작권에 박식하시지도 않아 일부러 그렇게 행동했다고 생각하진 않습니다. 기분이 나쁜 쪽은 영화 제작사 쪽입니다. 분명히 절차를 알고 있었을 것임에도 그냥 넘어갔을 것으로 추측됩니다. 저는 제 권리를 행사하고 싶은데, 혹시나 영화가 재편집되면서 가수분을 난처하게 한다거나 그 분의 분량이 삭제되는 것은 원하지는 않습니다. 저는 어떻게 대응하면 좋을까요?

답변 음악저작권신탁관리단체에 저작재산권을 신탁했는지 여부에 따라 처리 방식에 차이가 있을 것입니다.

먼저 저작권신탁관리단체에 신탁되어 있는 귀하의 곡은 신탁관리단체만이 이용을 허락할 권리를 가지고 있으나, 귀하 혹은 가수가 영화사에 사용허락을 했다면 이는 기본적으로 '저작권이 없는 자가 저작권 사용을 허락한 경우'에 해당합니다. 따라서 저작권신탁관리단체는 귀하에게 계약 위반에 대한 책임을 물을 수 있고 영화사를 상대로는 저작권 침해를 이유로 민형사 소송을 제기할 수 있습니다.

다음으로 "마스터권과 저작권은 모두 제가 가지고 러닝 개런티로나마 보상을 받기로 했다."는 것에 비추어 저작권신탁관리단체에 저작권을 신탁하지 않은 분이라는 생각도 드는데, 그렇다고 해도 영화사는 가수가 아닌 귀하에게 사용허락을 받아야 했을 것입니다.

참고로 영화사의 행태는 지탄받아 마땅하고 성명표시권을 문제 삼아 문제를 제기할 수도 있겠으나 워낙 오래전 일인 데다가 "가수분을 난처하게 한다거나 그 분의 분량이 삭제되는 걸 원하지 않는다."라면 달리 해결할 방법이 있다고 보이지는 않습니다.

저작권자는 저작권신탁관리단체와 신탁계약 절차를 완료함으로써 수탁자인 저작권신탁관리단체에 저작재산권이 이전되어 저작재산권의 행사가 불가한 저작자가 된다.[227] 이 과정에서 수탁자인 저작권신탁관리단체는 신탁저작권 및 이에 속하는 저작물 사용료 등의 관리에 관하여 형사고소 및 민사소송을 제기할 수 있는 소권까지 이전을 받는

---

227) 저작자와 저작권자' 편 참조.

것으로 하고 있다. 이를 근거로 저작권신탁관리단체는 신탁자의 저작
물에 대해 저작권 침해행위가 적발되면 단체의 명의로 민사 및 형사
소송 등 법적 조치를 직접 제기할 수 있다.

'서적 제작 복제 배포금지 등' 사건
(서울고등법원 1996. 7. 12. 선고 95나41279 판결)

"신탁관리업은 저작권법 제78조에 근거하는 것으로서 그 법적 성
질은 신탁법상의 신탁에 해당된다고 할 것인바, 신탁법상의 신탁은
위탁자와 수탁자 간의 특별한 신임관계에 기하여 위탁자가 특정의
재산권을 수탁자에게 이전하거나 기타의 처분을 하고 수탁자로 하
여금 수익자의 이익을 위하여 또는 특정의 목적을 위하여 그 재산권
을 관리·처분하게 하는 법률관계를 말하므로 신탁자와 수탁자 간에
어떤 권리에 관하여 신탁계약이 체결되면 그 권리는 법률상 위탁자
로부터 수탁자에게 완전히 이전하여 수탁자가 권리자가 되고 그 권
리에 대하여 소제기의 권한을 포함한 모든 관리처분권이 수탁자에
게 속하게 된다."

이 사건은 어문저작권 신탁관리단체가 참고서 출판사를 상대로 제
기한 손해배상 소송이다. 이 소송에서 피고 측 출판사는 저작권신탁
단체의 소 제기 권한을 부정했고, 이에 대해 담당 재판부는 저작권신
탁관리단체에 소 제기 권한이 당연히 있음을 확인했다.

그러나 같은 사건에서 피고 측은 저작권 신탁관리제도의 합목적성에
대한 이의로 "신탁자들의 저작권신탁은 신탁관리단체로 하여금 소송
행위를 하게 하는 것을 주목적으로 하는 신탁이기에 「신탁법」 제7조

에 따라 무효여서 신탁관리단체는 소송당사자 적격이 없다."라는 항변
을 했다. 이에 대한 법원의 판단이다.

'서적 제작 복제 배포금지 등' 사건
(서울고등법원 1996. 7. 12. 선고 95나41279 판결)

　"신탁자들이 저작권을 신탁한 이후에도 계속하여 자신들의 작품
에 대하여 직접 출판허락계약을 체결하기도 한 사실을 인정할 수는
있으나 이 사건 소를 제기하기 상당기간 전에 신탁자들로부터 저작
권을 신탁받았으며 저작자들이 저작권을 신탁관리단체에 신탁하더
라도 계약내용에 따라서는 신탁관리단체를 대리하여 저작재산권을
행사하는 것도 가능하다는 점에 비추어 볼 때, 이 사건 신탁자들이
직접 출판허락계약을 체결하기도 하였다는 사실만으로는 신탁자들
의 신탁관리단체에 대한 이 사건 저작권신탁이 소송행위를 주목적
으로 한 것이라고 단정할 수 없다."[228]

　구체적으로 저작권 신탁관리는 저작자가 창작활동에만 전념할 수
있도록 하는 중요한 제도 중 하나로 그 필요성은 다음과 같다.

1. **저작권의 전문적인 관리와 보호:** 저작물을 관리하는 것은
   전문 지식과 경험이 필요한 분야로 저작권 신탁관리단체는
   저작물의 적절한 보호와 관리에 특화된 능력을 보유하고 있다.

2. **이용계약 체결의 용이성 및 수익의 극대화:** 저작물의 이용

---

228) 대법원, 2004.8.16.판결, 2002다47792호.

계약 및 상업적 활용을 효과적으로 관리함으로써 저작물 사용에 따른 수익의 극대화가 가능하다.

3. **저작물의 추적과 감시:** 이는 매우 중요한 부분으로 신탁관리 체계를 통해 어떤 매체에서 어떻게 저작물이 사용되고 있는지에 대한 추적과 감시가 가능하여 불법 복제나 불투명한 사용에 대한 사전·사후 조치를 취할 수 있다.

4. **분쟁의 예방과 해결:** 저작권 신탁관리는 계약 관리와 연계되어 저작자와 이용자 간의 분쟁을 예방하고 해결하는 데 도움을 준다. 특히 신탁계약약관에 따른 명확한 계약 조건과 수익분배 원칙은 갈등을 예방하는데 기여한다.

5. **세금의 원천징수:** 저작권 수익에 대한 세금을 원천징수함으로 저작자가 세무 업무에서 자유롭다.

6. **기타:** 위탁자의 상속이나 양도, 질권 설정 등 권리 변동에 대한 투명한 처리와 외국 저작권단체와의 상호관리계약에 의하여 외국에서의 사용 시에도 저작물 사용료 징수가 가능하다는 점 등이다.

요약하건대 저작권 신탁 관리는 저작권자가 자신의 창작물을 보호하고 최대한의 이익을 얻을 수 있도록 하는 중요한 전략적 도구라는 것이다.

또한 저작권 이용자의 이용 촉진에 특화된 제도는 다음과 같다.

1. 신탁관리되는 저작물의 이용은 적법한 이용에 대한 보증이다.

2. 대량 신탁된 관리저작물의 원스톱 쇼핑이 가능하다.

3. 사전에 문화체육관광부 장관의 승인을 받은 이용허락 조건 등에 의하여 관리저작물을 이용한 비즈니스 설계가 용이하다.

4. 문화체육관광부 장관의 승인을 받은 저작권 사용료 징수규
정에 의하기 때문에 합리적인 비용으로 관리저작물을 이용
할 수 있다.

신탁은 저작재산권자의 순수한 의사에 의한 것이므로 정부가 이를
강제할 수 없다. 그러나 교육 목적 사용에 따른 보상금 및 도서관 보
상금, 방송 보상금과 공연 보상금 등은 신탁의 대상이 아니며, 저작재
산권자의 보상청구권 위임 여부와는 상관없이 정부로부터 보상금 수
령단체로 지정받은 단체가 수령과 분배 업무를 수행한다. 이는 현행
「저작권법」상 교육목적 및 도서관과 방송, 공연에서의 특수한 사용형
태를 감안하여 지정 단체만이 보상청구권을 행사할 수 있도록 하여
혼란을 예방하고자하는 정부의 선택인 것이다.[229]

---

229) 실연자의 상업용음반사용보상금은 음실련이, 음반제작자의 상업용음반사용보상금은 음산
협이 각각 수령 단체로 지정되어 업무를 진행해 왔으나, 2020년부터 음반제작자의 상업용음반
사용보상금 수령단체 음산협에서 한국연예제작자협회로 변경 및 지정되었다.

4

저작권 신탁관리단체

저작권 신탁관리제도는 1851년 설립된 프랑스의 음악 저작물 집중 관리단체 SACEM[230]에서 최초로 시행되어, 이후 전 세계로 확산되었다. 우리나라는 1986년 「저작권법」 전면 개정을 통해 이 제도를 도입했으며, 1988년부터 (사)한국음악저작권협회, (사)한국방송작가협회, (사)한국문예학술저작권협회를 시작으로 각 분야의 저작자 단체에 저작권 신탁관리업 허가를 부여함에 따라 이들 단체가 본격적으로 업무를 시작하게 되었다.

대부분의 국가에서 저작권 집중관리단체는 해당 분야에서 독점적인 기구로 운영되는 경우가 많다. 그 이유는 권리의 분산이 곧 거래의 혼란 및 혼선을 초래하고, 이용의 편의 제공이라는 집중관리제도 본연의 취지와 맞지 않기 때문이다. 따라서 대부분 국가의 집중관리단체는

---

230) Société des auteurs, compositeurs et éditeurs de musique(SACEM): 1851년에 설립된 프랑스의 저작권집중관리단체로 협동조합의 비즈니스 모델에 따라 조합원이 소유하고 관리하는 비영리단체이다.

그와 같은 독점적 지위를 누리는 대신, 행정부로부터 상당한 수준의 관리 감독을 받는다. 우리나라의 경우, 국가의 관리 감독은 주로 운영의 기본이 되는 정관 및 각종 규정과 수수료율에 대한 승인 및 관리 감독이 대표적이며, 이 밖에도 저작권 유통의 공정성 확보를 위한 공정거래위원회의 감시 활동 등이 있다.

저작권 신탁관리단체에서의 이용허락 방식은 크게 두 가지로 나눌 수 있다. 하나는 포괄적 이용허락으로 불리는 블랭킷Blanket 방식이며, 다른 하나는 개별적 이용허락이다. 포괄적 이용허락은 이용자에게 일정 기간 동안 신탁관리단체에서 관리하고 있는 저작물을 제한 없이 이용할 수 있도록 허락하는 방식이며, 개별적 이용허락은 특정 저작물이나 저작 인접물에 대해 예를 들어 지역, 매체, 기간, 사용량 등을 특정하여 허락하거나 사용료를 부과하는 등 사용허락에 일정 제한을 두는 허락 방식이다. 국내 음악저작권 신탁관리단체에서의 사용료 징수방식은 개별적 이용허락, 즉 종량제 개념인 로열티Royalty 231)와 블랭킷 방식 두 가지를 모두 활용하고 있다. 로열티는 정확한 매출 규모의 파악이 가능한 경우에 적용되며, 정액제 개념의 블랭킷 방식은 CF 등에서의 사용이나 정확한 매출 규모를 파악하기 어려운 경우에 적용된다.

예를 들어 한국음악저작권협회의 사용료 징수 규정 중 지상파 방송에

---

231) 남의 특허권, 상표권 따위의 공업 소유권이나 저작권 따위를 사용하고 지불하는 값 / 국립국어원, 표준국어대사전

대한 방송사용료 징수 방식이 '매출 대비 일정 비율의 금액'으로 포괄
이용허락 방식에 속하는 것을 알 수 있다.

**한국음악저작권협회 사용료징수규정 제16조
(지상파방송에 대한 방송사용료)**

① 한국방송공사, ㈜문화방송(지역문화방송 제외), ㈜에스비에스
의 방송사용료는 다음과 같다.

매출액 × 1.2%(음악사용료율) × 조정계수× 음악저작물관리
비율

비고 1) 매출액이란 방송사의 전년도 수신료(전년도 특수방송운
영비와 ＥＢＳ지원금을 공제한다) 및 광고수입(협찬수입 포함)을
합산한 금액에서 일반 징수경비, 광고대행수수료 등 제반 지출경
비를 감안하여 20/100을 공제한 금액으로 하며, 다른 사업자의
방송, 전송, 웹캐스팅을 위한 프로그램 제공으로 인한 매출액은
포함하지 아니한다.

실제 저작권사용료는 로열티 방식이 가장 합리적이다. 그러나 모든
저작권사용료를 로열티 방식으로 징수하기란 불가능하다. 현재로서는
수많은 음악이 언제 어디서 얼마나 사용되었는지를 정확히 알아낼 수
있는 방법이 존재하지 않기 때문이다. 포괄 방식의 저작권사용료 징
수는 외국의 저작권 집중관리단체에서도 볼 수 있는 방식이며, 우리
법원도 포괄 방식의 저작권사용료 징수 방식에 대해 그 합리성을 인
정한 바 있다.

저작권 신탁관리단체가 수행하는 기본 역할은 권리 관리물[232]의 운용이다. 저작권 신탁관리단체들은 저작권의 본질과 그 중요성에 대해 전문적인 이해를 하고 있으며, 이러한 전문성을 바탕으로 역할을 확대해 나가고 있다. 2023년 현재 국내에는 11곳의 저작권 신탁관리단체와 음반제작자의 상업용 음반 방송사용 보상금 수령 단체 1곳이 있으며, 저작권 대리중개업체는 음악 저작(인접)권 취급 여부 및 영업 지속 여부의 확인이 불가하여 제외한다.

---

232) 저작권신탁관리단체가 보유하고 있는 조건부 양수권리의 총칭.

국내 저작권 신탁관리단체 현황

구분	단체명	설립 허가	관리분야	관리형태	비고
음악	(사)한국음악저작권협회	1988.01	작사, 작곡, 편곡	신탁관리, 대리중개	저작권
	(사)함께하는음악저작인협회	2014.09	작사, 작곡, 편곡	신탁관리	저작권
	(사)한국음반산업협회	2001.11	음반제작	신탁관리, 대리중개	저작인접권
	(사)한국음악실연자연합회	2000.11	가창, 연주	신탁관리, 대리중개	저작인접권
어문	(사)한국문학예술저작권협회	2000.11	어문, 사진, 미술	신탁관리, 대리중개	저작권
방송	(사)한국방송실연자권리협회	2001.08	연기, 연술	신탁관리	저작인접권
	(사)한국방송작가협회	1988.07	방송대본	신탁관리	저작권 (어문)
영화	(사)한국시나리오작가협회	2001.09	영상 시나리오	신탁관리	저작권 (어문)
	(사)한국영화제작가협회	2004.10	영상저작물	신탁관리	저작 (인접)권
뉴스	(재)한국언론진흥재단	2006.06	뉴스	신탁관리	저작권
기타	한국문화정보원	2011.06	공공저작물	신탁관리	저작권, 공공누리운영
기타	(사)한국연예제작자협회	1992.05	음반제작	방송사용 보상금	저작인접권

이 가운데 음악과 관련된 단체는 5곳으로 작사, 작곡, 편곡자의 저작권을 관리하는 (사)한국음악저작권협회(이하 '음저협')와 (사)함께하는음악저작인협회(이하 '함저협')가 있다. 이 두 단체는 동일한 권리를 관리하는 엄격한 의미의 복수단체이다. 다음으로 가수와 연주인의 저작인접권을 관리하는 (사)한국음악실연자연합회(이하 '음실련')와 음반제작자의 저작인접권을 관리하는 (사)한국음반산업협회(이하 '음산협'), 그리고 음반제작자의 상업용 음반의 방송사용 보상금 수령 단체인 (사)한국연예제작자협회가 있다. 음악을 본업으로 하는 음악인이 이들 단체와 체결하는 신탁계약은 양도의 조건을 설정하는 신탁계약약관을 따르게 된다. 따라서 음악저작권 신탁관리단체의 신탁계약약관은 음악인이라면 반드시 알아두어야 할 기본 상식에 속한다.

음악인 중 작사, 작곡, 편곡에 종사하는 저작권자는 음저협이나 함저협 중 반드시 한 곳을 선택하여 저작권을 신탁할 수 있다. 그러나 저작권자가 작사나 작곡, 편곡 외 가창이나 연주 등의 실연을 한 경우에는 음실련에 별도로 가입할 수 있고, 「저작권법」 제2조(정의) 6호[233]의 요건을 충족하여 음반제작자의 저작인접권을 갖게 된 경우에는 음산협에도 가입할 수 있다. 즉, 음악인은 그 역할에 따라 저작권과 저작인접권을 동시에 가질 수 있으며, 최대 세 곳의 저작권 신탁관리단체의 회원이 될 수 있다.

---

233) 「저작권법」 제2조(정의) 6. '음반제작자'는 음반을 최초로 제작하는 데 있어 전체적으로 기획하고 책임을 지는 자를 말한다.

5

신탁계약약관

「약관의 규제에 관한 법률」에 따르면 '약관'이란 "그 명칭이나 형태 또는 범위에 상관없이 계약의 한쪽 당사자가 여러 명의 상대방과 계약을 체결하기 위하여 일정한 형식으로 미리 마련한 계약의 내용을 말한다."[234]

국내 음악저작(인접)권 신탁관리단체의 약관은 대부분 비슷한 체계를 가지고 있다. 일반적으로 계약의 중요한 부분을 구성하는 계약 당사자의 책임과 의무에 관한 필수 기재사항과 단체의 특징, 업무의 편의성 등을 고려하여 작성된 것으로 보인다.

가. 신탁 조항

신탁이란 "일정한 목적에 따라 재산의 관리와 처분을 남에게 맡기는 일"[235]을 말한다. 저작권은 신탁관리의 주된 대상이며, 저작권 신탁

---

234) 「약관의 규제에 관한 법률」(약칭: 약관법)제2조(정의).
235) 국립국어원, 표준국어대사전, "신탁", https://stdict.korean.go.kr

조항은 저작권을 신탁의 대상으로 특정하는 것으로 저작권 신탁계약
에서 빼놓을 수 없는 필수 기재사항이다.

▲ 음저협

한국음악저작권협회 신탁계약약관 제3조(저작재산권의 신탁)

① 위탁자는 현재 소유하고 있는 저작권 및 장차 취득하게 되는 저
작권을 본 계약기간 중 신탁재산으로 수탁자에게 저작권을 이
전하고, 수탁자는 위탁자를 위하여 신탁저작권을 관리하여 이
로 인하여 얻어진 저작물 사용료 등을 위탁자에게 분배한다.

▲ 함저협

함께하는음악저작인협회 신탁계약약관 제4조[저작권의 신탁]

① 위탁자는 본 약관에 따라 현재 보유하고 있는 저작권 및 장래
취득하게 되는 모든 저작권을 본 신탁계약 기간(이하 '신탁기
간'이라 한다) 중, 신탁재산으로 협회에 이전하며, 협회는 위탁
자를 위해 그 저작권을 관리하고 그로 인해 얻은 저작권 사용
료 등을 수익자에게 분배한다.

한국음악실연자연합회 신탁계약약관 제2조(권리의 신탁)

① 위탁자는 현재 가지고 있는 권리(신탁계약일 이전에 당해 권리로 인해 발생한 미수채권을 포함한다)와 장차 가지게 될 권리(이하 '신탁목적권리'라 한다)를 신탁계약약관에서 규정한 바에 따라 수탁자에게 신탁하고, 수탁자는 위탁자를 위하여 이를 관리하고 이로 인하여 얻은 사용료 등을 위탁자에게 분배한다. 단, 방송에서 실연한 경우 전체 프로그램 중 음악공연을 주된 목적으로 하는 각 회차에서의 음악실연만을 신탁목적권리로 한다.

이 조항에서 '장래 취득하는 저작권'이란 현재 존재하지 않은 저작물을 전제로 하며, 이에 대해 약간의 논란이 있을 수 있다. 장래 저작물의 경우, 아직 저작권이 발생하지 않았기 때문에 저작물이 만들어질 것을 예상하여 이를 신탁의 대상으로 삼을 수는 없다. 그러나 이 조항에서 장차 발생할 저작권을 신탁관리의 대상에 포함한다는 것은 선언적인 의미로, 신탁관리의 지속성과 수탁자의 업무 효율성을 제고하고 이용자의 이용 안정성을 기하고자 하는 목적에서 고안된 것으로 이해할 수 있다.

질문 저는 올해 데뷔한 신인 싱어송라이터입니다. 아직 유명하진 않지만 친하게 지내는 지인과 팬 몇몇 분들을 모시고 작은 소극

장 공연을 준비 중입니다. 올해 발표한 싱글 2곡을 포함해 미발표곡들까지 모두 저의 자작곡으로만 이루어진 공연을 할 예정입니다. 그런데 연주 세션으로 도와주는 선배 싱어송라이터가 알려주기를, 전부 제 곡이라도 저작권협회에 신고하고 수수료를 내야 한다고 해요. 심지어 미발표곡도 발표하기 전이지만 저작권협회 관리 곡이라고 알려주는데, 저는 도저히 선배의 말을 믿을 수가 없어요. 선배의 말이 진짜인가요? 제 자작곡, 심지어 미발표곡까지도 협회의 관리를 받나요?

답변 결론적으로 선배의 말씀이 일부 맞습니다. 귀하가 (사)한국음악저작권협회와 체결한 신탁계약약관 제14조(관리유보 및 제한) ① "위탁자는 전조 제6조에 규정한 수탁자의 신탁저작권 관리범위에 대하여 미리 수탁자의 승낙을 얻어, 다음 각호의 사항을 관리유보 및 제한할 수 있다." 이하 4. "음악의 제공을 주된 목적으로 하는 비영리 공연에서 위탁자의 저작물만으로 위탁자가 공연하는 경우, 단 위탁자의 저작물 외에 다른 저작물이 포함된 경우는 제외."에 따라, 귀하의 공연이 입장료를 받지 않는 무료 공연이고 다른 사람이 만든 곡은 공연하지 않는다면 협회의 승낙으로 사용료 납부 의무가 면제됩니다.
또한, 미발표곡을 공연하는 경우, 수탁자인 협회의 신탁계약약관 제3조(저작재산권의 신탁) ① "위탁자는 현재 소유하고 있는 저작권 및 장차 취득하게 되는 저작권을 본 계약기간 중 신탁재산으로 수탁자에게 저작권을 이전하고(이하 생략)," 에 따라 미발표곡도 수탁자인 협회의 관리 범위 안에 있으므로 당연히 협회의 사전 허락을 받아야 하는 것입니다.

국내 음악저작(인접)권 신탁관리단체의 신탁조항은 수탁자인 음악

저작(인접)권 신탁관리단체가 수익자인 위탁자를 위해 신탁의 범위 내에서 저작권 및 저작인접권을 관리한다는 보증 조항이다. 또한 관리를 통해 얻어진 수익을 위탁자에게 분배한다는 것은 저작권 신탁관리단체의 본령에 해당하므로 위탁자 권리 보호의 최상의 가치, 즉 저작권 사용료의 징수와 분배를 존재의 의의로 설정해 놓고 있다. 이는 "수탁자는 선량한 관리자의 주의^{注意}로 신탁사무를 처리하여야 한다."는 「신탁법」에서 정한 수탁자의 선관의무[236]를 충실히 이행하는 것으로 저작권 신탁관리단체의 기본에 속하는 사항이다.

질문 저는 약 5년 전에 어떤 선배 뮤지션의 곡에 연주자로 참여한 적이 있습니다. 총 6명의 연주자가 참여했고, 당시 모두가 다 편곡자로 등록하기로 했습니다. 그런데 이번에 저작권협회를 옮기게 되면서 발견한 사실은 지금까지 저를 제외한 5명만이 편곡자로 등록되어 있었다는 겁니다. 저는 저의 몫을 받지 못한 부분도 억울한데, 협회에서는 제 자력으로 나머지 5명에게 서명을 다 받아오라고 합니다. 그리고 그 서류의 이름도 심지어 '지분변경신청서'입니다. 저는 이 전까지 협회에서 관리해 온 지분을 인정하지 않습니다. 지분변경신청서는 이전의 지분을 제가 순순히 인정하는 꼴입니다. 원곡의 작곡가이자 가수인 선배도 그 부분을 본인의 실수라고 인정합니다. 이제까지의 잘못된 배분에 대해 5년간 밀린 저의 지분을 받고 싶고, 지분변경신청서를

---

236) 「신탁법」 제32조(수탁자의 선관의무) 수탁자는 선량한 관리자의 주의(注意)로 신탁사무를 처리하여야 한다. 다만, 신탁행위로 달리 정한 경우에는 그에 따른다.

제가 굳이 5명에게 일일이 찾아다니고 연락하며 서명을 받는 노력을 하고 싶지 않습니다. 실수는 제가 한 게 아니라 등록을 잘못한 선배와 확인을 제대로 하지 않은 협회가 했고, 저는 피해자입니다. 심지어 그때의 밴드는 지금 연락도 잘되지 않고 협조적이지 못한 관계도 섞여 있습니다. 제가 협회의 시스템에 순순히 따라가는 게 최선일지요? 저는 항의를 해서 소급지급을 받고 싶은 쪽인데 제 정당한 권리와 절차를 잘 모르겠습니다.

답변 질문 내용만을 놓고 보면 귀하가 공동저작자중 6분의 1에 해당하는 지분을 가지는 것으로 볼 수 있습니다. 그러나 최초 곡 등록을 한 선배가 「저작권법」 제48조(공동저작물의 저작재산권의 행사) "① 공동저작물의 저작재산권은 그 저작재산권자 전원의 합의에 의하지 아니하고는 이를 행사할 수 없으며(이하 생략),"을 위배한 것이므로 선배에게 책임을 물을 수 있습니다. 음악저작권협회에 등록된 편곡 지분을 변경하기 위해서는 반드시 지분변경신청서를 작성하여 등록 변경의 절차를 거쳐야 할 것입니다(협회는 해당 연주가 공동저작물에 해당한다는 확신에 따라 지분변경신청서 작성을 요구하는 것으로 판단됩니다).
또한 애초 등록 시점에는 신탁계약약관 제7조(저작권의 확인 보증)[237]에 의해 등록이 완료되었을 것입니다. 즉, 등록처(이 경우는 저작권신탁관리단체의 등록 담당자)는 위탁자의 확인 보증으로 등록의 요건을 충족하고 등록처가 이를 확인할

---

237) 한국음악저작권협회 신탁계약약관 제7조(저작권의 확인 보증) ① 위탁자는 수탁자에게 위탁하는 저작물에 대해서 저작권을 보유하고 있음을 확인하며, 동시에 타인의 저작권을 침해하고 있지 않음을 확인 보증한다. ② 수탁자는 전 항의 확인 보증한 저작물에 대하여 위탁자에게 확인보증에 필요한 자료를 요구할 수 있다. 이 경우 위탁자는 지체 없이 이를 제출하여야한다.

의무는 없는 것으로 보이므로 "확인을 제대로 하지 않은 협회
의 실수"라는 귀하의 주장은 설득력이 없는 것으로 보입니다.
그럼에도 불구하고 방법을 찾자면, '음반을 최초로 제작하는
데 있어 전체적으로 기획하고 책임을 지는 자.'[238]인 음반제작
자의 확인 보증으로 등록 지분 변경을 시도해 보고 여의찮다
면 소송을 통한 해결 외에는 방법이 없을 것으로 보입니다. 어
쨌거나 귀하의 바람이 이루어지기 위해서는 이 모든 과정을
귀하가 입증해야 한다는 것을 기억하시고 신중히 결정하시기
를 바랍니다.

다만 음악저작(인접)권 신탁관리단체의 신탁계약약관은 신탁대상
물, 즉 신탁저작물을 특정하지 않는 인별 신탁의 형태를 띠면서도, 각
단체가 관리의 효율성 제고 및 편의성 등을 이유로 본문 이하 단서 또
는 별도 조항을 두어 위탁자가 가진 권리 또는 장차 가지게 될 권리의
일부를 신탁에서 제외할 수 있도록 하고 있다. 이와 같은 것은 「신탁
법」상 '위탁자가 수탁자에게 이전하거나 담보권의 설정 또는 그 밖의
처분을 하도록 하는 특정의 재산'에 대해 '영업이나 저작재산권의 일
부를 포함한다.'고 한 신탁의 정의[239]에 따른 것으로 이해된다.

---

238) 「저작권법」 제2조(정의) 제6호.
239) 「신탁법」 제2조(신탁의 정의) 이 법에서 '신탁'이란 신탁을 설정하는 자(이하 '위탁자'라 한다)
와 신탁을 인수하는 자(이하 '수탁자'라 한다) 간의 신임관계에 기하여 위탁자가 수탁자에게 특정
의 재산(영업이나 저작재산권의 일부를 포함한다)을 이전하거나 담보권의 설정 또는 그 밖의 처
분을 하고 수탁자로 하여금 일정한 자(이하 '수익자'라 한다)의 이익 또는 특정의 목적을 위하여

　결론적으로 저작권 신탁계약체결이 저작권자의 모든 권리를 일회성으로 신탁관리단체에 이전하는 것은 아니라는 점은 분명하다. 구체적으로 음저협은 저작재산권자가 가진 권리 중 광고 복제, 출판 복제, 선거 홍보용 등에 대한 사용은 위탁저작물에서 제외가 가능[240]하도록 했으나 제외한 저작물을 함저협에 신탁하는 것은 허용하지 않는다. 이 경우 음저협은 제외된 저작물 사용에 대해 저작권 사용료 징수 의무가 없고, 저작재산권자가 직접 권리를 행사하여야 한다는 점을 분명히 하고 있다.[241] 이에 비해 함저협은 저작재산권자가 선택하는 관리위탁의 제외 범위가 음저협에 비해 다소 크다.[242] 함저협 역시 관리위탁범위에서 제외된 저작재산권은 음저협에 신탁하는 것이 허용되지

그 재산의 관리, 처분, 운용, 개발, 그 밖에 신탁 목적의 달성을 위하여 필요한 행위를 하게 하는 법률 관계를 말한다.

240) 한국음악저작권협회 신탁계약약관 제4조(위탁 관리범위에서의 제외) ① 가. 광고에 복제하는 경우 나. 출판으로 복제하는 경우 다. 선거홍보용으로 사용하는 경우 ② 전항에 의거 위탁 관리범위에서 제외된 이용형태에 대해 수탁자는 저작권사용료 징수의무가 없으며, 위탁자는 직접 권리를 행사하여야 한다.

241) 한국음악저작권협회 신탁계약약관 제4조(위탁 관리범위에서의 제외) ② 전항에 의거 위탁 관리범위에서 제외된 이용형태에 대해 수탁자는 저작권사용료 징수의무가 없으며, 위탁자는 직접 권리를 행사하여야 한다.

242) 함께하는음악저작인협회 신탁계약약관 제5조[관리위탁 범위의 선택] 위탁자는 다음 각 호에 대해 관리위탁 범위에서 제외할 수 있다. ① 이용형태에 따른 선택 1. 악보, 도서 등을 출판하는 경우 2. 영화, 광고에 복제하는 경우 (싱크로나이제이션) 3. 선거로고송에 복제하는 경우 4. 음반, 음반자판기 및 뮤직비디오 등 영상물을 복제하는 경우 5. 아케이드 게임기, 음악저장장치 부착제품 등을 복제하는 경우 6. 노래반주기에 복제하는 경우 7. 전송(주문형 스트리밍, 주문형 다운로드, 주문형 배경음악, 홈페이지 배경음악, 방송물 재전송(VOD, AOD), 온라인 게임 및 애니메이션, 전화를 이용한 장식형 서비스, 전화서비스-Music on Hold 등) 8. 웹캐스팅 9. 방송 10. 공연 ② 관리범위에 따른 선택 1. 전곡신탁 2. 일부신탁: 이 경우, 제4조 제1항을 적용하지 않는 것으로 한다.

않으며, 신탁에서 제외된 저작물 사용에 대해서는 음저협과 마찬가지로 저작재산권자가 직접 권리를 행사해야 한다.

이렇게 신탁 범위를 선택하는 것이 저작재산권자인 음악인에게는 분명 장점일 수 있겠으나, 반대로 단점 또한 존재한다. 장점이라면 저작재산권자 자신의 이념이나 감정에 따라 사용을 허락하지 않을 권리를 누릴 수 있다는 것이고, 단점은 자신이 계약을 위한 협상이나 계약서 작성 등 사용 허락 전 과정을 혼자 수행해야 한다는 것이다.

실연자의 저작인접권을 신탁 관리하는 음실련은 신탁계약약관 제2조(권리의 신탁)의 ②를 통해 "제1항의 규정에도 불구하고 위탁자는 제1항에서 규정하는 권리 중 별도로 지정한 실연에 대한 제5조 각호의 권리[243]를 위탁범위에서 제외할 수 있다."라고 하여 위탁자가 관리 위탁의 범위를 정할 수 있도록 했으며, 보상청구권이 없는 음산협은 오직 사용 허락에 의한 사용료만을 징수하므로 함저협과 유사하게 권리의 신탁 조항[244]에서 1. 유·무선 온라인상 복제·전송권, 2. 오프라인 음반의 복제·배포·대여권 가운데 위탁자가 신탁권리의 범위를 선택할 수 있도록 하고 있다.

---

243) 1. 실연자의 복제권 2. 실연자의 대여권 3. 실연자의 방송권 4. 실연자의 전송권 5. 기타 「저작권법」상의 관리범위.

244) 한국음반산업협회 신탁계약약관 제2조(권리의 신탁) ① 위탁자는 「저작권법」에 규정된 음반제작자의 권리 중 다음 각호의 권리(이하 '신탁권리'라 한다)를 선택하여 본 약관에서 규정한 바에 따라 수탁자에게 전부 또는 일부를 신탁하고 수탁자는 위탁자를 위하여 이를 관리하고 이로 인하여 얻은 사용료 등을 위탁자에게 분배한다. 1. 유·무선 온라인상 복제/전송권 2. 오프라인 음반의 복제/배포/대여권 3. 디지털 매체를 이용한 복제.

▲ 음산협

한국음반산업협회 신탁계약약관 제2조(권리의 신탁)

① 위탁자는 「저작권법」에 규정된 음반제작자의 권리 중 다음 각
호의 권리(이하 '신탁권리'라 한다)를 선택하여 본 약관에서 규
정한 바에 따라 수탁자에게 전부 또는 일부를 신탁하고 수탁
자는 위탁자를 위하여 이를 관리하고 이로 인하여 얻은 사용료
등을 위탁자에게 분배한다.
1. 유·무선 온라인상 복제/전송권
2. 오프라인 음반의 복제/배포/대여권
3. 디지털 매체를 이용한 복제 [디지털 매체를 이용한 복제라
   함은 통상적인 오프라인상의 LP, CD, MC의 음반 판매를
   제외한 전자적 기록 매체 등을 통하여 복제가 반복되어도
   원본과의 질적 저하가 발생하지 않으며, 동시다발적으로 복
   제가 가능한 것을 말한다] 및 이를 통한 배포/대여권
4. 저작권법령상 "특수한 유형의 온라인사업자"에 대한 음원의
   복제/전송/배포권

결론적으로 네 곳의 음악저작(인접)권 신탁관리단체는 모두 인별 신탁 방식을 표방하지만, 그 실질은 신탁 범위 선택제 혹은 분리 신탁의 형식을 혼용하는 것으로 볼 수 있다.

나. 관할 조항

국내 음악저작(인접)권 신탁관리단체의 신탁계약 약관의 공통점 중 하나가 신탁업무의 관할 조항이다. 관할 조항은 신탁계약의 필수 기재 사항 중 하나로, 양도의 조건을 구성하는 한 부분이다.

▲ 음저협

한국음악저작권협회 신탁계약약관 제8조(외국지역에 대한 관리 및 재위탁)

① 수탁자는 신탁저작권의 외국지역에서의 관리를 위하여, 외국 저작권 관리단체 등에게 재 위탁할 수 있다.

② 수탁자는 업무상 필요한 경우, 제6조에서 정하고 있는 권리의 일부를 사)한국복제전송저작권협회에 재 위탁하여 관리할 수 있다.

제12조(업무관할 지역)

수탁자는 다음의 지역에서 업무를 수행한다.
1. 한국 내
2. 외국저작권 관리단체 등에 관리를 위탁한 경우에 있어서 그 외국저작권관리단체 등의 업무집행지역

▲ 함저협

함께하는음악저작인협회 신탁계약약관 제10조
[외국지역 등에 대한 관리 등을 위한 위탁]

① 협회는 외국지역에서의 관리를 위해 신탁 저작권을 외국 저작권 관리단체 등에게 위탁할 수 있다. 이 경우, 이용허락의 방법, 그 대가인 저작권 사용료 등의 결정, 기타 업무집행 방법은 해당 외국지역의 법령 및 외국 저작권 관리단체 등의 규약에 따른다.

② 협회는 제8조 제6호에 따른 관리를 위해 권리의 일부를 (사)한국복제전송저작권협회에 위탁하여 관리할 수 있다.

제15조 [업무관할지역]

협회는 다음 각 호의 지역에서 관리위탁업무를 수행한다.
1. 대한민국
2. 외국

▲ 음실련

한국음악실연자연합회 신탁계약약관 제6조(업무 관할 지역)

수탁자는 문화체육관광부장관의 허가를 얻어 다음의 지역에서 업무를 수행한다.
1. 대한민국
2. 외국

제7조(외국지역에 대한 관리)

수탁자는 외국 지역에서 신탁목적권리를 관리하기 위하여 외국 관리단체 등 외국에서의 수탁자 권리 관련 업무를 수행할 수 있는 당사자에 재위탁 등을 할 수 있다.

▲ 음산협

한국음반산업협회 신탁계약약관 제5조(업무 관할 지역)

① 수탁자는 다음의 지역에서 신탁권리 관리업무를 수행한다.
1. 대한민국

> 2. 외국
> ② 수탁자는 외국 지역에서의 신탁권리를 관리하기 위하여 외국의
>   권리관리단체 등에 재 위탁할 수 있다.

음악저작(인접)권을 신탁 관리하는 네 단체 모두 업무 관할 지역을 대한민국과 외국으로 하고 있으며, 외국에서 사용에 대한 관리를 위해 외국 저작권 관리단체 등에 재 위탁할 수 있는 조항을 공통적으로 두고 있다. 이는 외국의 저작권 단체와의 상호 관리 계약을 염두에 둔 조항으로, 다른 국가에서 저작권이 보호된다고 하더라도 국경을 넘나드는 저작권 관리의 실효를 얻기 위해서는 이용되는 국가 단위 저작권 관리단체의 역할을 기대하지 않을 수 없다. 이를 위해 각국의 음악저작물 관리 단체가 상호 상대방 국가의 관리저작물을 관리하는 계약을 체결하는 형태가 상호 관리 계약인 것이다.

특히 현재와 같은 정보통신기술의 발전은 국가 간의 상호 관리 계약에 당위성을 부여한다. 또한 K-POP의 사례에서 보듯 외국에서 우리의 저작물 이용이 급증하는 것도 외국과의 상호 관리 계약의 당위성에 포함된다. 이 조항은 이처럼 외국에서의 저작물 이용과 관련하여 위탁자가 외국 지역에 대한 저작권 관리를 수탁자에게 위임하는 내용을 규정하고 있는 것이다.

다. 신탁기간 조항

모든 계약이 그러하듯 저작권 신탁계약 약관도 신탁기간을 정하도

록 하고 있다. 신탁 기간 역시 양도의 조건을 구성하는 사항으로, 먼저 음저협은 신탁 기간을 5년으로 하여 상호 이의가 없을 시 5년씩 자동 연장되는 것으로 하되, 신탁 기간 만료 3개월 전까지 양 당사자 중 어느 한쪽이 계약의 갱신을 원하지 않는다는 사실을 서면으로 통지하면 계약이 종료되는 것으로 규정하고 있다. 이에 비해 함저협은 신탁 기간을 1년으로 정하여 신탁기간 만료 3개월 전까지 양 당사자 중 어느 한쪽이 계약의 갱신을 원하지 않는다는 사실을 서면으로 통지할 경우 계약의 종료를 규정하고 있다.

음실련은 최초의 신탁 기간을 5년으로 하되, 어느 한쪽이 계약의 갱신을 원하지 않을 경우 계약의 종료 이전까지 그 의사를 밝히면 계약이 종료되도록 하고 있다. 이에 비해 음산협은 계약기간을 최초 5년으로 하되, 위탁자가 계약의 갱신 의사가 없을 경우 서면 통지 의무를 신탁기간 만료일 6개월 이전으로 하고, 만일 서면 통지가 없을 경우 계약이 자동 연장되는 것으로 하고 있다.

저작권의 신탁 기간 조항은 「저작권법」에 특별한 규율 조항을 두고 있지 않아, 국내의 음악저작권 신탁관리단체가 정한 신탁 기간은 업무의 효율성, 이용자의 이용 안정성, 단체별 관리의 특성 등을 고려하여 정한 것으로 이해된다. 하지만 이는 위탁자의 의사가 반영되지 않은 것으로, 음악저작(인접)권 신탁관리단체의 다소 일방적인 설정이라 할 수 있다.

라. 사용료 징수 및 분배조항

사용료의 징수 및 분배 조항은 신탁계약의 성립에 있어 제일의 목적이자

신탁관리단체의 본령이라 할 수 있는 중요한 요소이므로 이를 신탁계약에서 정하는 것은 당연하다. 따라서 신탁계약 약관에서는 사용료의 징수와 분배에 관한 원칙을 규정하고 있으며, 세부 사항에 대해서는 정부(문화체육관광부)의 승인을 득한 사용료 징수규정과 사용료 분배규정을 준수하도록 하고 있다.

▲ 음저협

> **한국음악저작권협회 신탁계약약관 제9조(저작물 사용료의 징수 및 분배)**
>
> 수탁자는 주무관청의 승인을 받은 저작물 사용료 징수규정 및 분배규정에 의하여 저작물 사용료를 징수하여 위탁자에게 분배한다.

▲ 함저협

> **함께하는음악저작인협회 신탁계약약관 제12조**
> **[저작권 사용료의 징수 및 분배]**
>
> 협회는 주무관청의 승인을 받은 저작권 사용료 징수규정 및 분배규정에 의하여 저작권 사용료를 징수하여 위탁자에게 분배한다.
>
> **제21조 [저작권 사용료의 분배]**
>
> ① 협회는 관리저작물의 사용을 통해 얻어진 저작권 사용료를 저작권 사용료 분배규정에 의거하여 위탁자에게 분배한다.
> ② 협회는 저작권 사용료 분배 시, 소정의 양식에 따른 분배명세서 및 계산서를 발행하여 위탁자에게 교부한다.

▲ 음실련

한국음악실연자연합회 신탁계약약관 제9조(사용료의 징수와 분배)

① 수탁자는 그 업무를 행하는 지역에서 실연의 이용을 허락하고 사용료징수규정에서 정한 바에 따라 사용료를 징수한다.

② 제1항의 사용료는 사용료분배규정에서 정한 바에 따라 위탁자에게 분배한다.

▲ 음산협

한국음반산업협회 신탁계약약관 제6조(사용료의 징수와 분배)

① 수탁자는 그 업무를 행하는 지역에서 신탁권리의 사용을 허락하고 사용료 징수규정에서 정한 바에 따라 사용료를 징수한다.

② 제1항의 사용료는 사용료분배규정에서 정한 바에 따라 위탁자에게 분배한다.

③ 수탁자는 제2항의 규정에도 불구하고 개별 분배대상 사용료 중 분배에 필요한 경비가 분배액의 상당부분을 차지하거나 분배하는 것이 적절하지 못하다고 판단하는 경우 총회의 승인을 받아 음반제작자의 권익보호를 위한 사업에 사용할 수 있다.

저작권 신탁관리단체는 관리저작물의 사용료 징수액 증대를 통해 위탁자의 이익을 극대화하기 위해 최선을 다한다. 따라서 징수액을 늘리기 위해서는 징수 사각지대 발굴 및 해소, 신기술의 출현에 따른 음악저작물의 이용 촉진, 징수 근거 확보에 초점을 맞춘 활동이 필수적이다.

저작권의 본질과 중요성에 대한 전문적인 이해를 가진 저작권 집중관리단체들은 이러한 전문성을 바탕으로 실제 거래 현장에서의 누적된 경험을 통하여 저작권 신탁관리의 효용성을 늘려가고 있다.

한편 우리 「저작권법」에 따르면 신탁관리단체가 정부로부터 승인받은 사용료를 초과하여 받거나 승인된 사용료 이외의 사용료를 받은 경우, 기타 관리감독기관의 지시를 불이행하거나 승인에 반하여 자격에 미달하는 자가 임원으로 취임한 경우 문화체육관광부 장관은 1차에 6개월 이내의 기간을 정하여 업무 정지를 명할 수 있으며[245] 업무 정지명령을 받고 그 업무를 계속한 경우에는 허가 취소 또는 영업 폐쇄 명령이 내려질 수 있다.[246] 이에 따라 저작권 신탁관리단체는 사용료 징수규정의 준수 및 임원 취임에 만전을 기하고 있으나 사용료 징수규정에서 특정되지 않은 새로운 이용 형태의 경우 사용허락이 쉽지 않다는 문제가 있다.

마. 소권(訴權) 조항

저작권 신탁관리단체는 권리 관리물 및 이에 속하는 저작물 사용료 등의 관리에 관하여 민사 및 형사 소송을 제기할 수 있으며, 위탁자의 저작물에 대해 저작권 침해 행위가 적발되면 수탁자 단체의 명

---

245) 「저작권법」 제109조(허가의 취소 등) ① 문화체육관광부장관은 저작권위탁관리업자가 다음 각 호의 어느 하나에 해당하는 경우에는 6개월 이내의 기간을 정하여 업무의 정지를 명할 수 있다.
246) 「저작권법」 제109조(허가의 취소 등) ② 문화체육관광부장관은 저작권위탁관리업자가 다음 각 호의 어느 하나에 해당하는 경우에는 저작권위탁관리업의 허가를 취소하거나 영업의 폐쇄명령을 할 수 있다. 2. 제1항의 규정에 따른 업무의 정지명령을 받고 그 업무를 계속한 경우

의로 민사 및 형사 소송 등 법적 조치를 직접 제기한다.[247]

▲ 음저협

한국음악저작권협회 신탁계약약관 제13조(소권)

위탁자는 신탁 저작권에 대하여 민, 형사상의 소송 등을 제기할 수 없으며, 수탁자가 제기한 소송 등에 관하여 합의 또는 취하 등을 할 수 없다.

▲ 함저협

함께하는음악저작인협회 신탁계약약관 제16조[소권]

협회는 본 계약에 따라 신탁 저작권 및 이로 인한 저작권 사용료 등의 관리에 관하여 민·형사상 소권을 행사할 수 있다. 이 경우, 위탁자는 신탁 저작권에 대해 소권을 행사할 수 없으며, 협회가 제기한 소송 등에 관하여 독자적으로 합의 또는 취하 등 처분행위를 할 수 없다.

---

247) '저작권신탁관리업' 편 참조

▲ 음실련

> **한국음악실연자연합회 신탁계약약관 제20조(소권)**
>
> ① 수탁자는 신탁목적권리 및 사용료 등의 관리와 관련하여 이용
>   자로부터 위탁자의 권리를 부당히 이용하여 침해가 있을 경우
>   민·형사상의 소를 제기할 수 있다.
> ② 수탁자가 제1항의 민·형사상의 소를 제기 하였을 시는 그 사실
>   을 30일 이내에 위탁자에게 통보하여야 한다.

▲ 음산협

> **한국음반산업협회 신탁계약약관 제17조(소권)**
>
> 수탁자는 신탁권리 및 사용료 등의 관리와 관련하여 침해가 발생
> 한 경우 해당 침해자에 대한 민·형사상의 소를 제기할 수 있다.

저작권의 신탁에 있어 신탁계약의 효력은 수탁자에게 소권까지 양도된다는 점이 판례를 통해 확인되었다. 그럼에도 불구하고 음악저작(인접)권 4단체는 각 신탁계약약관에 소권의 행사 주체를 명시했다. 이는 불필요한 논쟁을 사전에 차단하려는 것으로 위탁자와 수탁자 모두에게 재론의 여지가 없는 사항에 해당한다.

위 음악저작(인접)권 4단체의 신탁계약약관 중 소권에 대한 규정은 단어의 배열 차이일 뿐, 실제 내용에는 큰 차이가 없다. 수탁자인 음악저작(인접)권 신탁관리단체가 저작재산권자로서 소송을 제기할 수 있

음은 당연하며, 수탁자에게 부여된 관리의무에는 위탁자의 재산권 보전을 위한 일체의 행위가 포함되기 때문이다.

바. 신탁계약 해지 조항

이 조항은 신탁계약의 효력을 지속시킬 수 없거나 지속시켜서는 안될 사유가 발생한 경우 신탁계약의 효력을 중지시키기 위해 마련된 조항으로, 위탁자와 수탁자 모두에게 적용 가능한 조항이다. 「신탁법」 제57조(수익권의 포기)에서도 "① 수익자는 수탁자에게 수익권을 포기하는 취지의 의사표시를 할 수 있다. ② 수익자가 제1항에 따른 포기의 의사표시를 한 경우에는 처음부터 수익권을 가지지 아니했던 것으로 본다. 다만 제3자의 권리를 해치지 못한다."라고 하여 이를 뒷받침하고 있다.

음악저작(인접)권 4단체는 위탁자가 신탁저작권의 전부를 상실하거나 권리가 소멸된 경우 신탁계약을 해지할 수 있으며, 위탁자는 수탁자가 저작권 신탁관리에 따른 제반 의무를 이행하지 못하거나 위탁자의 개인적인 부득이한 사유로 인해 더 이상 계약 관계를 유지할 수 없는 경우에 신탁계약을 해지할 수 있도록 하고 있다.

> **저작권 신탁관리계약 해지**
> (서울고등법원 2009. 12. 10. 선고 2008나66254 판결)
> '갑'이 자신의 음악저작물에 관한 저작재산권을 신탁받은 '을' 협회에 '병' 등이 '갑'의 동의없이 '갑'의 음악저작물 중 일부를 변경하여 노래를 만들고 이를 수록한 음반과 뮤직비디오 등을 제작 발표한

것에 대하여, 음악저작물 사용허락을 하지 말고 방송금지 등 법적 조치를 취할 것을 요청하였음에도 '을' 협회가 법적 조치를 게을리하고 오히려 음악저작물 사용을 허락하자 신탁계약 해지청구를 한 사안에서 법원은 신탁계약의 해지 사유가 발생하였다고 본 사례.

참고로 계약의 '해지'란 기존의 계약은 유효한 상태에서 장래의 계약을 소멸시키는 행위를 의미한다. 이는 저작권 신탁이 저작권자 개인의 자유의사에 의한 것이므로, 위탁자나 수탁자 모두에게 공히 적용될 수 있는 권리의 일부이다.

▲ 음저협

한국음악저작권협회 신탁계약약관 제20조(신탁계약의 해지)

① 수탁자는 위탁자가 신탁저작권의 전부를 상실하거나, 권리가 소멸된 경우에 신탁계약을 해지한다.

② 수탁자는 다음 각 호의 경우에는 신탁계약을 해지할 수 있다.

　1. 위탁자가 본 약관 제3조 제2항과 제4항의 규정을 위반하였을 경우

　2. 위탁자가 본 약관 제16조에 명시된 바와 같이 수탁자와의 사전 협의 없이 저작물 사용료의 분배청구권을 양도하거나 질권 설정을 한 경우

　3. 위탁자가 타인의 저작권을 허위 신고하여 사용료를 수령하거나, 신탁된 저작권을 이중으로 제3자에게 양도한 경우

③ 위탁자의 개인적인 부득이한 사유로 인하여 더 이상 계약관계를 유지할 수 없거나, 수탁자가 본 계약에 정한 조항의 전부 또는

일부를 이행하지 않을 경우, 위탁자는 수탁자에게 15일 이상의 기간을 정하여 그 이행을 서면으로 최고하고, 그 기간 내에 이행하지 아니하는 경우에, 계약을 해지할 수 있다.

▲ 함저협

함께하는음악저작인협회 신탁계약약관 제24조[신탁계약의 해지]

① 위탁자는 신탁계약기간 중이라도 협회에 서면 통지함으로써 본 계약을 해지할 수 있다. 이 경우, 통지가 협회에 도달한 날의 익월 1일부터 3개월이 경과 후 해지의 효력이 생긴다.

② 협회는 위탁자가 신탁 저작권의 전부를 상실하거나 권리가 소멸된 경우 최고 없이 본 계약을 해지할 수 있다.

▲ 음실련

한국음악실연자연합회 신탁계약약관 제19조(신탁계약의 해지 등)

① 수탁자는 보호기간의 만료 등으로 위탁자의 권리 전부가 소멸되었을 경우 신탁계약을 해지할 수 있다.

② 신탁계약 기간 내 위탁자는 수탁자와 협의하여 신탁계약의 전부 또는 일부를 해지할 수 있다. 단, 신탁계약해지 이전에 행하여진 실연의 이용허락 등에 대하여는 해지의 효력은 발생하지 아니한다.

▲ 음산협

제16조(계약의 해지 등)

① 수탁자는 권리보호 기간의 만료 등으로 위탁자의 권리 전부가
소멸되었을 경우 신탁계약을 해지한다.

② 수탁자는 다음 각 호의 경우 계약을 해지할 수 있다.

1. 위탁자가 파산선고를 받거나 해산한 경우
2. 위탁자가 본 약관을 위반하였을 경우
3. 위탁자가 타인의 저작인접권을 허위 신탁하여 사용료를 수
령한 경우

③ 위탁자는 수탁자가 저작권 신탁관리에 따른 제반 의무를 다하
지 못하거나 위탁자의 개인적인 부득이한 사유로 인하여 더 이
상 계약 관계를 유지할 수 없는 경우 신탁을 해지할 수 있다.

음악저작(인접)권 신탁관리단체는 공통으로 일정의 사유가 발생할 경우 신탁계약의 해지 또는 종료됨을 규정하고 있다. 이는 신탁계약을 존속시킬 수 없는 사유 발생에 대비하기 위한 당연한 조항이라 할 수 있다.

사. 관리 수수료 조항

음악저작(인접)권 신탁관리단체는 이용계약약관에 의거하여 저작물 이용계약을 체결하고 정부에서 승인받은 저작물 사용료 징수규정에 따라 저작물 이용자에게 사용료를 징수한다. 또한 징수한 사용료는 저작물사용료 분배규정에 따라 위탁자에게 분배하며, 신탁관리단체는 원천징수 의무자로서 소득세와 주민세를 세금으로 원천징수하여

세무서 및 관할 구청에 납부하고 있다. 참고로 실연자의 경우 본인이 저작재산권자인 경우 3.3%, 양도·상속 등의 사유로 인해 저작권이 승계된 경우에는 수수료 공제 후 22%의 세금을 사전공제하게 된다.

사용료를 분배할 때는 정부가 승인한 저작물 관리 수수료 규정에 의해 수수료를 공제하며, 국내 음악저작(인접)권 신탁관리단체의 수수료율은 징수매체, 저작물, 관리의 난이도 등을 종합적으로 고려해 권리별, 단체별로 차등적용하고 있다.

▲ 음저협

○ 저작물 사용료 관리수수료율

구분			관리수수로율 (%)
매체	항목	사용료징수규정	
공연	무대공연사용료	제6조(연주회 등)	11%
		제8조(프로스포츠경기장) 제10조(유원시설)	19%
	영업장사용료	제7조(유흥주점,단란주점)	12.5%
		제7조(노래연습장)	13.5%
		제7조(무도장)	12.5%
		제7조(영업장,카페.생음악공연 등)	12.5%
	백화점 등 공연사용료 (자가유선사용료)	제9조(경마장 등) 제11조(호텔 등) 제12조(백화점 등) 제13조(항공기내) 제14조(기차 등)	15%

구분			관리수수료율 (%)
매체	항목	사용료징수규정	
방송	방송사용료	제16조(지상파)	6%
		제17조(방송채널사용사업/PP) 제18조(종합유선방송/SO)	6%
전송	전송사용료	제23조(주문형스트리밍)	9%
		제23의2(주문형다운로드)	
		제23조의4(주문형배경음악)	
		제24조(방송물재전송)	
		제24조의2 (온라인게임및애니메이션)	
	웹캐스팅사용료	제27조(웹캐스팅)/UCC,블로그	12.5%
		제29조(뮤직비디오) 제30조(음반자판기)	12%
		제31조(아케이드게임기)	12%
		제33조(노래반주기)	12%
		제37조(선거용 음악)	12%
	전송사용료	제34조(영화 등 영상물)	5%
	광고사용료	제35조(광고)	5%
	출판사용료	제36조(출판)	14%
	외국입금사용료 (신탁단체입금사용료)		5%
	영화 등 상영권 공연사용료		15%

○ 보상금 관리수수료율

구분			관리수수료율 (%)
매체	항목	관련규정	
복제	교과용도서보상금 수업목적보상금 수업지원목적보상금	보상금관리수수료 규정	5%

▲ 음실련

사용료 관리수수료 규정 제2조(관리수수료)

　음실련의 관리수수료율은 이용료의 20% 범위 내에서 매년 이사회 의결로 정하여 대의원총회의 승인을 받아야 한다. 단, 상호관리계약, 해외유통계약, 기타 특약 등에 의거 외국에서 징수하여 국내에 분배하여야 할 금액에 대해서 동 금액의 5% 범위 내에서 본문의 규정을 적용한다.

상업용음반 방송보상금 관리수수료 규정 제2조(관리수수료)

　① 음실련의 관리수수료율은 보상금의 20%이내로 한다. 단, 상호관리계약에 의거 외국에서 징수하여 국내에 분배하여야 할 금액에 대해서 동 금액의 5% 범위 내에서 본문의 규정을 적용한다.

상업용음반 방송보상금 관리수수료 규정 제3조
(관리수수료의 공제시기)

　제2조에 따라 결정한 관리수수료는 보상금 징수 시 40%, 분배 시 60%로 각각 구분하여 공제한다. 다만, 분배되지 아니하는 보상금에 대해서는 분배에 따른 관리수수료를 공제하지 아니한다.

▲ 음산협

신탁 관리수수료 규정 제2조(관리수수료)

① 협회의 관리수수료율은 사용료의 13% 이내로 한다.

② 협회는 제1항의 범위 내에서 관리수수료율을 매년 이사회 의결로 정하여 대의원총회의 승인을 받아야 한다.

신탁 관리수수료 규정 제3조(관리수수료의 공제시기)

관리수수료는 사용료 분배 시 공제한다. 다만, 경영여건 등에 따라 업무수행에 필요한 경비를 충당하기 위하여 사용료 징수 시 관리수수료의 50% 범위 내에서 미리 공제할 수 있다.

음저협은 신탁관리 수수료와 교과용 도서 보상금, 수업 목적 보상금, 수업 지원 목적 보상금 관리 수수료율을 누리집을 통해 공개하고 있으며, 음실련도 누리집을 통해 신탁관리 수수료와 상업용 음반 방송 보상금 관리 수수료율을 전면 공개하고 있다. 이에 비해 음산협은 업무의 범위 내에서 신탁관리 수수료율을 공개하고 있으며, 누리집을 통해 관리 수수료를 공개하는 음악저작(인접)권 신탁관리단체들은 공히 음악저작권사용료 징수액 대비 최저 5%에서 최대 20%의 관리 수수료를 공제하는 것을 알 수 있다. 그러나 함저협은 누리집에서 관리 수수료율을 공개하고 있지 않아 정확한 범위를 알 수 없다.

아. 위약벌 조항

'위약벌'은 계약상의 의무를 이행하지 않거나 계약 조건을 위반한 경우 부과되는 벌금 또는 벌칙을 나타내는 용어로, 계약 당사자 간의 상호 평등한 책임과 의무에 대한 약정이다. 이로써 상호 신뢰와 계약 이행이 담보될 수 있으며, 계약 당사자들이 자신의 의무를 엄수하도록 하여 손실을 최소화하는 데 도움이 된다.

▲ 음저협

신탁계약약관 제26조(위약 등에 대한 배상책임)

① 위탁자와 수탁자는 본 약관을 위반하여 상대방에게 손해가 발생하였을 경우, 그 손해액 전액을 배상하여야 한다.

② 위탁자가 수탁자의 명예를 훼손하여 수탁자의 신탁관리업무에 지장을 준 경우, 수탁자는 손해배상금을 청구할 수 있다.

③ 수탁자는 전 항에 의해 발생된 손해 배상액을 신탁저작권 관리에서 얻어진 저작물 사용료 중에서 우선 공제 할 수 있다.

▲ 함저협

신탁계약약관 제32조 [위약 등에 대한 배상책임]

① 위탁자와 협회는 본 약관을 위반하여 상대방에게 손해가 발생하였을 경우, 그 손해액 전부를 배상하여야 한다.

② 위탁자의 책임 있는 사유로 인해 협회에 손해가 발생한 경우, 신탁 저작물 관리로 인해 발생한 저작권 사용료 중에서 손해액을 우선 공제할 수 있다.

▲ 음실련

신탁계약약관 제22조(계약위반에 대한 배상책임)

① 위탁자와 수탁자는 이 약관을 위반하여 상대방에게 손해를 입힌 경우 그 손해를 배상하여야 한다.

② 수탁자는 제1항에 의하여 발생한 손해를 신탁목적권리의 관리를 통하여 얻은 사용료 중에서 우선 공제할 수 있다.

▲ 음산협

신탁계약약관 제20조(배상책임)

① 위탁자와 수탁자는 본 약관을 위반하여 상대방에게 손해를 입힌 경우 그 손해를 배상하여야 한다.

② 수탁자는 제 1항에 의하여 발생한 손해를 신탁권리의 관리를 통하여 얻은 사용료 중에서 우선 공제할 수 있다.

위약벌은 법적으로 인정받은 계약의 일부로서, 계약 위반 시 법적인 대응이 가능하다. 이는 계약 당사자들 간의 분쟁 시 법적 기반을 제공하여 분쟁을 조정하고 해결하는 데 도움이 된다. 다만 국내의 음악저작(인접)권 신탁관리단체 공히 1항에서는 약관 위배 시 균형 있는 채권·채무의 이행을 전제로 하고 있으나, 음저협만 위탁자가 수탁자의 명예를 훼손한 경우 손해 배상을 명시하고 있다. 또한 네 단체 모두 위탁자의 과실로 수탁자에게 손해가 발생할 경우, 위탁자에게 분배할 사용료를 담보로 하여 우선 공제할 수 있도록 했는데, 우선 공제의 근거와 시기가 불명확한 것으로 보인다.

6

음악저작권신탁관리단체

가. (사)한국음악저작권협회

한국음악저작권협회^{Korea Music Copyright Association, KOMCA, '음저협'}는 1988년 2월, 「저작권법」 제105조(저작권위탁관리업의 허가 등)에 의거하여 문화공보부(현 문화체육관광부)로부터 음악저작권 신탁관리업 허가를 받았다.

음저협은 저작권자의 권익을 보호하고 음악저작물 사용자의 이용 편의를 도모하며, 음악 문화의 향상과 발전에 기여하는 것을 목적으로 하는 국내 대표적인 저작권 신탁관리단체이다. 신탁 회원의 수나 사용료 징수 규모로 국내 최대이며, 음악 저작권자인 작사, 작곡, 편곡가와 음악 출판사의 저작권을 신탁받아 개인, 단체, 기업 등의 이용자를 대상으로 저작물 이용허락을 하고 사용료를 징수 및 분배 한다. 음저협의 회원은 오로지 '신탁계약을 체결한 자'[248]로 한정한다.

---

248) 음저협 정관 제6조(회원의 자격) ① 본 협회의 회원은 저작권 신탁계약을 체결한 위탁자 및 회원의 신탁계약을 승계한 자로서, 정관 제4조에서 정한 협회의 설립 목적에 찬성하고, 별도의

○ 연도별 회원 현황(최근 3년, 단위: 명/사)

연도	총 회원수	정회원	준회원	신탁계약 체결자	비고
2020	38,468	907	930	11,063	음악출판사 264개
2021	43,071	907	31,388	10,764	음악출판사 296개
2022	47,140	930	34,622	11,588	음악출판사 296개

출처 : 한국음악저작권협회 누리집

음저협은 2022년 12월 현재 328개의 음악출판사와 4만 7천여 명의 회원이 가입되어 있으며, 2022년 12월 기준 총 589만 곡을 관리하고 있다.

○ 저작물 현황(최근 5년, 단위: 곡)

연도	국내곡	국외곡 (일반)	국외곡 (라이브러리)	합계
2018	714,408	678,797	2,180,063	3,573.268
2019	820,245	763,193	2,307,857	3,891,295
2020	913,126	867,065	2,643,683	4,423,874
2021	43,071	999,642	3,167,178	5,181,661
2022	1,118,800	1,215,283	3,559,270	5,893,353

출처 : 한국음악저작권협회 누리집

가입절차를 필한 자로 한다.

음저협은 징수액 및 규모로 국내 최대의 저작권신탁관리단체이며, 2022년 기준 4천억 원 이상의 저작권 사용료를 징수했다.

○ 신탁회계 징수현황(단위: 원)

항목	예산금액	징수금액	집행률
방송사용료	49,371,600,000	29,965,191,092	60.7%
전송사용료	171,600,000,000	172,144,559,475	100.3%
복제사용료	86,330,000,000	119,924,265,913	138.9%
공연사용료	47,762,800,000	50,750,935,477	106.3%
외국사용료	47,762,800,000	27,334,724,973	101.2%
기타 수입	6,700,000,000	6,426,805,297	95.9%
합계	388,764,400,000	406,546,482,227	104.6%

출처 : 한국음악저작권협회 누리집

저작권 사용료 총 징수액 중 관리 비용, 즉 협회의 운영비는 사용자에게 징수한 금액에서 공제한 수수료로 충당된다. 협회의 운영비는 2022년 기준으로 약 410억 원 으로, 총 징수액의 약 10%에 달하는 수준이다.

○ 일반회계 지출현황

항목	예산금액	지출금액	집행률
사업비	12,647,746,831	11,420,188,222	90.3%
일반관리비	25,517,556,880	24,754,096,877	97%
기타 지출	4,929,221,249	5,295,439,410	107.4%
합계	43,089,524,960	41,469,724,509	96.2%

출처 : 한국음악저작권협회 누리집

음저협은 해외 지역의 저작권 관리 업무를 위해 101개 국가와 공연권, 방송권, 복제권 분야의 단체들과 상호 또는 일방적 관리계약을 체결해 업무 공조 체계를 구축하고 있다. 이를 통해 해외로 진출한 국내 음악(K-POP)의 저작권 사용료를 비교적 투명하게 징수하고 분배할 수 있는 여건이 마련되었다. 국내 저작권 신탁관리단체 중 유일하게 징수의 사각지대 해소를 목적으로 전국에 11개의 센터, 즉 지부를 운용하고 있다. 전국 지부를 운용하는 저작권 신탁관리단체는 음저협이 유일하며, 지부 운용의 장점은 전국에 분포한 유흥, 단란, 노래연습장[249] 및 유원시설 등에서의 공연 사용료 징수에 있다. 현재 음저협은 이 부분의 독자적 노하우를 바탕으로 공연 사용료의 징수에서 우위를 점하고 있다.

---

249) 이를 합쳐서 '유·단·노'라 부른다.

▲ 분배

포괄 사용허락 방식과 곡별 사용허락 방식, 즉 종량제 방식을 혼용하는 음저협의 분배 방식은 아래와 같다.

① 포괄 사용허락 방식의 분배계산 방법은 다음과 같다.

$$\text{각 저작물에 대한 분배액} = \frac{\text{각 저작물의 분배점수}}{\text{분배대상 저작물의 분배점수의 합}} \times \text{분배대상 사용료}$$

② 곡별 사용허락 방식의 분배계산 방법은 다음과 같다.

$$\text{각 저작물에 대한 분배액} = \frac{\text{분배 대상 사용료}}{\text{승인 곡수}}$$

음저협은 작사, 작곡, 편곡자와 역사자[譯詞者], 음악 출판사 등 5개 분야의 회원을 분배 대상으로 하며, 곡별 분배액 대비 분야별 분배 비율은 아래 표와 같다.

관계권리자	분배율	관계권리자	분배율
1. 작곡자	12/12	3. 작곡자	6/12
2. 작곡자	10/12	작사자	6/12
편곡자	2/12	4. 작곡자	5/12

관계권리자	분배율	관계권리자	분배율
4. 작곡자	5/12	작사자	4/12
작사자	5/12	음악출판자	4/12
편곡자	2/12	10. 작곡자	3/12
5. 작곡자	5/12	작사자	3/12
작사자	5/12	역사자	2/12
역사자	2/12	음악출판자	4/12
6. 작곡자	5/12	11. 작곡자	3/12
작사자	5/12	작사자	3/12
편곡자	1/12	역사자	2/12
역사자	1/12	음악출판자	4/12
7. 작곡자	8/12	12. 작곡자	3/12
음악출판자	4/12	작사자	3/12
8. 작곡자	6/12	편곡자	1/12
편곡자	2/12	역사자	1/12
음악출판자	4/12	음악출판자	4/12
9. 작곡자	4/12		

음저협의 분배 규정에 의한 분배액 산식을 예로 들어본다.

먼저 포괄 사용 허락 방식에 의해 사용료를 징수한 경우, 징수액이 1억 원인 방송사용료를 분배할 때(관리수수료 공제는 포함하지 않는다), 해당 기간 방송에서 음악이 1만 회 사용되었다면, 1억 원 ÷ 1만 회 = 1만 원, 즉 '1곡의 음악'에 대해 방송 1회당 1만 원의 사용료를 분배한다. 이 경우 '1곡의 음악'이 작사자, 작곡자, 편곡자가 있는 보편적 형태의 음악임을 가정하면, 작곡자는 1만 원의 5/12에 해당하는 금액을 분배받는다. 이를 기준으로 작사와 작곡을 했다면 5/12 + 5/12 = 10/12를 분배 받고, 작사, 작곡, 편곡을 모두 했다면 5/12 + 5/12 +

2/12 = 12/12, 즉 전체 금액 1만 원을 분배받을 수 있다. 이 경우는 같은 곡이 5번, 10번 사용되었을 수도 있으므로 방송에서 사용된 곡의 종류는 1만 곡에 미치지 못할 것이다.

다음으로 곡별 사용 허락 방식에 의해 사용료를 징수한 경우, 해당 곡의 사용료에 사용 회수를 곱한 금액에 관리수수료를 공제한 금액이 최종 분배액이 된다.

나. (사)함께하는음악저작인협회

(사)함께하는음악저작인협회The Korean Society of Composers, Authors and Publishers, KOSCAP. '함저협'는 작사, 작곡, 편곡 및 음악 출판사 등의 권리자로부터 음악저작권을 신탁 받아 관리하는 음악저작권 신탁 관리 단체로, 문화체육관광부의 허가를 받아 2014년 6월 1일부로 업무를 개시하였다. (사)한국음악저작권협회와 동일한 업무 범위와 운영 방식으로 경쟁 체제를 구성하고 있다.

○ 회원 현황

2022년 12월 현재(단위:명/사)

구분	대중	인디	순수	국악	동요	종교	주제배경	음악출판	업무상저작자	합계
누계	3,795	685	75	60	18	100	61	29	27	4,840

출처 : (사)함께하는음악저작인협회 누리집

O 저작물 관리 현황

2022년 12월 현재(단위:곡)

구분	대중	순수	국악	동요	종교	라이브러리	합계
누계	350,542	59,831	625	1,413	5,521	2,316,348	2,734,280

출처 : (사)함께하는음악저작인협회 누리집

O 사용료 징수 분배 현황

2022년 12월 현재(단위:원)

구 분	2022 징수금	2022 분배금
복제	130,354,697	112,856,429
전송	1,153,486,841	961,632,801
공연	149,731,127	189,661,770
방송	2,872,348,023	2,367,381,378
해외	112,918	
합계	4,306,033,606	3,631,532,378

출처 : (사)함께하는음악저작인협회 누리집

함저협의 징수액은 2022년 기준 약 43억 원이며, 이 가운데 36억 3천만 원을 분배했고, 8억 4천만 원의 미분배금이 발생했다.

○ 징수 연도별 미분배금 현황(단위:원)

2022년 12월 현재(단위:원)

구분	복제	전송	공연	방송	계
2015				1,651,252	1,651,252
2016				116,728	116,728
2017				96,225,487	96,225,487
2018				91,477,611	91,477,611
2019				4,173,542	4,173,542
2020		107,902,394		214,470,517	322,372,911
2021		94,616,654		51,599,178	61,065,832
2022	30,212,967	3,631,532,378	6,185,386	845,031,489	1,098,608,457

출처 : (사)함께하는음악저작인협회 누리집

▲ 분배

함저협의 징수 방식에 따른 분배 기준 및 산식은 음저협과 동일하다.[250]

---

250) 음저협 분배 편 참조.

다. (사)한국음악실연자연합회

(사)한국음악실연자연합회^{Federation of Korean Music Performers, FKMP, '음실련'}는 1988년 당시 문화공보부로부터 저작인접권 관리단체로 지정받았고, 2000년 저작인접권 신탁관리업 허가(문화관광부)를 취득했다. 이후 가창과 연주 실연자에게 주어진 복제권, 공중송신권, 대여권 등 저작인접권의 사용 허락을 통해 사용자로부터 사용료를 징수하고 분배하며, 실연자의 기계적 실업에 대한 보상으로 방송사로부터 수령하는 상업용 음반의 방송사용에 대한 보상금 수령 및 분배 업무를 수행하고 있다. 국내의 대중음악을 비롯한 국악, 클래식 등의 가창, 연주 실연자 대부분이 저작권을 신탁하고 있다.

저작권 신탁의 목적은 효율적이고 체계적으로 저작권을 관리하기 위한 것이라는 사실을 위에서도 언급한 바 있다. 특히 가수나 연주자의 경우 신탁의 방식이 아니라면 자신의 권리를 보호하기 위해 일일이 인터넷을 뒤져 자신의 저작물을 사용하는 사용자를 찾아내야 하며, 또한 찾아낸 사용자 모두에게 사용료를 징수하기란 거의 불가능에 가깝다. 반대로 사용자 역시 권리자를 찾지 못하여 사용 허락을 받지 못하면 사용자의 권리는 사장되고, 실제로 저작권 시장은 형성조차 될 수 없어 저작권자와 사용자 모두가 피해를 입게 된다.

1) 신탁사용료

　"음실련은 정부로부터 보상금 수령단체 지정 및 신탁관리업 허가를 받은 국내에서 유일한 음악실연자의 저작권을 관리하는 단체입니다. 작사·작곡가에게도 음악저작권이 있듯이 노래를 부르고 연주하는 뮤지션(음악실연자)에게도 저작인접권이라는 권리가 있고, 「저작권법」(제66조~제77조)으로 보호받습니다. 따라서　음악이 사용되면 음악실연자에게도 저작권료가 발생하고 그들의 권리도 지켜줘야 합니다. 음실련은 음악실연자의 저작인접권을 신탁 받아 이용허락 및 침해구제 등을 음실련이 대신 행사하고, 그에 따른 저작인접권료를 징수하여 음악실연자들에게 분배하는 역할을 합니다."[251]

「저작권법」상 음실련이 행사하는 음악실연자의 권리이다.

「저작권법」 제69조(복제권)

　실연자는 그의 실연을 복제할 권리를 가진다.

「저작권법」 제70조(배포권)

　실연자는 그의 실연의 복제물을 배포할 권리를 가진다. 다만, 실연의 복제물이 실연자의 허락을 받아 판매 등의 방법으로 거래에 제공된 경우에는 그러하지 아니하다.

---

251) (사)한국음악실연자연합회 누리집.

「저작권법」 제71조(대여권)

실연자는 제70조 단서에도 불구하고 그의 실연이 녹음된 상업용 음반을 영리를 목적으로 대여할 권리를 가진다.

「저작권법」 제72조(공연권)

실연자는 그의 고정되지 아니한 실연을 공연할 권리를 가진다. 다만, 그 실연이 방송되는 실연인 경우에는 그러하지 아니하다.

「저작권법」 제73조(방송권)

실연자는 그의 실연을 방송할 권리를 가진다. 다만, 실연자의 허락을 받아 녹음된 실연에 대하여는 그러하지 아니하다.

「저작권법」 제74조(전송권)

실연자는 그의 실연을 전송할 권리를 가진다.

참고로 실연자의 저작인격권의 경우 저작자에게는 공표권이 있으나 실연자에게는 공표권이 주어지지 않는다. 이는 가수나 연주자가 그 소리를 세상에 공표할 것을 전제로 행위에 임하기 때문이며, 가수나 연주자가 공표권을 행사한다면 작사, 작곡, 편곡에 종사하는 저작권자의 권리에 영향을 미칠 수도 있기 때문이다.

2022년 12월 말 기준, 음실련에는 대중음악(가창, 연주) 37,298명, 국악(가창, 연주) 1,036명, 순수음악(가창, 연주) 1,089명 등 총 39,423명의 회원이 저작인접권을 신탁했으며, 관리 저작물 수는 총 110만 4천건을 넘어선다.

▲ 신탁사용료 분배

음실련의 분배는 음악저작(인접)권 신탁관리단체 중 가장 복잡한 산식을 갖는다. 종량제 방식의 사용허락으로 징수한 사용료의 분배금 산정 방식이다.

$$\text{사용료 징수시 반영된 곡 단가} = \text{해당 곡별 사용량} \times \text{분배대상 사용료} \times \text{부문별 분배율} \times \text{개인별 분배율}$$

포괄 사용허락 방식으로 징수한 총 징수액 중 분배 대상자의 곡별 분배금 산정 방식이다.

$$\frac{\text{해당분기 사용료 총액}}{\text{해당분기 분배대상 대상곡 총량}} \times \text{해당 곡별 사용량} \times \text{부문별 분배율} \times \text{개인별 분배율}$$

음실련의 회원은 가창 실연, 연주 실연, 지휘 실연으로 구분되며, 가창 실연을 주 실연으로, 연주 실연을 부 실연으로 하고 지휘 실연을 별도로 구분하는 등 부문별 분배율에 차등을 두고 있다.

부문	주 실연	부 실연	지휘 실연	비고
주실연만 있는 경우	1	–	–	
주실연과 부실연이 공동 실연한 경우	0.6	0.4	–	
주실연과 부실연, 지휘실연이 공동 실연한 경우	0.54	0.36	0.1	
주실연, 지휘실연이 공동실연한 경우	0.6	–	0.4	

음실련도 타 음악저작(인접)권 신탁관리단체와 마찬가지로 포괄이
용허락방식이 주를 이룬다. 따라서 분배액 산정 방식은 음저협의 경우
와 크게 다르지 않다.

2) 상업용 음반 방송사용 보상금

「저작권법」 제75조(방송사업자의 실연자에 대한 보상)

① 방송사업자가 실연이 녹음된 상업용 음반을 사용하여 방송하
는 경우에는 상당한 보상금을 그 실연자에게 지급하여야 한다.
다만, 실연자가 외국인인 경우에 그 외국에서 대한민국 국민인
실연자에게 이 항의 규정에 따른 보상금을 인정하지 아니하는
때에는 그러하지 아니하다.

② 수탁자는 제 1항에 의하여 발생한 손해를 신탁권리의 관리를
통하여 얻은 사용료 중에서 우선 공제할 수 있다.

> 「저작권법」 제76조(디지털음성송신사업자의 실연자에 대한 보상)
>
> ① 디지털음성송신사업자가 실연이 녹음된 음반을 사용하여 송신하는 경우에는 상당한 보상금을 그 실연자에게 지급하여야 한다.
>
> 「저작권법」 제76조의2 (상업용 음반을 사용하여 공연하는 자의 실연자에 대한 보상)
>
> ① 실연이 녹음된 상업용 음반을 사용하여 공연을 하는 자는 상당한 보상금을 그 실연자에게 지급하여야 한다. 다만, 실연자가 외국인인 경우에 그 외국에서 대한민국 국민인 실연자에게 이 항의 규정에 따른 보상금을 인정하지 아니하는 때에는 그러하지 아니하다.

방송사업자가 상업용 음반을 사용하여 방송한 경우, 저작권자는 물권적 권리인 이용허락권을 행사하는 반면, 저작인접권자는 채권적 권리인 보상청구권을 행사한다. 실연자에게 보상청구권을 부여한 이유는 "1. 방송사업자가 대량의 음반을 사용하여 경제적 이익을 올리고 있으므로 실연자에게도 어느 정도 그 이익을 분배하여야 정의 관념에 합치하고, 2. 음반에 실린 실연이 방송되면 실연자는 생연주(생실연) 등의 기회를 상실할 우려가 크므로 이에 대한 보상을 하는 취지(기계적 실업에 대한 보상)"[252]이다. 참고로, 음반제작자에게 보상청구권을 부

---

[252] (사)한국음악실연자연합회 누리집.

여한 이유는 음반 판매의 기회를 상실하는데 따른 보상의 일환으로, 보상청구권은 저작권자의 사용허락권에 비해 권리가 일부 제한되는 경우에 해당한다.

「저작권법」제75조[253]는 방송사업자가 상업용 음반을 방송에 사용함에 따라 지불하는 보상금을 음악실연자 개개인이 아니라 정부가 지정하는 단체가 전체 실연자를 대표하여 방송사로부터 수령하여 분배하도록 하고 있다. 이에 따라 음실련이 정부로부터 음악실연자를 대표하여 방송사업자의 상업용 음반의 방송 사용에 대한 보상금을 수령할 수 있는 독점적 단체로 지정받았으며, 아래는 음실련의 전신인 한국예술실연자단체연합회의 지위를 확인하는 사법부의 판단이다.

음악실연자가 판매용 음반을 방송한 방송사업자로부터 보상금을 지급받기 위한 요건
(서울지법 동부지원 1997. 10. 15. 선고 95가단16616 판결 : 확정)

"방송사업자가 실연이 녹음된 판매용 음반을 사용하여 방송하는 경우 그 실연자에게 상당한 보상을 하여야 함은 당연하나 방송사업자가 방송에 제공된 모든 곡의 실연자를 찾아내어 보상을 해 준다거나 반대로 실연자 개개인이 자신이 실연한 곡을 방송한 방송사업자 및 그 방송횟수를 추적하여 보상금을 청구한다는 것은 기술적·경제적으로 불가능하므로, 저작권법 제65조 제2항은 이러한 보상의 필요

---

253) 방송사업자가 실연이 녹음된 판매용 음반을 사용하여 방송하는 경우에는 상당한 보상금을 그 실연자에게 지급하여야 한다.

성과 보상 방법상의 문제점을 해결하기 위한 방안으로 보상청구권의 귀속 주체와 보상청구권의 행사자를 분리하고 있는바, 음악실연자가 같은 법조항에 따라 문화체육관광부장관이 보상청구권 행사자로 지정한 단체인 한국예술실연자단체연합회 소속 회원단체에 가입한 경우에는 연합회의 규약에 따라 직접 연합회를 상대로 개별적으로 보상금의 분배를 청구할 수는 없고 또한 이러한 연합회의 규정이 실연자의 보상청구권에 관한 저작권법의 취지에 반한다거나 사회질서에 위배되어 무효라고 볼 수는 없으며, 연합회 소속 단체에 가입하지 않은 실연자라고 하더라도 같은 법 제65조 제3항에 따라 연합회를 통하여 얼마든지 자신의 권리를 행사할 수 있으나 다만 방송에 관한 자료수집의 어려움, 보상의 성격 등을 감안할 때 사전에 권리행사를 신청한 경우에 한한다고 해석해야 한다."

▲ 상업용음반 방송사용 보상금 분배

음실련의 상업용 음반 방송사용 보상금의 실연자에 대한 곡별 분배금은 사업자별로 각각 구분하여 산정[254]한다(관리수수료 공제 제외).

$$\text{곡 단가} \times \text{해당 곡별 사용량} \times \text{부문별 분배율} \times \text{개인별 기여율}$$

상업용 음반 방송사용 보상금을 분배하기 위한 곡별 단가 산정 방

---

254) 음실련 상업용음반 방송사용보상금 사용료 분배규정 제5조(분배금산정).

식은 아래와 같으며, 이는 음저협의 분배산식과 같다(관리수수료 공제 제외).

$$\text{곡 단가} = \frac{\text{해당 분기 보상금 총액}}{\text{해당 분기 분배 대상곡 사용 총량}}$$

이때 부문별 분배율과 개인별 분배율은 신탁사용료 분배규정과 동일하다.

부문	주 실연	부 실연	지휘 실연	비고
주실연만 있는 경우	1	–	–	
주실연과 부실연이 공동 실연한 경우	0.6	0.4	–	
주실연과 부실연, 지휘실연이 공동 실연한 경우	0.54	0.36	0.1	
주실연, 지휘실연이 공동실연한 경우	0.6	–	0.4	

▲ 기타 활동

음실련은 단체의 사회적 책임을 위하여 다양한 사회공헌 활동을 전개하고 있다. 미래의 음악 실연자 육성·지원을 위한 착한 보면대 나눔 활동, 주변 어려운 이웃을 돕는 자원봉사 활동, 음악문화 향유를 위한 실연자 페스티벌 KMPF 등이 그것이다. 이 밖에도 음악 활동을 위한 기반을 조성하고 실력 있는 뮤지션을 발굴하기 위한 소형 공연 지원 사업, 독립 뮤지션 지원 사업, 음반 제작 지원 사업 등 다양한 창작 활동 지원 사업을 실시하고 있다.[255]

또한 회원을 대상으로 병위문금 지원, 원로 복지금 제도를 통해 음악 실연자들이 음악에 더욱 전념하고, 활동에 보탬이 될 수 있도록 지원하고 있다.

라. (사)한국음반산업협회

(사)한국음반산업협회Recording Industry Association of Korea, RIAK, '음산협'는 2001년 12월 음반제작자의 판매용 음반 방송 사용 보상금[256] 수령 단체로 지정받았으며, 2003년 3월 저작권 신탁관리업 허가를 득하여 음반제작자의 저작인접권 신탁 관리 단체로서 음원의 불법 유통 방지, 합법적인 온라인 음반 유통 시장의 활성화, 이용자의 인식 개선, 불법 시장의 방지 및 음반 유통 형태의 변화에 따라 발생할 수 있는 음반제작자의 피해 최소화를 위한 활동을 한다.

「저작권법」 제78조(복제권)
　음반제작자는 그의 음반을 복제할 권리를 가진다.

---

255) 음실련 누리집 참조.
266) 2001년 당시는 현재의 상업용 음반이 판매용 음반으로 불리던 시기이다.

「저작권법」제9조(배포권)

음반제작자는 그의 음반을 배포할 권리를 가진다. 다만, 음반의 복제물이 음반제작자의 허락을 받아 판매 등의 방법으로 거래에 제공된 경우에는 그러하지 아니하다.

「저작권법」제80조(대여권)

음반제작자는 제79조 단서에도 불구하고 상업용 음반을 영리를 목적으로 대여할 권리를 가진다.

「저작권법」제81조(전송권)

음반제작자는 그의 음반을 전송할 권리를 가진다.

음산협은 K-POP 등 한류 문화를 선도하고 있는 음반제작자 및 전통가요, 성인가요 등을 통해 국내 음반 시장의 한 축을 이루고 있는 음반제작자들을 회원으로 두고 있으며, 활발한 상호 교류의 장을 조성해 나가는 한편 국내 음반 산업 및 대중문화의 성숙한 발전을 위한 리더로서 역할을 수행하고 있다.[257]

---

257) 음산협 누리집 참조.

구 분	회원 수
정회원	993
준회원	5,241
총 회원	6,234

출처 : (사)한국음반산업협회 누리집

음산협은 2023년 12월 기준으로 993명의 정회원과 5,241명의 준회원 등 총 6,234명의 회원으로 구성되어 있으며, 총 453,779곡의 신탁저작물을 관리하고 있다.

구 분	회원 수
신탁관리저작물	453,779

출처 : (사)한국음반산업협회 누리집

2023년에는 153억여 원의 연간 저작권 신탁사용료를 징수하여 관리수수료를 공제한 138억여 원을 회원들에게 분배하였다.

구분	징수 업체	징수금액	분배금액 (수수료 공제 후)
2023년 1분기	14	3,265,946,679	2,762,973,012
2023년 2분기	12	3,654,054,630	3,435,231,402
2023년 3분기	14	4,084,367,792	3,991,547,141
2023년 4분기	22	4,288,538,940	3,619,081,776
합 계	62	15,292,908,041	13,808,833,331

출처 : (사)한국음반산업협회 누리집

상업용 음반 방송 사용 보상금 수령 단체가 (사)한국연예제작자협회로 변경 지정됨에 따라 음산협은 2021년 1월부로 보상금 업무를 종료하고 현재는 신탁사용료만을 징수 및 분배하고 있다.

▲ 분배

음산협의 신탁 사용료는 주로 포괄 이용 허락에 의한 징수이며, 권리자별 분배액 산정 방식은 아래와 같다.

$$\text{사용료 징수시 반영된 곡 단가} = \frac{\text{분배금 총액}}{\text{분배대상 저작물 사용총량}} \times \text{해당 권리자의 사용량}$$

이 외에 「저작권법」 제82조(방송사업자의 음반제작자에 대한 보상), 제83조(디지털음성송신사업자의 음반제작자에 대한 보상), 제83조의 2(상업용 음반을 사용하여 공연하는 자의 음반제작자에 대한 보상) 는 현재 사단법인 한국연예제작자협회가 보상금의 수령 및 분배 업무를 하고 있다.

음산협은 신탁 계약 절차 공지를 통해 신탁 계약 시 앨범, 곡별, 권리별 등 신탁 범위의 선택이 가능하도록 했으며, 협회의 신탁 관리 범위로 1. 유·무선 온라인상 복제/전송권, 2. 디지털 매체를 이용한 복제(디지털 매체를 이용한 복제라 함은 통상적인 오프라인상의 LP, CD, MC의 음반 판매를 제외한 전자적 기록 매체 등을 통하여 복제가 반복되어도 원본과의 질적 저하가 발생하지 않으며, 동시다발적으로 복제가 가능한 것을 말한다.) 및 이를 통한 배포/대여권을 제시하고 있다. 현재 통상 오프라인에서 개별적으로 이루어지고 있는 인세 수령, 편집 음반 사용 승인 등과 같은 신탁 관리 범위 외의 사용 승인은 음반제작자인 권리자가 직접 관리하도록 하고 있다.

신탁 관리 수수료는 징수액의 13%로 최소화하여 음반(음원)제작자의 권리 보호와 권익 증대 및 음원의 불법 무단 사용에 대한 감시 및 법적 제재 조치, 권리 확대를 위한 연구 및 자료 수집과 출판, 국내외 관련 단체와의 유대 및 상호 보호, 각종 세미나를 통한 음악 문화 발전, 회원 복지 향상, 불법 근절 홍보 및 계몽 활동 등에 유익하게 쓰임을 밝히고 있다.[258]

---

258) 음산협 누리집 참조.

음악인을
위한
권리 해설서

발행일 2024년 12월 30일
저자 전유림

편집진행 황세빈 · **디자인** 김은경
마케팅 현석호 · **관리** 남영애

발행처 태림스코어
발행인 정상우
출판등록 2012년 6월 7일 제 313–2012–196호
주소 서울시 은평구 증산로 9길 32 (03496)
전화 02)333–3705 · **팩스** 02)333–3748

ISBN 979–11–5780–397–2–03670